2019 年国家社会科学基金项目：区域协调发展政策评价体系研究（19BJL043）资助本书的出版

中国能源上市公司
技术效率研究

王思薇　著

知识产权出版社
全国百佳图书出版单位
—北京—

图书在版编目（CIP）数据

中国能源上市公司技术效率研究/王思薇著. —北京：知识产权出版社，2019.12
ISBN 978 - 7 - 5130 - 6521 - 4

Ⅰ . ①中…　Ⅱ . ①王…　Ⅲ . ①能源工业—上市公司—技术革新—经济效率—研究—中国　Ⅳ . ①F426. 2

中国版本图书馆 CIP 数据核字（2019）第 293455 号

责任编辑：荆成恭　　　　　　　　　　责任校对：谷　洋
封面设计：段子可　　　　　　　　　　责任印制：孙婷婷

中国能源上市公司技术效率研究

王思薇　著

出版发行：**知识产权出版社** 有限责任公司	网　　址：http://www. ipph. cn
社　　址：北京市海淀区气象路 50 号院	邮　　编：100081
责编电话：010 - 82000860 转 8341	责编邮箱：jcggxj219@ 163. com
发行电话：010 - 82000860 转 8101/8102	发行传真：010 - 82000893/82005070/82000270
印　　刷：北京九州迅驰传媒文化有限公司	经　　销：各大网上书店、新华书店及相关专业书店
开　　本：720mm×1000mm　1/16	印　　张：16. 75
版　　次：2019 年 12 月第 1 版	印　　次：2019 年 12 月第 1 次印刷
字　　数：256 千字	定　　价：89. 00 元
ISBN 978 -7 -5130 -6521 -4	

前　言

近年来，我国已形成较为完善的能源生产和供应体系，包含煤炭、电力、石油、天然气、可再生能源等成熟的能源品类；能源供应清洁化进程稳步推进，清洁能源占比近 25%；自"十二五"以来，原煤生产总量占比持续下降，原油生产总量占比持续下降，天然气和水电、核电、风电等清洁能源生产合计占比持续上涨。

在全球新一轮科技革命和产业变革中，我国能源产业面临的风险和挑战进一步加大，国际竞争也越来越激烈。而技术效率是能源产业与能源企业提质增效的重要因素，可以促进其竞争力的提高。因此，对于中国能源上市公司技术效率的研究已成为中国学者所面临的一个重大课题。

本书分为以下五个部分展开论述。

第一部分，主要介绍本书的研究背景与意义、研究内容与研究思路、创新之处与研究框架。

第二部分，对技术效率的测量方法进行评述并详细回顾了国内外关于能源企业技术效率的研究。数学规划方法、修正的数学规划方法、确定的前沿面方法和随机前沿面方法均可以测量企业的技术效率，并且各种方法都具有自身的优点，同时，又不可避免地会有一些缺陷。本部分还对国内外关于能源企业技术效率的研究进行了回顾与总结。

第三部分，运用数据包络分析法测量 2007—2017 年中国能源上市公司技术效率值。结果显示：中国能源上市公司技术效率较低且不均衡，不仅各个能源上市公司之间的技术效率存在较大差异，而且不同类型能源上市公司之间的技术效率也存在明显的差距，天然气上市公司的技术效率最高，自来水上市公司屈居第二，电力热力上市公司暂居第三，石油上市公司位列第四，煤炭上市公司的技术效率值最低；同时，中国能源上市公司技术效率在反复震荡中呈下降趋势，且多数能源上市公司技术效率增长率在波动中上升。

第四部分，基于混合面板数据，运用 Eviews 9.0 软件，建立数理统计分析模型实证分析治理环境、监事会特征、股权结构、人力资本、董事会特征、资本结构、高管团队特征、业务集中度对中国整体能源上市公司及不同类型能源上市公司技术效率的影响程度。结果显示，治理环境、监事会特征、股权结构、人力资本、董事会特征、资本结构、高管团队特征、业务集中度对中国整体能源上市公司及不同类型能源上市公司的技术效率具有不同程度的影响，且各个因素对中国整体能源上市公司及不同类型能源上市公司技术效率的影响程度存在明显的差异。

第五部分，基于实证分析的结论提出提升中国能源上市公司技术效率，以及缩小差异的对策和建议。第一，改善治理环境；第二，完善监事会治理结构；第三，优化股权结构；第四，提高人力资本质量；第五，完善董事会治理结构；第六，改善资本结构；第七，提高高管团队的管理效率；第八，确定适度的业务集中度；第九，完善激励机制；第十，加快智慧能源的发展。

目　录

第一章　导论

第一节　研究背景和研究意义

一、研究背景

近年来，我国已形成较为完善的能源生产和供应体系，包含煤炭、电力、石油、天然气、可再生能源等成熟的能源品类。

①2018 年，全国一次能源生产总量 37.7 亿吨标准煤，比 2017 年增长 5%；2018 年原煤产量 36.8 亿吨（25.8 亿吨标准煤），同比增长 4.5%；原油产量 1.89 亿吨（2.7 亿吨标准煤），同比下降 1.3%；天然气产量 1602.7 亿立方米（2.13 亿吨标准煤），同比增长 8.3%。同时，能源供应清洁化进程稳步推进，清洁能源占比近 25%。2018 年能源生产结构中，原煤占比 68.3%，原油占比 7.2%，天然气占比 5.7%，水电、核电、风电等占比 18.8%。

②不同品种能源占比呈现不同趋势，原煤生产总量占比自"十二五"以来持续下降，原油生产总量占比持续下降，天然气和水电、核电、风电等清洁能源生产合计占比持续上涨。

③能效水平持续提升，万元 GDP 能耗下降 3.1%。2018 年全国能源消费总量 46.4 亿吨标准煤，比 2017 年增长 3.3%；重点耗能工业企业单位烧碱综合能耗下降 0.5%，单位合成氨综合能耗下降 0.7%，吨钢综合能耗下降 3.3%，单位铜冶炼综合能耗下降 4.7%，每千瓦时火力发电标准煤耗下降 0.7%；全国万元国内生产总值二氧化碳排放下降 4.0%。

但是，我国能源发展依然存在以下一些问题：我国能源消费量居世界第一，煤炭消费占比仍偏高。2018 年《BP 世界能源统计年鉴》公布的数据显示，2017 年中国一次能源消费总量为 3132.2 百万吨油当量，美国为 2234.9 百万吨油当量，欧盟为 1689 百万吨油当量，位居榜单前三名，印度、俄罗斯分别以 753.7、698.3 百万吨油当量居于第四、第五名，均超过 500 百万吨油当量；在一次能源消费结构中，中国、印度煤炭占比均超过 50%，煤炭的主体能源地位明显。美国、欧盟、俄罗斯、日本以油气为主要消费品种，合计占比均超过 60%。加拿大、巴西能源消费结构中，水电占比较高，超过 25%；从能源清洁度看，俄罗斯、加拿大清洁能源消费占比较高，为 64.9%、63.5%，而中国一次能源消费结构中清洁能源占比为 20.2%。能源消费弹性系数高达 0.5，且继续反弹。能源消费弹性系数是指能源消费的增长率与 GDP 增长率之比，是反映能源消费增长速度与国民经济增长速度之间比例关系的指标，能够反映经济增长对能源的依赖程度。2015 年以来中国能源消费弹性系数继续反弹回升，2015 年其值为 0.14，2016 年开始回升，2017 年为 0.42，2018 年为 0.5。能源消费结构依然以煤炭、石油为主，2008—2017 年，煤炭、石油这两种能源消费约占我国一次能源消费总量的 80% ~90%。总体来看，我国能源构成中，煤炭处于主体性地位，石油消费量高但生产量低，供应依赖进口。

同时，随着经济社会的发展以及生态环境的约束，能源产业提质增效已常态化。2012 年国家发布的《中国的能源政策》中明确强调，我国要依靠科技创新与体制创新，全面提升能源效率。继之，《2015 世界能源中国展望》中再次强调，能源产业所面临的最紧迫的任务是提供优质能源，降低碳排放、提高能源效率。《中华人民共和国国民经济和社会发展第十三个五年（2016—2020 年）规划纲要》指出，"十三五"期间要继续深入推进能源革命，着力推动能源生产利用方式变革，优化能源供给结构，提高能源效率，建设清洁低碳、安全高效的现代能源体系，维护国家能源安全。可见，近年来国家一直把提高能源效率放在核心位置。

在全球新一轮科技革命和产业变革中，我国能源产业面临的风险、挑战进一步加大，国际竞争也越来越激烈。而技术效率是能源产业与能源上市公司竞争力提升的重要原因，可以促进其竞争力的提高。因此，对于中国能源上市公司技术效率的研究已成为中国学者所面临的一个重大课题。

（一）所面临的环境和资源约束，要求提高能源上市公司技术效率

中国是一个人均资源量相对较少的国家，维系人们基本生存的水和耕地，人均资源量仅为世界水平的 1/4 和 1/3，而森林资源仅为世界水平的 1/5。石油、天然气、煤炭、铁矿石、铜和铝等重要矿产资源人均可采储量，分别相当于世界人均水平的 11%、4.5%、55%、42%、18%、7%。45 种矿产资源人均占有量不足世界平均水平的一半。改革开放以来，中国经济获得了高速增长，但是这种经济增长是以消耗大量资源为前提的。这种高耗能和资源稀缺之间的矛盾，是中国经济增长面临的现实问题。

改革开放以来，中国经济在高速增长的同时，也带来了环境污染问题，高耗能、高污染的能源生产和消费对生态环境破坏严重。面对环境污染与大量温室气体排放的挑战，我国能源企业的发展方式需要从粗放式发展向可持续发展转变，需要调整结构、转换经营方式、提高能效、加快创新、提升技术效率。因此，在现有环境和资源约束的条件下，要求中国能源上市公司提高技术效率，实现提质增效并以此促进中国经济的增长。

（二）可持续发展要求提升中国能源上市公司的技术效率

改革开放 40 多年来，中国经济保持了高速增长和大规模城市化的辉煌成就。但是，同时也带来了资源的高消耗、环境的高污染和资源利用的低效率等问题，从而使中国经济发展面临资源约束瓶颈和环境约束瓶颈，即"有效约束"和"紧约束"。可持续发展要求一个国家或地区的发展不应影响其他国家或地区的发展，意味着要维持关系人类福祉的自然资源基础，使生态环境和社会经济协调发展。因此中国能源上市公司应有效提升其技术效率，为中国经济的可持续发展提供充足的能源支撑。

（三）技术水平及创新能力的提升，为提高能源上市公司技术效率奠定了基础

随着经济发展水平的提高，中国政府已充分意识到技术水平与创新能力发展对国家经济、社会发展的重要性，相继制定相关政策支持并加快技

术水平与创新能力的发展，且已取得卓越的成效。目前，中国通过科技创新发明新技术并转化为生产力，提高资源的利用率或再利用，使既定投入组合下的产出显著增加，有利于能源上市公司技术效率的提升。可见，创新是能源上市公司发展的第一引领力，能源上市公司的发展正在由主要依靠资源投入向创新驱动转变，科技、体制和发展模式创新将进一步推动能源生产与消耗向清洁化、智能化发展，以此提高能源上市公司的资源利用率，使其实际生产接近于生产前沿面。

（四）发展环境日趋复杂，要求能源上市公司提升技术效率

"十三五"时期，国内外发展环境更加错综复杂。世界多极化、经济全球化、文化多样化、社会信息化进一步向纵深发展；国际金融危机冲击和深层次影响在相当长时期依然存在，世界经济在深度调整中曲折复苏、增长乏力；金融市场动荡不稳，大宗商品价格大幅波动，全球贸易持续低迷，贸易保护主义强化，新兴经济体困难和风险明显加大；新一轮科技革命和产业变革蓄势待发，国际能源格局发生重大调整；国际投资贸易规则体系加快重构，多边贸易体制受到区域性高标准自由贸易体制挑战；局部地区地缘博弈更加激烈，传统安全威胁和非传统安全威胁交织，国际关系复杂程度前所未有；外部环境不稳定不确定因素明显增多，国际能源格局发生重大调整，围绕能源市场和创新变革的国际竞争仍然激烈，能源国际竞争焦点从传统的资源掌控权、战略通道控制权向定价权、货币结算权、转型变革主导权扩展。在此背景下，为了切实保障国家能源安全，中国能源上市公司必须提升其技术效率。

二、研究意义

对中国能源上市公司技术效率的研究，具有一定的理论意义与现实意义。

（一）理论意义

对中国能源上市公司技术效率的研究有利于进一步完善技术效率理论、企业管理与公司治理的相关理论。本书通过梳理、整合国内外能源企业技术效率的相关文献，找出现有研究的不足并对其进行完善和补充，科

学测度中国能源上市公司技术效率值，并实证分析其影响因素，对进一步完善中国能源上市公司技术效率理论、企业管理与公司治理等相关理论具有一定的意义。

（二）现实意义

本书将以 103 家中国能源上市公司为研究对象，根据技术效率的定义及能源企业的特征，选择正确且合理的投入、产出指标，首先运用数据包络分析法（DEA）测度 2007—2017 年中国能源上市公司的技术效率，然后实证分析中国能源上市公司技术效率的影响因素，最后提出提升中国能源上市公司技术效率的对策与建议。本书对加快中国能源上市公司技术效率的提升与促进其健康发展具有重要现实意义。

（1）对中国能源上市公司技术效率的研究有助于提升其技术效率

本书将运用数据包络分析法测度中国能源上市公司的技术效率，分析中国能源上市公司技术效率的有效程度，并实证分析中国能源上市公司技术效率的影响因素，提出改善中国能源上市公司技术效率的相关对策与建议，以有效提升中国能源上市公司的技术效率。因此，对中国能源上市公司技术效率的研究有助于提升其技术效率。

（2）是中国能源上市公司制定科学、合理的竞争策略的重要依据

中国能源上市公司在生产经营活动中投入与产出之间的对比，能够反映其资源配置状况，是衡量中国能源上市公司投入产出能力、可持续发展能力和竞争能力的重要指标。在投入既定的条件下，产出越多，中国能源上市公司的技术效率也越高。有关经验研究表明，技术效率是中国能源上市公司竞争力提升的重要原因，技术效率的提高可以促进中国能源上市公司竞争力的提高。为了制定科学、合理的企业竞争策略，学术界和管理者必须重视对中国能源上市公司技术效率的研究。因此，对中国能源上市公司技术效率的研究是中国能源上市公司制定科学、合理竞争策略的重要依据。

（3）对中国能源上市公司技术效率的研究有助于充分发挥其对经济发展的促进作用

能源发展是国民经济发展的重要物质基础，是经济发展的主要动力来

源，不仅推动经济的快速、健康发展，而且对经济发展的规模、速度、结构具有举足轻重的作用。同时，能源发展尤其是民用能源的产量与质量也是制约百姓生活水平的一个主要物质基础。而技术效率的高低直接影响中国能源上市公司的发展质量、能源产出的水平与质量。本书通过测度中国能源上市公司的技术效率值，并实证分析其技术效率的影响因素，可以为中国能源上市公司管理指明方向，通过改善其公司治理结构、提高人力资本质量等途径促进其技术效率的较快提升，实现资源的合理配置，提高资源利用率，充分发挥其对中国经济发展的促进作用。

（4）有利于中国能源产业国际竞争力的提升

能源是人类社会生存发展的重要物质基础，攸关国计民生和国家战略竞争力。当前，世界能源格局深刻调整，供求关系总体缓和，应对气候变化进入新阶段，新一轮能源革命蓬勃兴起。我国经济发展步入新常态，能源消费增速趋缓，发展质量和效率问题突出，供给侧结构性改革刻不容缓，能源转型变革任重道远。中国能源上市公司必须牢固树立和贯彻落实创新、协调、绿色、开放、共享的发展理念，遵循能源发展"四个革命、一个合作"战略思想，深入推进能源革命，切实提高技术水平，全面提升技术效率，着力推动能源生产方式变革，建设清洁低碳、安全高效的现代能源体系，促进能源产业国际竞争力的提升。

第二节　研究内容及研究思路

一、研究内容

本书在继承和发展前人研究成果的基础上，首先收集中国 103 家能源上市公司 2007—2017 年的面板数据，并以技术效率理论、公司治理理论等相关理论为基础，运用数据包络分析法（DEA）测度中国能源上市公司的技术效率值；其次实证分析治理环境、监事会特征、股权结构、人力资本、董事会特征、资本结构等因素对中国整体能源上市公司及不同类型能源上市公司技术效率的影响；最后基于前几章的研究结论，提出提升中国能源上市公司技术效率、缩小其技术效率差异、实现能源上市公司可持续发展的对策。

基于上述内容，将本书的书名定为《中国能源上市公司技术效率研究》。

二、研究思路

关于《中国能源上市公司技术效率研究》的研究思路，其实质是解决好以下问题：什么是能源上市公司技术效率？采用什么方法？解决什么问题？如何定义能源上市公司的投入和产出？如何确定各个影响因素的衡量指标？

本书遵循"能源上市公司技术效率测量→能源上市公司技术效率影响因素研究→对策及建议"的思路，在深入相关企业及有关部门进行大量调查研究的基础上，运用管理学、公司治理学等学科的有关理论与方法，首先测量中国能源上市公司技术效率值，其次测度治理环境、监事会特征、股权结构、人力资本、董事会特征、资本结构等八个因素对其影响程度，最后得出具有可操作性的对策及建议。

（一）要解决的问题：在明确研究意义和研究目的的基础上，正确区分能源上市公司效益和能源上市公司效率，合理解释什么是能源上市公司技术效率

目前，中国一些文献之所以偏重于使用单要素分析法来评估中国能源上市公司技术效率，主要原因是未认识到能源上市公司效益和能源上市公司效率之间的区别。能源上市公司技术效率是指在技术和价格不变的条件下，能源上市公司特定投入组合所得到的实际产出与最大产出之间的距离，它反映了能源上市公司对其资源的有效配置，是衡量其竞争能力、投入产出能力和可持续发展能力的重要指标。

（二）确定使用哪一种方法进行研究并解决哪些问题

根据是否需要估计前沿生产函数中的参数，技术效率的研究分为非参数法和参数法两种方法。目前，使用最多的前沿效率分析方法有五种，属

于非参数分析法的两种方法是数据包络分析法（DEA）和无界分析法（FDH）；属于参数分析法的三种方法是随机前沿分析法（SFA）、自由分布方法（DFA）和厚前沿方法（TFA）。

使用非参数法时，无须估计企业具体的生产函数中的参数，而且当企业的投入和产出为多个变量时，计算比较方便。因此，本书首先运用数据包络分析法测量中国能源上市公司 2007—2017 年的具体技术效率值。

但是，相对于非参数法，参数法具有独特的优势。它不仅考虑了随机误差，而且能方便地检验结果的显著性。目前，学术界一般认为，SFA 技术起源于几乎同时发表的两篇文章。一是 Meeusen & Van den Broeck（以下简称 MB，1977）在《国际经济评论》（*International Economic Review*）杂志上于 1977 年 6 月发表的 "基于双误差结构的柯布—道格拉斯生产函数的效率估计" 一文；二是 Aigner、Lovell、Schmidt（以下简称 ALS，1977）在《计量经济学》（*Journal of Econometrics*）杂志上于 1977 年 7 月发表的文章 "随机前沿函数的表达与估计" 一文。ALS（1977）和 MB（1977）的观点与结构都非常相似。继之，Battese 和 Corra（1977）在《澳洲农业经济》（*Australian Journal of Agricultural Economics*）杂志上于 1997 年发表的 "随机产出函数的估计：关于澳洲东部农场分析的应用" 一文。这三篇论文都是使用了双误差的复合结构。他们设定的模型基本上可以表达为：$y = f(x, \beta) \times \exp(v - u)$，在该表达式中，$y$ 代表产出，x 表示一组矢量投入，β 为一组待定的矢量参数。表达式为双误差结构，误差的第一部分服从 $N(0, \sigma_v^2)$ 分布，$V_i \in iid$（独立一致分布），它主要用于描述噪音等随机误差对技术效率的影响；误差的第二部分 $u \geq 0$，用以描述技术非效率的影响，表示那些仅仅对某个个体所具有的冲击，因此，该个体的技术效率状态则用 $TE = \exp(-u)$ 来表示。这样的话，当 $u = 0$ 时，厂商就恰好处于生产前沿面上 [即 $y = f(x, \beta) \times \exp(v - u)$]；若 $u > 0$ 时，厂商此时就恰好处于生产前沿面下方，也就是处于非效率状态。到 20 世纪 90 年代，（随机前沿分析法）SFA 模型得到了更加深入的发展和完善，它可以进一步深入分析和测算那些影响技术效率的因素。目前 SFA 模型的这一功能已经得到非常广泛的应用。

但是，由于随机前沿分析方法需要在 Windows 98 系统下运行。而基于混合面板数据，运用 Eviews 9.0 软件所进行的实证分析具有研究结果的可靠性较强等优点。因此，本书将运用 Eviews 9.0 软件，测度治理环境、监事会特征、股权结构、人力资本、董事会特征、资本结构等因素对中国整体能源上市公司技术效率的影响程度，及其对不同类型能源上市公司技术效率的影响。

（三）正确定义能源上市公司的投入和产出

对能源上市公司投入和产出的正确定义，是准确测量能源上市公司技术效率值的关键。根据投入与产出的定义，并借鉴国内外学者的有关研究，合理定义能源上市公司投入与产出，并选择合理的指标。由于可量化性原则，所以通常将能源上市公司产出定义为主营业务产出，以主营业务收入总额来衡量。但是，主营业务收入总额并不能准确反映能源上市公司的实际净产出。而净利润可以避免由于各项税收政策的差异和各地税收水平的不同而导致的研究偏差，提高各研究样本的可比性；每股收益可以用来反映公司经营成果，投资者可根据其评价企业的盈利能力、预测企业的成长潜力。因此，本书运用净利润和每股收益反映能源上市公司的产出水平。而对于能源上市公司投入则依据道格—拉斯生产函数，将其定义为劳动力投入和资本投入。劳动力投入用能源上市公司员工人数来代替，资本投入用固定资产净额来衡量。

（四）构建科学、合理的指标体系，分析影响因素对中国能源上市公司技术效率的影响方向及影响力度

本书将根据科学、合理、全面、可量化原则，依据各影响因素对中国能源上市公司技术效率的影响途径，构建合理的指标体系。一是运用政府干预程度、法律环境、市场化程度、是否发布社会责任报告书衡量治理环境；二是运用监事会规模、监事会会议次数、监事持股比例、前三名监事薪酬总额、技术背景监事占比、监事受教育水平衡量监事会特征；三是运用股权集中度、股权制衡度和流通股占比衡量股权结构；四是运用高等教育员工占比、中等教育员工占比、初等教育员工占比、员工平均受教育年

限、具有专业技术资格员工占比衡量人力资本；五是运用董事会规模、独立董事占比、两职合一、前三名董事的薪酬总额、董事持股比例、女性董事占比、董事受教育水平、董事会会议次数、董事平均年龄、拥有技术背景的董事占比衡量董事会特征；六是运用资产负债率、银行借款融资率、商业信用融资率、股权融资率、盈余融资率衡量资本结构；七是运用高管团队规模、高管团队持股比例、高管团队平均年龄、高管团队女性占比、高管团队平均任期、高管团队前三名成员薪酬总额、高管团队社会背景、高管团队教育背景衡量高管团队特征；八是运用专业化比率、HI 指数（Herfindahl Index）衡量能源上市公司的业务集中度。

三、研究方法

以管理学、公司治理学等相关理论为指导，借鉴技术效率理论及其新进展，重点采用以下四种方法进行研究。

（一）理论与实践相结合的研究方法

本书以管理学、公司治理学、会计学、历史学等多个学科的相关理论为基本理论工具，在技术效率理论的基础上，结合中国能源上市公司的特征，界定其投入产出指标，并构建相关影响因素的衡量指标，建立数学模型，搜集大量的数据进行研究。

（二）归纳法

对国内外相关文献进行了全面的回顾及系统的归纳。目前，国内外对能源企业技术效率的研究主要集中在技术效率的定义、测度方法、能源企业技术效率的研究、煤炭企业技术效率的研究、电力企业技术效率的研究、石油企业技术效率的研究、新能源企业技术效率的研究共七个方面，并对现有研究进行评价。

（三）统计分析方法

首先运用数据包络分析法（DEA）测度中国能源上市公司的技术效率水平，其次基于混合面板数据，运用 Eviews 9.0 软件实证分析治理环境、监事会特征、股权结构、人力资本、董事会特征、资本结构等因素对中国整体能源上市公司及不同类型能源上市公司技术效率的影响力度。

（四）比较分析方法

比较分析方法就是将各种数量、指标等进行横向或纵向的比较，确定研究对象之间的不同点和相同点的一种研究方法。本书首先运用纵向比较分析方法，比较中国能源上市公司技术效率在不同时期距离生产前沿面的状况；其次运用横向比较方法分析在同一时期，中国不同能源上市公司之间技术效率的差异，为提升中国能源上市公司技术效率提供经验依据。

第三节　创新及研究框架

一、创新之处

第一，从监事会规模、监事会会议次数、监事持股比例、前三名监事薪酬总额、技术背景监事占比、监事受教育水平共六个方面研究监事会特征对中国整体能源上市公司及不同类型能源上市公司技术效率的影响方向和影响力度。

第二，运用政府干预程度、法律环境、市场化程度、是否发布社会责任报告书四个指标衡量治理环境，研究治理环境对中国整体能源上市公司及不同类型能源上市公司技术效率的影响程度。

第三，以股权集中度、股权制衡度、流通股占比衡量中国能源上市公司的股权结构；基于混合面板数据，运用 Eviews 9.0，实证研究股权结构对中国整体能源上市公司及不同类型能源上市公司技术效率的影响方向及影响力度。

第四，实证研究业务集中度对中国能源上市公司技术效率的影响方向和力度。采用专业化比率、HI 指数来衡量能源上市公司业务集中度，然后运用 Eviews 9.0 实证研究业务集中度对中国整体能源上市公司及不同类型能源上市公司技术效率的影响。

第五，实证分析资本结构对中国能源上市公司技术效率的影响方向和力度。选择资产负债率、银行借款融资率、商业信用融资率、股权融资率、盈余融资率五个指标衡量资本结构，实证研究资本结构对中国整体能源上市公司及不同类型能源上市公司技术效率的影响。

第六，实证研究治理环境、监事会特征、股权结构、人力资本、董事会特征、资本结构等因素对中国整体能源上市公司技术效率的具体影响，及其对煤炭上市公司、天然气上市公司等不同类型能源上市公司技术效率的影响。

二、研究框架及结构

本书借助于数据包络分析法和回归分析法，测度中国能源上市公司技术效率值，分析治理环境、监事会特征、股权结构、人力资本、董事会特征、资本结构等因素对中国整体能源上市公司及不同类型能源上市公司技术效率的影响力度。全书的内容安排如下所述。

第一章为导论，简要介绍本书的背景及研究意义、研究思路与内容、研究方法、创新点与本书的框架。

第二章为文献综述。首先简要介绍技术效率的不同测量方法，然后阐述国内外有关能源企业技术效率的研究结论，并对其进行评价，确定本书的研究角度及研究方法。

第三章以技术效率理论为理论基础，运用数据包络分析方法测量中国能源上市公司 2007—2017 年的技术效率值，并对其结论进行纵向和横向对比分析，总结中国能源上市公司技术效率的水平及历史发展态势。

第四章以管理理论、人力资本理论、公司治理理论等相关理论为基础，测度治理环境、监事会特征、股权结构、人力资本、董事会特征、资本结构、高管团队特征、业务集中度八个因素对中国整体能源上市公司及不同类型能源上市公司技术效率的影响方向与影响力度。

第五章以上述研究结论为依据，提出提升中国能源上市公司技术效率、缩小能源上市公司技术效率差异、实现中国能源上市公司可持续发展、增强其为中国经济发展的促进作用的相关对策及建议。

第六章是本书的研究结论和未来的研究展望。

本书的基本思路和研究框架，如图 1-1 所示。

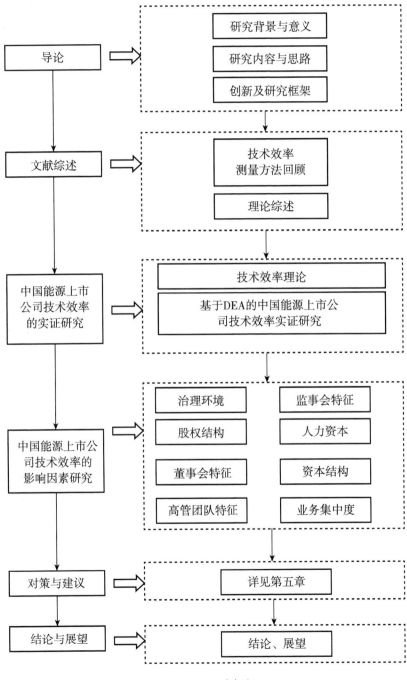

图 1-1　研究框架

第二章 文献综述

第一节 技术效率测量方法回顾

目前，国内外对于技术效率的测量，主要有以下四种方法。

一、数学规划方法

数学规划方法是指采用一系列的线性规划构造生产前沿面，即转换前沿面，然后计算样本单位技术效率指数的一种研究方法。1957 年，Farrell 在其论文 "The Measurement of Production Efficiency" 一文中首次提出生产边界和生产效率的概念，指出资源分配的价格效率和生产过程的技术效率，都是影响样本单位产出水平的重要因素，其通过等产量线来设定。具体而言，就是将样本单位的等产量要素组合点所形成的轨迹定义为生产边界，然后利用线性规划方法，根据该单位投入与产出的比例建立一个数学估计方程式，并由此计算出其技术效率值。由于该方法假设生产边界是确定的，而且在研究过程中，建立的生产函数不含任何参数的估计，因此被称为 "确定性无参数边界方法"。这种方法中的产出和投入都是单一的。

继之，1978 年 Charnes、Coooper 和 Rhodes 等在 Farrell 的研究基础上，进一步发展和完善，将投入和产出扩展为多个变量，运用线性规划的模式计算和设定多产出、多投入的生产边界，并定名为 "数据包络分析方法"（Data Envelopment Analysis，DEA）。该方法的具体内容如下所述。

假设观测的样本数据为 n，(X_j, Y_j)，$j=1, k, n$，其中，$X_j = (x_{1j},$

x_{kj}，x_{mj}）$^T > 0$ 表示具有 m 个投入要素的投入向量，$Y_j = $（$y_{1j}$，$y_{kj}$，$y_{sj}$）$^T > 0$ 表示具有 s 个产出的产出向量。

第一步，首先构造下列投入可能集：

$$\mathbf{L}(y) = \{x \mid \sum_{j=1}^{n} \lambda_j X_j \leqslant x, \sum_{j=1}^{n} \lambda_j X_j = y, \lambda_j \geqslant 0, j = 1, k, n\}$$

公式（2 - 1）

第二步，通过求解下面规划问题计算每个生产单位的 Farrell 技术效率：

$$\mathbf{F}(x_j, y_j) = \min\{\lambda \mid \lambda x_j \in \mathbf{L}(y_j), \lambda \geqslant 0\} \quad \text{公式（2 - 2）}$$

由于在投入可能集 $\mathbf{L}(y)$ 的构造中没有任何参数计算，因此该方法是非参数的。该方法中样本数据是由一系列凸的分段线性的曲面"包络"起来，而且其投入可能集 $\mathbf{L}(y)$ 是指满足生产可能集性质的最小集合，该集合与测量的技术效率值之间负相关，即集合越小，则技术效率值越精确。这是该方法的最大优势。而且，运用该方法研究技术效率值时，不用估计具体的生产函数和函数中所涉及的参数。但与此同时，该方法有以下不足：①不考虑气候变化、测量误差等随机误差因素对技术效率的影响。因此如果随机误差项存在，则评价的技术效率可能会与随机的偏离混在一起，从而降低研究结论的准确性；②与参数法相比较，该方法不能检验测量结果的显著性；③与参数法相比较，该方法对技术效率值的估计偏低，且离散程度较大❶；④当约束条件较多时，非参数法通常会得出观察数据 100% 有效的结论，而在银行分支机构的研究案例中，这一现象尤为明显（Berger、Humphrey，1997）；⑤非参数法通常忽略价格因素，而更关注技术上最优而不是经济上最优（Berger、Mester，1997）。

---

❶ Berger 和 Humphrey 在对 188 项关于美国银行业的技术效率研究报告进行分析后发现，应用非参数法得到的技术效率均值为 0.72，标准差为 0.17，而参数法的均值为 0.84，标准差仅为 0.06。参见：Berger，Humphrey. Efficiency of Financial Institutions: International Survey and Directions for Future Research［J］. European Journal of Operational Research，1997（8）：175 - 212.

二、修正的数学规划方法

修正的数学规划方法是指首先运用一系列的线性规划构造生产前沿面，即转换前沿面，然后据此计算研究样本的技术效率指数。该方法也是由 Farrell（1957）最早提出的。后来由 Aigner 和 Chu（1968）、Forsund 和 Jansen（1977）、Forsund 和 Hialmarsson（1979）等进行修正。该方法假设实际产出为 Y，生产投入为 X，u（$0 \leq u \leq 1$）代表生产技术无效率的部分。则根据生产边界的定义，将其生产函数定义为：

$$Y = f(X)e^{-u} \qquad 0 \leq u \leq 1 \qquad \text{公式（2-3）}$$

然后，对生产函数即公式（2-3）两边取对数，并运用线性规划方法，在每一残差项（$-u$）为非正值的约束条件下，求出残差值取绝对值后总和的极小值，即 $\min \sum_{i=1}^{n} u_i$，可得到研究样本的技术效率值。

修正的数学规划方法最明显的优点是可以通过简单的数学线性规划求出生产边界，同时定义的生产函数可以包含非固定规模报酬的形态。缺点：一是估计的方法太简单，并且估计方程式的误差项没有统计上的任何假设，导致估计结果缺乏统计上的特征；二是运用线性规划的方法估计参数，已经限制了"完全技术效率"生产点的个数；三是无法提供一个较好的方法来处理外界值可能造成的估计偏差。

三、确定的统计前沿面方法

与上述两种方法不同，该方法运用统计方法来估计生产前沿面，并计算技术效率指数。该方法最早是由 Afriat 在 1972 年提出，后来由 Richmond（1974）和 Green（1980）进一步修订和发展。

首先，建立下面含有参数的投入可能集：

$$\mathbf{L}(y) = \{x \mid y \leq A \prod_{i=1}^{m} xi^{a_i}, A > 0, a_i > 0, i = 1, k, m\} \qquad \text{公式（2-4）}$$

然后，将公式（2-4）的不等式转换为下面的等式：

$$y = A \prod_{i=1}^{m} xi^{a_i} \exp\{\varepsilon\} \qquad \text{公式（2-5）}$$

公式（2-5）中，$\varepsilon \leqslant 0$ 服从已知的单边分布，表示相对于确定生产前沿面的技术无效性。与上述两种规划方法一样，该方法中的样本数据也是由确定的前沿面"包络"起来，而且该前沿面是参数形式的。与前面两种方法不同的是该前沿面是估计出来的，而不是通过具体计算得到的。

该方法除了具有与修正的规划方法相同的缺点外，还具有需要大量统计样本的潜在缺点。

四、随机前沿面方法

和确定的统计前沿面方法相同，随机前沿面方法是运用统计方法来估计生产前沿面，并测量相对于估计生产前沿面的技术效率指数。不同的是该方法中的前沿面是随机的而不是确定的。

首先，建立含有参数的投入可能集：

$$\mathbf{L}(y) = \left\{ x \mid y \leqslant A \prod_{i=1}^{m} x_i^{a_i} \exp\{\varepsilon_1\} \right\}, A > 0, a_i > 0, I = 1, k, m$$

公式(2-6)

公式（2-6）中，ε_1 服从双边分布，允许观测值中的随机变量，如噪声所造成的测量误差，以及研究样本单位无法控制的外生干扰等因素的存在。所以，该生产前沿面是随机的。

其次，将公式（2-6）中的不等式表示为下列等式：

$$y = A \prod_{i=1}^{m} xi^{a_i} \exp\{\varepsilon_1 + \varepsilon_2\} \qquad \text{公式(2-7)}$$

公式（2-7）中，ε_2 服从单边分布，表示相对于随机前沿面的技术无效性，与前面三种方法相比较，该研究方法中的数据是由随机前沿面包络起来。造成前沿面偏差的主要因素是观测中的随机变量 ε_1 和技术的无效性 ε_2。可见，确定的统计前沿面模型是随机前沿面方法的一种特殊情况（当 $\varepsilon_1 = 0$ 时）。

最后，估计参数 $f_1(\varepsilon_1)$、$f_2(\varepsilon_2)$。估计的 Farrell 测量为 $\mathbf{F}(x_j, y_j)$，其样本均值表示为 $\mathbf{E}(\varepsilon_2)$，通常近似等于 $1 + \mathbf{E}(\varepsilon_2)$。

随机前沿面方法的最大优点是估计的前沿面是随机的，既包含了噪声、测量误差，也包含一切外生干扰。但有以下缺陷：①由于运用统计方法来测量技术效率，所以需要收集大量的样本；②因为是参数方法，所以需要定义生产函数的具体形式；③只能处理单一产出，而不便于处理多产出的生产过程。

第二节　理论综述

一、关于技术效率的定义

1957 年，Sollow 等首次提出了以"技术充分有效"为假设前提的传统生产函数，并以其为基础来研究经济增长的源泉和增长的质量。但是，后来 Farrell（1957）指出，在实际的生产过程中，大部分生产者的"技术是无效率的"而不是充分有效的。因此他首次提出了"技术效率"这一概念，认为技术效率"是以实际生产能否达到生产可能性边界为参考的"。❶而生产可能性边界是指"在一定的要素投入下可能达到的最大产出"。❷不同的要素投入对应不同的产出，由所有产出所形成的曲线就是生产可能性边界。在实际生产过程中，并不是所有企业都可以达到生产可能性边界，技术效率便是用来衡量一个企业在等量要素投入条件下，其实际产出与最大产出之间的距离；该距离与技术效率之间成反比例关系，即距离越大，则技术效率越低。因此技术效率是"在技术和生产价格不变的条件下，实际产出与最大产出之间的距离。"❸

二、关于能源企业技术效率的研究结论及评价

随着技术效率的提出及技术效率测度方法应用的拓展，近几年来，中国学者开始关注能源企业技术效率的研究，并形成了以下四点结论。

---

❶❷❸　Farrell M J. The Measurement of Production Efficiency［J］. Journal of Royal Statistical Society, Series A, General, 1957, 120（3）：253－281.

①中国能源上市公司技术效率较低。刘文君、向冰（2016）以中国65家能源上市公司为研究样本，以固定资产账面价值为资本投入，年末员工总数为劳动投入，主营业务成本为中间投入，主营业务收入为产出，运用DEA—SOLVER Pro 5.0软件测度中国能源上市公司2009—2014年的技术效率，结果显示：中国大部分能源上市公司的技术效率在0.4～0.8之间，其中0.4～0.6之间最密集，因此，中国能源上市公司技术效率较低，存在较大的改善空间。

②中国能源上市公司技术效率的变化态势。刘文君、向冰（2016）的实证研究结果表明：中国能源上市公司技术效率值呈现先增大后减小的倒U形变化态势，具体而言，2009—2011年中国能源上市公司技术效率值连续增大，每年增长超过0.08，2010—2011年的增长值略大，2011年其技术效率达到最大值；2011年之后其技术效率开始减少，减少的速度小于2009—2011年的增长速度，且2011—2012年、2013—2014年相对减少较快，2012—2013年相对减少较慢。

③中国能源上市公司技术效率的影响因素。向冰（2016）从理论层面进行分析后指出，影响能源上市公司技术效率的非财务因素有公司上市年龄（年限）、员工激励水平、员工教育程度、股权性质、董事会结构、企业家才能、公司规模、无形资产、股权集中度，影响能源上市公司技术效率的财务因素主要有长期偿债能力、短期偿债能力、发展能力、盈利能力、营运能力。刘文君、向冰（2016）运用主成分分析法实证分析中国能源上市公司技术效率的影响因素，结果显示：长期偿债能力、短期偿债能力、盈利能力、营运能力、上市年龄（年限）、员工激励水平（报告期内员工获得的工资与报酬）、员工教育程度（大专及以上学历所占比重）、公司规模均对中国能源上市公司技术效率具有显著的正向影响，第一股东是国家或国有法人、高管薪酬对中国能源上市公司技术效率具有显著的负向影响，而发展能力、独立董事占比、无形资产、股权集中度对中国能源上市公司技术效率的影响不显著。

④中国民营能源上市公司技术效率较高。向冰（2019）选择12家民营能源上市公司为研究样本，以营业成本、年末职工数、管理费用为投

入，以营业收入为产出，运用以投入为导向的 DEA 模型实证测度中国民营能源上市公司 2012—2018 年的技术效率，结果显示：中国民营能源上市公司总体技术效率较高，除龙宇燃油一直处于最优外，其他样本公司均存在一定的改进空间。

以上研究大多以营业成本、年末职工数、管理费用为投入，以营业收入为产出，测量中国能源上市公司（或民营能源上市公司）的技术效率值，并对其技术效率值进行了纵向比较分析。但由于在研究过程中，所选择的投入产出指标不合理，研究期限较短，导致研究结论，尤其是对中国能源上市公司技术效率变化趋势分析结论的可靠性、准确性较低；同时，对于中国能源上市公司技术效率影响因素的研究较少，且现有实证分析采用的是主成分分析法，分析方法比较简单，导致结论有待商榷。

三、关于煤炭企业技术效率的研究及评价

（一）煤炭企业技术效率水平的研究

中国煤炭上市公司技术效率较低。李勇、刘新梅（2007）选择中国 11 家煤炭上市公司为研究样本，以总资产、净资产和主营成本为投入，以每股收益为产出，分别运用 DEA 和 SFA 两种方法测度各样本 2001—2006 年的技术效率，结果显示：中国煤炭上市公司历年的技术效率较低且存在较大的改善空间。余荣荣、唐凯（2008）以资本、从业人数和研究开发费用为投入，煤炭产量和销售收入为产出，运用 DEA 方法测度中国 41 家煤炭企业 2006 年的技术效率，结果显示：各煤炭企业技术效率较低且存在 X - 低效率。丁哲新（2009）以中国 16 家煤炭上市公司为样本，以总资产和劳动人数为投入，主营业务收入为产出，运用 Malmquist 指数测算各样本 2001—2006 年的技术效率，结果显示：各样本公司的技术效率较低并处于非效率状态，导致该结果的主要原因是煤炭行业集中度较低，且其单位资源产出率较低，属于粗放式生产。易彤（2009）以中国 17 家煤炭上市公司为样本，以在职员工、主营业务成本为投入，主营业务收入为产出，运用随机前沿分析法测度各样本 2006 年的技术效率，结果显示：中国煤炭上

市公司技术效率普遍较低。饶田田、吕涛（2009）以总资产、职工人数和研发费用为投入，销售收入和净利润为产出，运用 DEA 方法测度 20 家大型煤炭企业 2006 年的技术效率，结果显示：只有 4 家煤炭企业的技术效率达到 1，为 DEA 有效，其余样本公司的技术效率较低，为非 DEA 有效。苗敬毅、蔡呈伟（2012）以中国 22 家煤炭上市公司为研究样本，以固定资产净值、员工薪酬为投入，以税前利润为产出，收集各样本 2010 年的相关数据，运用 VRS – DEA 测度中国煤炭上市公司 2010 年的技术效率，结果显示：中国煤炭上市公司的技术效率较低且仅有少数公司的技术效率较有效。顾洪梅、刘志云（2012）以中国 15 家煤炭上市公司为研究样本，以主营业务成本、净资产和经营管理费用为投入，以主营业务收入和利润总额为产出，运用 DEA 方法测度各样本 2005—2010 年的技术效率，结果显示：15 家煤炭上市公司在研究期限内的技术效率普遍较低。姚平、黄文杰（2012）以员工人数、资本存量、研发费用为投入，以销售收入为产出，运用 DEA 方法测度 27 家煤炭企业 2005—2006 年的技术效率，结果显示：27 家煤炭企业总体技术效率偏低，其平均值仅为 0.694。导致该结果的主要原因是煤炭企业人力资源过多，资金投入尤其是研发资金投入不足，薪酬结构不合理导致技术人才流失严重。程蕾（2013）以中国 20 家大中型煤炭上市公司为研究样本，以资产总额、从业人数为投入，以净利润和纳税总额为产出，运用 DEA 方法测度各样本 2006—2010 年的技术效率，结果显示：中国煤炭上市公司的技术效率较低且增长质量有待提高。余沛（2013）以 31 家煤炭上市公司为样本，以固定资产总额、营业总成本、工资总额为投入，以营业总收入为产出，运用 DEA 方法测度各样本 2011 年的技术效率值，结果显示：中国煤炭上市公司技术效率总体较低且规模效率偏低是导致该结果的主要原因。李世祥、王剑成和成金花（2015）以 2007—2012 年中国煤炭企业 100 强中的 61 家煤炭企业为研究样本，以资产总额、从业人数为投入，以销售收入为产出，构建 Malmquist 指数测算各样本 2007—2012 年技术效率值，结果显示：各样本的技术效率较低。孙鹏、程春梅（2017）以中国 34 家煤炭上市公司为研究样本，以资产负债率、主营业务成本为投入，以主营业务收入、总资产周转率和每股收益为产出，运用 Deap 2.1 软件测度各样本 2013—2015 年的技术效率，结果显示：由于煤炭上市公司技术水平落后，导致其技术效率较低。姜秀娟、张胜平、廖先玲（2018）以中国煤炭上市公司为样本，运用四维 Malmquist 指数测算各样本 2008—2016 年的技术效率，结果显示：各样本的技术效率值较低。

（二）煤炭企业技术效率的变化趋势

第一，中国煤炭上市公司技术效率呈上升趋势。2001—2006 年中国煤炭上市公司技术效率呈上升态势（丁哲新，2009）；"十一五"期间，中国煤炭上市公司技术效率基本呈现上升趋势，这种上升趋势主要是依靠高投入所得到的（程蕾，2013）；2005—2010 年，中国煤炭上市公司技术效率呈逐年好转的趋势（顾洪梅、刘志云，2012）。

第二，中国煤炭上市公司技术效率呈下降趋势。2007—2012 年，中国煤炭企业的技术效率呈缓慢恶化状态，究其原因，主要是煤炭企业内部管理水平不高（李世祥、王剑成、成金花，2015）。

（三）煤炭企业的技术效率存在明显的差异

目前，中国煤炭企业之间存在比较明显的技术效率差异，规模较大煤炭企业技术效率高于规模较小煤炭企业的技术效率，其原因是煤炭企业规模的扩大对其技术效率具有显著的贡献（李世祥、王剑成、成金花，2015；朱文婷、林爱梅，2016）；中部和西部地区煤炭上市公司技术效率相对较高，东部地区煤炭上市公司的技术效率最低（顾洪梅、刘志云，2012）。

（四）煤炭企业技术效率影响因素的研究

冯婕、汪方军和李勇（2008）的研究结果表明：股权结构对煤炭上市公司技术效率具有显著的影响。余荣荣、唐凯（2008）的研究表明：研究开发费用对大规模煤炭企业的技术效率具有显著的正向影响，人力资源对中等规模和小规模煤炭企业的技术效率具有显著的正向影响。王晓东、赵勍升（2008）指出，高管薪酬、大专以上员工比例与煤炭企业技术效率之间呈显著正相关关系，而国有股比例、流通股比例、董事会规模、独立董事规模、企业成立时间长短、股权集中度均与煤炭企业技术效率之间不具有显著的相关关系。庄玉良、尹学慧（2009）的研究结果显示：资产规模、企业所处地区的年生产总值均与煤炭上市公司技术效率之间具有显著的正相关关系，企业所占市场份额与煤炭上市公司技术效率之间具有显著的负相关关系。李国龙、张英杰（2010）指出，负债比率与煤炭上市公司技术效率之间显著负相关，独立董事比例、管理层持股比例与煤炭上市公司技术效率之间显著正相关，公司董事、监事及高管年薪的增加不利于煤炭上市公司技术效率的提升。苗敬毅、蔡呈伟（2012）的实证研究结果表明：管理费用率、债务资本率对中国煤炭上市公司技术效率具有显著的负向影响，而销售费用率、资产周转率、市盈率对中国煤炭上市公司技术效率具有显著的正向影响。李世祥、王剑成、成金花（2015）指出技术水平规制对煤炭企业技术效率具有显著的正向效应，而安全生产、清洁生产规制对煤炭企业技术效率具有显著的负向效应。

四、关于电力企业技术效率的研究及评价

（一）电力企业技术效率水平的研究

国内学者关于电力企业技术效率水平的研究结论主要集中在以下两个方面。

第一，中国电力企业的技术效率较低，存在较大的改善空间。余扬新（2005）选择中国 24 家电力上市公司为研究样本，以固定资产、职工人数为投入，以主营业务收入为产出，运用随机前沿分析法测度各样本 2001—2003 年的技术效率，结果显示：电力企业技术效率较低，三年的平均值为0.917。李眺（2009）以权益装机容量和在职员工人数为投入，以发电量为产出，运用随机前沿分析法测度中国 A 股电力上市公司 2001—2007 年的技术效率值，结果显示：电力上市公司的技术效率较低且存在一定的资源浪费。付丹、朱发根（2012）指出电力上市公司的投入包括人力投入、物力投入及财力投入，他们以员工人数衡量人力投入，以固定资产和装机容量衡量物力投入，以主营业务成本和期间费用衡量财力投入，以发电量、主营业务收入、利润总额和经营净现金流量为产出，运用 DEA 方法测

度中国沪深两市 21 家电力上市公司 2010 年的技术效率，结果显示：中国电力上市公司技术效率较低。石鸟云、周星（2012）以固定资产净值、职工人数为投入，以主营业务收入为产出，运用 SFA 方法测度中国 15 家电力上市公司 2003—2009 年的技术效率值，结果显示：电力上市公司目前的供电煤耗和线损率高，导致其技术效率相对较低。姜春海、胡亚妮（2014）以沪深两市 24 家火电上市公司为样本，以固定资产净值、员工人数、成本（电力的主营业务成本）为投入，以主营业务收入（电力的销售收入）为产出，运用 DEA 方法测度各样本 2000—2011 年的技术效率，结果显示：其均值为 0.869，技术效率的提升余地较大。窦鑫丰、罗佳敏（2017），芮筠等（2017）的实证研究结果也证实中国电力企业的技术效率较低。

第二，中国电力企业的技术效率较高。梁树广、崔健和袁见（2011）以中国 37 家电力上市公司为研究样本，以年末总资产、年末在册职工人数、营业成本、管理费用为投入，以利润总额和营业收入为产出，运用 DEA 模型测度各样本 2007—2009 年的技术效率值，结果显示：37 家电力上市公司的平均技术效率较高，三年的平均值分别为 0.907、0.894 和 0.920。因此，各电力上市公司在保持总投入不变的条件下，如果能够有效地运作，平均产出可提高 10% 左右。

（二）电力企业技术效率发展态势的研究

第一，电力企业技术效率呈增长态势。余扬新（2005）的研究结果显示：中国电力企业 2001—2003 年的技术效率逐年递增，但增幅较小，即其三年间保持小幅增长态势；2001—2007 年电力企业技术效率呈递增趋势，尤其是 2005 年以来以激励性规制为导向的上网电价改革显著提高电力企业的技术效率（李眺，2009）。2003—2009 年中国电力上市公司技术效率呈逐年递增态势，增幅较小，平均增长率为 2.5%，但增幅以每年 0.5% ~ 0.6% 的速度下降，可见，电力上市公司技术效率的增长后劲不足（石鸟云、周星，2012）。中国火电上市公司的技术效率也呈逐年递增态势（姜春海、胡亚妮，2014）。

第二，中国电力企业技术效率呈先下降后上升的 U 形态势。1998—

2007 年，中国电力企业技术效率呈先下降后上升的 U 形态势，最低点出现在 2001 年，最高点出现在 2007 年（徐云鹏，2012）。

（三）电力企业技术效率差异及其变化趋势的研究

中国电力企业技术效率存在明显的差异（石鸟云、周星，2012；窦鑫丰、罗佳敏，2017），由于水电企业容易受到水文、降水量等自然因素的影响，导致火电企业的平均技术效率高于水电企业；由于水电企业水域规模的影响，规模较大的企业技术效率高于规模较小的企业；由于电力行业具有自然垄断地位，属于高资本密集产业，因此，东部地区电力企业的技术效率高于西部地区电力企业，但差距较小（余扬新，2005）；不同电力企业的技术效率存在明显差异，电力企业的平均技术效率在 0.796 ~ 0.976 之间波动，电煤使用效率越高和管理效率越高的电力企业的技术效率越高（李眺，2009）；合资类企业拥有更先进管理方法和更高级的人力资本，其技术效率一直明显高于内资类电力企业（徐云鹏，2012）。同时，中国东部、西部地区火电企业的技术效率明显高于中部地区的火电企业，且从2008 年开始，西部地区火电企业的技术效率也明显高于东部地区火电企业（姜春海、胡亚妮，2014）。

电力企业技术效率差异的变化趋势呈现先扩大后缩小的发展趋势。1997 年中国电力规制改革与当时宏观经济形势的影响导致中国电力企业 1998—2001 年平均技术效率降低，不同电力企业技术效率的差异呈扩大趋势；2002 年《电力体制改革方案》的出台、国家电力公司的纵横双向分解与中国宏观经济发展的好转，使中国电力企业 2002—2007 年平均技术效率提升，不同电力企业技术效率的差异呈缩小趋势（徐云鹏，2012）。

电力企业之间的技术效率差距较小，且技术效率差距趋于稳定。虽然中国电力企业技术效率存在差异，但电力行业较高的垄断性提高了行业壁垒，限制小企业的进入，现有电力企业之间形成技术效率差距较小的稳定格局（石鸟云、周星，2012）。

（四）电力企业技术效率影响因素的研究

李眺（2009）运用二阶段的 Tobit 回归分析研究了生产要素投入、电价规制改革对电力企业技术效率的影响，结果显示：电煤数量、2005 年来以激励性规制为导向的上网电价改革对电力企业技术效率具有显著的正向影响，而电价水平与电力企业技术效率之间的关系并不显著。

梁树广、崔健和袁见（2011）建立变截距固定效应模型实证分析股权结构与电力企业技术效率的关系，实证结果显示：股权集中度与电力企业技术效率之间呈负相关关系，而 Z 指数即第一大股东与第二大股东持股比例的比值与电力企业技术效率之间不存在显著的相关关系。芮筠、姚乔茜、王乐（2017）的实证分析结果也表明：第一大股东持股比例、前五大股东持股比例之和均与中国电力企业技术效率之间呈显著的负相关关系，而前五大股东持股差距与中国电力企业技术效率之间呈显著的正相关关系。

徐云鹏（2012）运用最小二乘法实证检验电力规制改革对电力企业技术效率的具体影响，结果显示：电力规制改革对电力企业的技术效率产生了实质性的影响，1998 年开始的电力规制改革加剧电力企业之间的竞争，使其在投入不变的情况下增加产出。可见，电力规制改革促进电力企业技术效率的提升。继之，赵晓丽、马骞、马春波（2013）的实证分析结果表明：2002 年中国电力体制改革提出电力工业厂网分开，电力企业为了在竞争中获胜开始采用先进的生产流程、提高燃料使用效率等，促进其技术效率的提升。

石鸟云和周星（2012）运用相关理论，结合统计数据从理论层面进行分析后指出，内部交易成本（组织结构、业务流程和员工激励机制等）、人力资本投资和专用性资本投资均对电力上市公司技术效率具有一定的影响，但专用性资本投资对电力上市公司技术效率的影响效果和程度受到其他因素的制约。因此，专用性资本投资的增加并不必然引起电力上市公司技术效率的提升，其影响作用的发挥还受制于企业规模、技术水平等因素。

姜春海、胡亚妮（2014）以中国 24 家火电上市公司为样本，基于 Tobit 模型实证检验煤价、电价、电力规制改革和上市年限对火电上市公司技术效率的影响，结果显示：煤价与火电上市公司技术效率呈不显著的正向关系，电价与火电上市公司技术效率呈显著的负向关系，电力规制改革、上市年限均与火电上市公司技术效率呈显著的正向关系。

五、关于石油企业技术效率的研究及评价

随着技术效率的提出以及技术效率测度方法的提出与完善，国内学者对石油企业技术效率相继进行研究，研究结论主要集中在以下四个方面。

（一）石油企业技术效率水平的研究

第一，中国石油企业的技术效率较低，存在明显的资源浪费现象。石晓军、王立杰和邵春伟（2006）选择中国 19 家石油上市公司为研究样本，以资本存量、劳动力实际投入工作时间、资源税为投入，以主营业务收入为产出，运用随机前沿分析法测度各样本 2001—2004 年的技术效率，结果显示：石油上市公司的技术效率较低，平均值仅为 0.61。邹学将（2012）选择中国 13 家上市石油化工企业为研究样本，以职工人数、固定资产、主营业务成本为投入，以利润总额为产出，运用 DEA 方法测度各研究样本 2007—2010 年的技术效率，结果显示：中国石油化工企业的技术效率并不高、研究期限内的平均值仅为 0.55，导致该结果的主要原因是中国石油化工企业的经营管理水平较低，其生产过程中出现投入冗余、产出不足的问题。李治国、郭景刚、周德田（2012）以主营业务成本、固定资产净值和员工人数为投入，以主营业务收入和营业利润为产出，运用 Deap 2.1 软件测度中国 16 家石油上市公司 2004—2010 年的技术效率，结果显示：中国石油上市公司的技术效率位于效率前沿面下方且存在一定的资源浪费与改进空间。岳彩富（2014）以中国石油行业 15 家上市公司为样本，以管理费用、实收资本和总资本为投入，以净利润、营业收入、经营活动现金流量净额为产出，运用 DEA 方法测度各样本公司 2013 年的技术效率值，结果显示：15 家样本公司技术效率的平均值仅为 0.555，整体水平不高，总体形势不容乐观，资源利用效率较低，有很大的提升空间。

第二，中国石油企业技术效率整体水平良好。高裴誉（2012）以中国 14 家石油上市公司为样本，以流动资产、资产总额、营业成本和资产负债

率为投入，以营业利润率、利润总额、净利润和净资产收益率为产出，运用 DEA 方法测度各样本企业 2011 年的技术效率值，结果显示：14 家石油上市公司的平均技术效率值为 0.81，因此认为中国石油企业技术效率整体水平良好。邵强、刘远奇、林向义等（2014）以中国 24 家石油上市公司为研究样本，以营业成本、总资产、员工人数为投入，以营业收入为产出，运用 DEA 方法测度各样本 2009—2012 年的技术效率，结果显示：2009—2012 年中国石油上市公司的平均技术效率值为 0.88，因此认为中国石油上市公司的技术效率较为理想。刘远奇、邵强、董越等（2014）以中国 24 家上市石油企业为决策单元，以营业成本、总资产、员工人数为投入，以营业收入为产出，运用 Deap 2.1 软件测度各决策单元 2009—2012 年的技术效率，结果显示：研究期限内技术效率的平均值为 0.921，处于较高水平。魏静、孙慧（2015）以主营业务成本为中间投入，以总资产、员工总数、公司支付给职工及为职工支付的现金为投入，以主营业务收入为产出，运用 DEA – Malmquist 指数测度中国 31 家石油上市公司 2008—2014 年的技术效率，结果显示：其技术效率的平均值为 0.967，因此认为中国石油上市公司的技术效率较好。

第三，中国石油企业技术效率低于国际大型石油公司的技术效率。李治国、孙志远（2016）选择 6 家国际大型石油公司和我国的中石油、中石化、中海油 3 家国有石油企业为样本，以主营业务成本、固定资产净值、职工人数为投入，以主营业务收入和营业利润为产出，运用 DEA 方法测度各样本 2008—2013 年的技术效率，结果显示：中石油、中石化研究期限内的技术效率均值分别为 0.823 和 0.928，明显低于国际大型石油公司的均值（0.962），而中海油六年的技术效率值均为 1，一直处于投入产出有效状态，主要原因是中海油成立之初就走国际化发展道路，按照现代公司管理制度组建，其市场化程度更高，管理体制更有效，员工和固定资产等各项生产要素的配置更合理。李富有、郭小叶和杨秀汪（2016）以职工人数、主营业务成本和固定资产为投入，以利润总额和油气产量为产出，运用 DEA 方法测度 12 家国际大型石油公司 2008—2012 年的技术效率，结果发现我国的 2 家大型石油公司中石油、中石化的平均技术效率值分别为

0.371 和 0.353，其值远远低于其他国际大型石油公司，处于非效率状态。

第四，中国跨国石油企业技术效率较低。穆秀珍（2017）以资本存量、劳动人数为投入，以总收入为产出，运用 DEA – Malmquist 指数测度16 家跨国石油企业 2000—2014 年的技术效率值，结果显示：中国跨国石油企业技术效率较低，尤其是 2005 年，其值仅为 0.24。

（二）石油企业技术效率发展态势的研究

第一，石油企业技术效率呈增长态势。石晓军、王立杰和邵春伟（2006）的实证分析结果显示：2001—2004 年中国石油企业技术效率存在明显的上升趋势，每家企业都以稳定的速度逐年提高，且技术效率较低企业的上升速度较快，技术效率较高企业的上升速度较慢。邵强、刘远奇、林向义等（2014）的研究结果显示：2009—2012 年中国石油上市公司技术效率呈逐年上升趋势，且每年的增加均值为 0.046。刘远奇、邵强、董越等（2014）的研究结果表明：2009—2012 年，中国石油上市公司的平均技术效率值为 0.826、0.845、0.927 和 0.921，虽然其值在 2012 年比 2011 年略有下降，但总体呈现上升态势，且 2011 年的提升幅度较大。2008—2014 年，中国石油企业的技术效率平均增长率为 3.7%（魏静、孙慧，2015）。

第二，石油企业技术效率一直处于波动之中。李治国、郭景刚、周德田（2012）进行实证分析后指出，中国石油上市公司 2004—2010 年技术效率一直处于波动之中，其值并不稳定。李富有、郭小叶和杨秀汪（2016）的研究结果显示：2008—2012 年中石油的技术效率分别为 0.654、0.598、0.771、0.485 和 0.497，中石化的技术效率分别为 0.181、0.547、0.485、0.411、0.429，可见，中石油、中石化的技术效率一直处于波动之中。

第三，中国石油企业技术效率波动幅度较大。穆秀珍（2017）的实证研究结果显示：2001—2014 年中国石油企业技术效率波动幅度大，最高波动幅度出现在 2008 年，远远高于国外石油企业技术效率的波动幅度。究其原因，主要是国内石油企业对宏观政策调整影响的敏感度更高。

（三）石油企业技术效率差异及其变化趋势的研究

中国石油企业技术效率存在明显的差异，2001—2004 年，技术效率最好的石油企业达到 0.9，而最差的仅为 0.3，差距最大为 0.6（石晓军、王立杰、邵春伟，2006）。2007—2010 年，样本公司中中海油服的技术效率最高，其值为 0.998，S 上石化的技术效率最低，其值仅为 0.246，且海油工程、中国石化、永泰能源等 6 家样本公司的技术效率都处于平均水平以下；不同产权结构的石油化工企业技术效率也存在一定的差异，外资控股石油化工企业的技术效率较高，不存在投入要素浪费，国有控股石油化工企业的技术效率较低，投入要素浪费最严重，存在较大的改善空间（邹学将，2012）。在行政垄断政策的影响下，大型石油企业的技术效率明显高于中小型石油企业；由于东部地区市场化程度较高，石油企业受政府干预较小，市场竞争比较激烈，该地区石油企业的技术效率明显高于中西部地区的石油企业（李治国、郭景刚、周德田，2012）。2011 年中国石油上市公司的平均技术效率值为 0.81，标准差为 0.287，可见，石油上市公司之间技术效率的总体差异较大（裴誉，2012）。2009—2012 年中国石油上市公司技术效率均值达到 1 的石油企业仅有 4 家，0.9 以上的石油企业有 13 家，其余 7 家石油企业的技术效率均值较低，最小值仅为 0.638，存在严重的两极分化（邵强、刘远奇、林向义等，2014；刘远奇、邵强、董越等，2014）。2013 年中国石油上市公司技术效率差距较大，个别上市公司的技术效率值非常低，需要适度增加科技投入（岳彩富，2014）。

石油企业技术效率差距呈收敛状态。虽然石油企业技术效率存在较大的差距，但从其均值与分布特征上观测，石油企业技术效率趋于均衡发展，企业间的差距逐渐缩小，两极分化逐步改善。因此，石油企业技术效率差距呈现逐渐收敛状态，落后石油企业需继续加强管理，以便有效、持续地缩小其与先进石油企业技术效率的差距（刘远奇、邵强、董越等，2014）。

石油企业技术效率差距将会持久存在。目前，石油企业技术效率呈现发散—收敛—稳定的发展态势，同时，石油企业间技术效率正不断趋近各自的稳定状态，但各个石油企业的稳定增长水平不同，导致石油企业间技术效率的差距会持久存在（魏静、孙慧，2015）。

（四）石油企业技术效率影响因素的研究

李治国、郭景刚、周德田（2012）的实证研究结果显示：中国石油产业制度的变迁与政策变化的实质是政府根据国家安全和整顿市场的需要，对企业的市场准入进行严格限制，并将石油产业中的开采、炼制等环节均纳入到中石油、中石化、中海油等大型石油企业，具有明显的行政调整与管制特征，这就限制了中小石油企业的发展规模，导致其技术效率较低。

六、关于新能源企业技术效率的研究及评价

与其他能源企业相比较，我国学者对新能源企业技术效率的研究较晚。研究结论主要集中在以下四个方面。

（一）新能源企业技术效率水平的研究

第一，中国新能源企业的技术效率较低，存在较大的改善空间。贾全星（2012）选择中国 20 家新能源上市公司为研究样本，以固定资产净值、公司支付给职工及为职工支付的现金为投入，以主营业务收入为产出，运用随机前沿分析法测度各样本 2004—2010 年的技术效率，结果显示：新能源上市公司的技术效率较低，平均值仅为 0.312。辛玉红、李星星（2013）选择中国 60 家新能源上市公司为样本，以总资产、主营业务成本 + 期间费用、年末公司在职员工人数为投入，以主营业务收入为产出，运用DEA 方法测度各样本 2006—2008 年的技术效率，结果显示：60 家新能源上市公司的平均技术效率为 0.837，还有 16.3% 改进和提高的空间。刘亚铮、彭慕蓉（2015）以中国 45 家新能源上市公司为研究样本，以年均总资产、职工薪酬为投入，主营业务收入和利润总额为产出，运用DEA - malmquist 指数测度各样本 2009—2013 年的技术效率，结果显示：其值较低，仅为 0.39。

第二，新能源企业技术效率良好。耿逢春（2011）以中国 7 家新能源上市公司为研究样本，以资产总额、资产负债率、流动比率、速动比率、总资产周转率、应收账款周转率、存货周转率、总资产增长率、净资产增长率、主营业务收入增长率、主营业务利润率、净利润、净资产收益率为投入，以每股收益为产出，运用 DEA 方法测度各样本 2010 年的技术效率，

结果显示：只有 1 家样本公司为非 DEA 有效，其他 6 家公司均为 DEA 有效。李凯风、宋鹏鹏、王敏敏（2014）选取中国 40 家新能源上市公司为样本，以职工薪酬、总资产和营业成本为投入，以营业收入和净利润为产出，运用 Deap 2. 1 软件测度各样本 2008 年、2010 年和 2012 年技术效率，结果显示：新能源上市公司的技术效率较高，其值分别为 0. 972、0. 972 和 0. 98。

（二）新能源企业技术效率发展态势的研究

第一，新能源企业技术效率呈增长态势。贾全星（2012）的实证分析结果显示：2004—2010 年中国新能源企业技术效率存在明显的上升趋势，从 2004 年的 0. 197 提高到 2010 年的 0. 444，各年增长率均超过了 10%。2010 年和 2012 年，中国新能源上市公司的技术效率小幅上升（李凯风、宋鹏鹏、王敏敏，2014）。

第二，石油企业技术效率处于先上升后下降的发展态势。辛玉红、李星星（2013）指出，2006—2008 年中国新能源上市公司的技术效率呈逐年上升的发展趋势，但上升的幅度较小，仅为 3. 3%；2008—2011 年，中国新能源上市公司的技术效率呈下降趋势，下降幅度达到 20. 5%。

（三）新能源企业技术效率差异及其变化趋势的研究

中国新能源企业技术效率参差不齐，存在较大的差异，2004—2010 年，样本公司中特变电工的技术效率最大，其值为 0. 696，而拓日新能的技术效率最低，其值仅为 0. 127，差距为 0. 569；从行业上看，综合性新能源企业的技术效率较高，其次为风能企业，再次为太阳能企业，最后为生物质能企业；从类型上看，多元化企业的技术效率高于专业化企业的技术效率（贾全星，2012）。2006—2011 年，核能类上市公司的技术效率最高，其次为 LED 和绿色照明类上市公司，最后为生物质能类上市公司（辛玉红、李星星，2013）。2009—2013 年，国有新能源上市公司技术效率高于非国有新能源上市公司（刘亚铮、彭慕蓉，2015）。

（四）新能源企业技术效率影响因素的研究

贾全星（2012）运用随机前沿分析法进行实证研究后指出，企业超额获利能力与新能源企业技术效率之间具有非常显著的正相关关系，具体而言，在其他因素不变的情况下，新能源企业的无形资产每增加 1000 万元，技术效率将会增加 2.08%；员工素质与新能源企业技术效率之间具有显著的正相关关系，员工素质每提高 1%，新能源企业技术效率将会增加 2.176%；第一大股东性质与新能源企业技术效率之间具有显著的负相关关系，如果第一大股东为国有性质，则新能源企业技术效率将会降低 0.2%；而企业成立时间长短、技术人员比重、所处地理位置均与新能源企业技术效率之间不具有显著的相关关系。

辛玉红、李星星（2013）构建 Tobit 回归模型进行实证分析后指出，第一大股东的性质与新能源上市公司技术效率显著相关，即第一大股东性质为非国有法人的新能源上市公司的技术效率高于第一大股东性质为国有法人的新能源上市公司；股权集中度与新能源上市公司技术效率显著正相关；而员工学历和公司规模均与新能源上市公司技术效率之间不存在显著的相关关系。

七、评价

上述研究从不同视角，运用不同的投入、产出指标及不同的研究方法，对能源企业技术效率进行研究，研究方法与结果具有一定的借鉴意义。但是，现有研究依然存在一些不足之处：①现有文献更多的是只注重于对某一类型能源企业技术效率的研究，针对整个能源行业上市公司技术效率的研究较少。②对不同类型能源上市公司技术效率之间的横向对比分析甚少，如对煤炭、电力、石油等不同类型上市公司技术效率的比较研究。③对能源上市公司技术效率影响因素的研究不全面，未研究管理层特征、监事会、治理环境、业务集中度等因素对能源上市公司技术效率的具体影响。④现有研究未深入研究各个因素对不同类型能源上市公司技术效率影响的差异。

基于此，本书将以 103 家中国能源上市公司作为研究样本，并将 103 家中国能源上市公司按其主营业务划分为煤炭类、石油类、天然气类、电力热力类、自来水类上市公司，首先以员工人数、固定资产净额作为投入指标，净利润、每股收益作为产出指标，运用 DEA 方法测度其 2007—2017 年的技术效率，并对测度结果进行横向、纵向对比分析，以深入研究中国能源上市公司技术效率水平，从多个视角分析中国能源上市公司技术效率差距，然后基于面板数据构建模型，运用 Eviews 9.0 实证分析治理环境、监事会特征、股权结构、人力资本、董事会特征、资本结构、高管团队特征、业务集中度对中国整体能源上市公司技术效率的具体影响，以及各个因素对不同类型能源上市公司技术效率影响的差异。

第三章　中国能源上市公司
技术效率的实证研究

第一节　技术效率理论

1951 年，库普曼斯首先提出了"技术有效性"的概念。他认为如果在不增加其他任何投入或减少其他任何产出的情况下，技术上不可能增加产出或减少投入，则该投入产出组合就是技术有效的。继之，德布罗（Debreu，1951）和谢菲德（Shephard，1953）建立设定模型，运用统计方法描述了多投入—多产出生产单元的技术效率，指出用距离函数所测量到的实际生产单元与生产前沿面之间的距离就是技术效率，且其沿着产出增加的方向（Debreu 产出有效）或者投入减少的方向（Shephard 投入有效）呈现出递增的规律。后来，发瑞尔（Farrell M J，1957）在《生产效率度量》一文中指出："技术效率是指在产出规模不变和市场价格不变的条件下，按照既定的要素投入组合，生产一定量产品所需的最小成本与实际成本的百分比。"1966 年，Leibenstein 从产出的角度描述了技术效率的定义："技术效率是指实际产出水平与在相同的投入规模、投入比例及市场价格条件下所能达到的最大产出量之比。"2003 年，乌里（Noel D Uri，2003）提出，技术效率是指在同一产出水平下，实际投入与最有效投入相比较所能节省的程度。吴诣民（2004）则认为，技术效率是指在现有技术水平不变的条件下，生产者获得最大产出的能力，也就是表示生产者的实际生产活动与其前沿边界的距离。综上所述，技术效率是指在技术和市场价格既定的条件下，一定的投入组合所能带来的实际产出与最大产出（生产可能性边界）之间的距离，距离越大，则意味着生产单位的技术效率越低，反之则表明其技术效率越高。如图 3 - 1 所示，横轴 X 表示投入，纵轴 Y 表示产出，OP_1 表示实际产出，OP 表示最大产出。

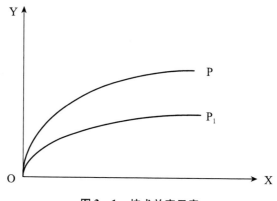

图 3 - 1　技术效率示意

在上述研究中，最具有代表性的是发瑞尔（Farrell M J，1957）对技术效率的定义。他建立了用于测量企业或其他经济主体技术效率与规模效率的模型。该模型中的投入为双因素，而产出则为单因素。如图 3 - 2 所示，横轴 X 代表劳动力投入，纵轴 Y 代表资金投入，CD 为单位等成本曲线，OS 为企业规模扩张线（表示规模收益不变）。EF 是由各样本点相对较低点的投入（L/X，K/Y）用线性规划技术构造的一个凸包，即生产前

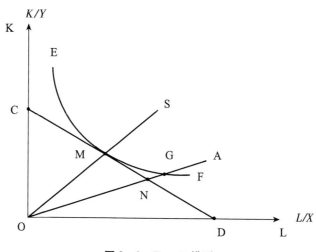

图 3 - 2　Farrell 模型

沿面，也就是所有技术有效的投入产出向量所组成的组合，而生产企业的技术效率则是由其样本点的位置来决定的。在 M 点，企业既位于生产前沿面，又位于规模扩张线上，所以意味着其技术效率和配置效率均达到最优，其值为 1；在 G 点，企业处于生产前沿面，但不在规模扩张线上，则表明该企业的技术效率等于 1，达到了最优，但配置效率没有达到最优状态，存在改善的潜力；如果样本企业位于线段 MS 的任意点上，即处于规模扩张线上时，此时企业没有位于生产前沿面，因此其配置效率等于 1，达到了最优，而技术效率没有达到最优；当样本企业位于线段 GA（不包括 G 点）时，其既不位于规模扩张线上，也不位于生产前沿面，所以其技术效率和配置效率均未达到最优化，存在改进的潜力。

第二节　基于 DEA 的中国能源上市公司
技术效率实证研究

一、基本模型及方法

DEA 方法是由美国著名运筹学家 A Charnes、W W Cooper 和 E Rhodes，1978 年在"相对有效性"假设条件下提出的，用于评价生产效果的一种统计研究方法。继之，国外著名学者 R D Banker、A Charnes 和 W W Cooper，以及中国学者魏权龄等对其进行了进一步的发展和完善。DEA 方法的实质是依据一组多输入、多输出的观测值来估计有效生产的前沿面，并根据输入、输出对生产单位进行多目标综合效果评价。具体而言，就是设有 n 个生产部门或生产单位，即 n 个决策单元 DMU，并且每第 j 个决策单元 $DMU_j(j = 1, \cdots, 103)$ 在生产过程中使用了 m 种输入 x_{ij}（$i = 1, \cdots, m$）后就可以得到 s 种输出 $y_{rj}(r = 1, \cdots, s)$，那么其技术效率就可以表示为：

$$h_j = \frac{\sum_{r=1}^{s} u_r y_{rj}}{\sum_{i=1}^{m} v_i x_{ij}} \qquad 公式（3-1）$$

公式（3-1）中，$v_i(i = 1, \cdots, m)$ 和 $u_r(r = 1, \cdots, s)$ 分别表示加在 m 种输入 x_{ij} 和 s 种输出 y_{rj} 上的权重，该权重由下面的数学规划问题来确定：

$$h_o^* = \max_{v_i, u_r} h_0$$

$$\text{s.t.} \quad h_j \leqslant 1, \qquad j = 1, \cdots, n \qquad\qquad \text{公式}（3 - 2）$$

公式（3-2）中，$h_o = \dfrac{\sum\limits_{r=1}^{s} u_r y_{ro}}{\sum\limits_{i=1}^{m} v_i x_{io}}$ 代表决策单元 DMU_o 的总输入与总输出的比率，且 $o \in \{1, \cdots, n\}$。x_{io} 和 y_{ro} 分别表示 DMU_o 第 i 个输入和第 r 个输出。一般通过 o 在 $\{1, \cdots, n\}$ 区间的不断变化，就可以得到 DEA 值 h_j^* 和 n 组的最优权重。因此 DEA 值越大，则说明决策单元的技术效率值也越高，当 $h_j^* = 1$ 时，则意味着 DMU_j 技术效率相对有效。那么上述分式规划问题就可以转化为下述线性规划问题：

$$\theta_o^* = \min_{\theta_o, \lambda_j} \theta_o$$

$$\text{s.t.} \quad \sum_{j \neq 0} \lambda_j x_{ij} + s_i^- = \theta_o x_{io}, \qquad i = 1, \cdots, m$$

$$\sum_{j \neq 0} \lambda_j y_{rj} - s_r^+ = y_{to}, \qquad r = 1, \cdots, s$$

$$\text{公式}（3 - 3）$$

$$\lambda_j \geqslant 0, \quad s_i^- \geqslant 0, \quad s_r^+ \geqslant 0$$

公式（3-3）中，s_i^- 和 s_r^+ 均代表线性规划问题的人工变量。在上述问题中如果 $\theta_o^* = 1$，则表明决策单元 DMU_o 为弱 DEA 有效；如果 $\theta_o^* = 1$，且 $s_i^- = 0$，$s_r^+ = 0$，那么则意味着决策单元 DMU_o 为 DEA 有效。

DEA 方法可以运用多指标投入和多指标产出来衡量经济主体的技术效率，具有得天独厚的优越性。同时也避免了计算每项服务的标准价格成本，因为它可以把多种投入和多种产出转化为效率比率的分子和分母，而不需要转换成相同的货币单位。所以用该方法测量技术效率可以清晰地表明投入和产出的组合，比运用一套经营比率或利润指标更具有综合性并且研究结论更值得信赖。因此，本部分拟运用 DEA 方法测度 2007—2017 年中国能源上市公司技术效率值。

二、样本选择与数据来源

为使研究结果更加准确，将 ST（特别处理）和 PT（特别转让）上市公司、数据缺失以及异常的上市公司删除，并且剔除了上市时间较短的公司，因此，本部分选择 103 家能源上市公司作为研究样本。同时，将 103家中国能源上市公司按其主营业务划分为煤炭、石油、天然气、电力热力、自来水类，样本公司分别为 23 家、5 家、9 家、55 家和 11 家，见表 3 - 1。研究样本的相关数据均来源于国泰安数据库、万得数据库、巨潮资讯网，以及其他各类财经网站。

表 3 - 1　样本公司

企业类型	公司名称	代码
煤炭	靖远煤电	000552
	平庄能源	000780
	冀中能源	000937
	西山煤电	000983
	露天煤业	002128
	郑州煤电	600121
	兰花科创	600123
	永泰能源	600157
	兖州煤业	600188
	阳泉煤业	600348
	盘江股份	600395
	大有能源	600403
	上海能源	600508
	金瑞矿业	600714
	红阳能源	600758
	恒源煤电	600971
	淮北矿业	600985
	大同煤业	601001

企业类型	公司名称	代码
煤炭	中国神华	601088
	平煤股份	601666
	潞安环能	601699
	中煤能源	601898
	新集能源	601918
石油	蓝焰控股	000968
	中国石化	600028
	广汇能源	600256
	洲际油气	600759
	中国石油	601857
天然气	胜利股份	000407
	南京公用	000421
	大通燃气	000593
	金鸿控股	000669
	国新能源	600617
	大众公用	600635
	申能股份	600642
	百川能源	600681
	中天能源	600856
电力热力	深圳能源	000027
	深南电 A	000037
	东旭蓝天	000040
	穗恒运 A	000531
	粤电力 A	000539
	皖能电力	000543
	太阳能	000591
	建投能源	000600
	韶能股份	000601

企业类型	公司名称	代码
电力热力	宝新能源	000690
	惠天热电	000692
	滨海能源	000695
	湖南发展	000722
	漳泽电力	000767
	甘肃电投	000791
	银星能源	000862
	吉电股份	000875
	湖北能源	000883
	赣能股份	000899
	东方能源	000958
	长源电力	000966
	闽东电力	000993
	豫能控股	001896
	黔源电力	002039
	华能国际	600011
	上海电力	600021
	广州发展	600098
	明星电力	600101
	岷江水电	600131
	中闽能源	600163
	联美控股	600167
	桂冠电力	600236
	桂东电力	600310
	金山股份	600396
	涪陵电力	600452
	福能股份	600483
	西昌电力	600505

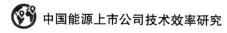

续表

企业类型	公司名称	代码
电力热力	天富能源	600509
	京能电力	600578
	乐山电力	600644
	川投能源	600674
	大连热电	600719
	华电能源	600726
	华银电力	600744
	通宝能源	600780
	国电电力	600795
	内蒙华电	600863
	梅雁吉祥	600868
	国投电力	600886
	长江电力	600900
	郴电国际	600969
	广安爱众	600979
	宁波热电	600982
	文山电力	600995
	大唐发电	601991
自来水	中原环保	000544
	兴蓉环境	000598
	渤海股份	000605
	中山公用	000685
	首创股份	600008
	武汉控股	600168
	国中水务	600187
	钱江水利	600283
	瀚蓝环境	600323
	洪城水业	600461
	创业环保	600874

三、指标的选择

由于指标选取过多，会使指标之间具有重复信息，产生交叉，造成技术效率值大于 1 的结果而无法比较；指标选取过少，又会造成技术效率值测度不准确，无法有效衡量其技术效率值。所以，选择投入产出指标应遵循以下原则：①各个决策单元选取的数据应均为正值。因为负值会造成技术效率值不准确，甚至无法测度。②对于投入产出指标的量纲无要求，因此可以选择人数、金额等单位的数据。

根据国内外学者投入产出指标的选取以及技术效率测度成果，结合能源上市公司行业特征，以及考虑数据获取的方便性、有效性，本部分选取员工人数、固定资产净额作为投入指标，选取净利润、每股收益作为产出指标，测度 2007—2017 年中国能源上市公司技术效率。具体原因如下所述。

（一）人是最重要的生产要素

与其他生产要素相比较，人不仅是企业进行正常生产活动所需要的最基本要素，而且是具有积极能动性、创造性的生产要素。劳动力是中国能源上市公司得以发展的不竭动力与源泉，必须将劳动力作为一项投入指标。劳动力包括从业人数及支付给员工的各项报酬。但是职工工资、奖金、津贴等各项福利内容均属报酬范围，数据获取来源有限且难度较大。因此，本部分将员工人数作为其中一项投入指标。

（二）根据柯布—道格拉斯生产函数，在考虑了投入的劳动力因素之后，还需考虑投入的资本

因为前期的资本投入会影响后期的公司效益与价值。资本投入可以用总资产投入、固定资产投入、注册资本投入作为量化指标，但是对于能源上市公司来说，各项固定资产的投入使用率在一定程度上影响其经营效率与效益，且固定资产净额可以更好地反映出资本在生产经营过程中的转化。因此，本部分将固定资产净额作为另一项投入指标。

（三）在产出指标上，借鉴国内外学者的研究方法，本部分采用净利润和每股收益反映中国能源上市公司的产出水平

在利润指标的选取上，主要考虑到各项税收政策的差异和各地的税收水平不同，为了提高各研究样本之间的可比性，最终以净利润作为产出指标，用来反映能源上市公司的盈利能力。每股收益可以用来反映公司的经营成果，投资者可根据其评价企业的盈利能力、预测企业成长潜力，进而做出各项投资决策，也是公司非常重要的一项财务指标，在一定程度上会影响公司的技术效率。因此，本部分将每股收益作为第二项产出指标。

四、指标的处理

运用 DEA 模型测度技术效率时，要求所有输入、输出变量必须为非负数。但是部分能源上市公司在实际生产经营过程中，其产出数额某些年度难免会出现负数。因此，在测算之前，需要对原始数据进行无量纲化处理，使所有数据全部转化为非负数。设 z_{ij} 为需要处理的指标，其中 x_i 和 y_i 分别表示所有决策单元第 i 项指标的最大值和最小值，下标 j 表示第 j 项决策单元。则无量纲化后的指标 $z1_{ij}$ 为：

$$z1_{ij} = 0.1 + 0.9 \times \frac{z_{ij} - y_i}{x_i - y_i} \qquad 公式（3-4）$$

处理后的 $z1_{ij} \in \{0.1, 1\}$。

五、投入产出指标描述性统计分析

中国能源上市公司投入产出指标描述性统计分析结果如表 3-2 所示。与 2007 年相比，2008 年净利润快速增长，2009 年均值达到较高水平，2010 年呈现下降态势，2011 年其值小幅增长，2012—2013 年逐渐趋于平稳，2014—2015 年稳步上升，2016—2017 年又呈现下滑态势。2007—2009 年每股收益呈现增长趋势，2010—2012 年呈现下滑态势，但 2013—2015 年保持稳步增长，2016 年开始逐渐下滑。2007—2017 年，除 2010 年略有下降外，中国能源上市公司固定资产净值的平均值一直呈平稳上升趋势。与

2007 年相比，2008 年员工人数逐渐增加，2009 年急速下滑，从 2010 年开始又呈增长态势，一直持续到 2013 年，此后呈波动状态并趋于平稳。

表 3 - 2　投入产出指标描述性统计分析

年份	指标	净利润	每股收益	固定资产净值	员工人数
2007	最大值	0.90	0.74	994092000000	466502.00
	最小值	0.00	0.00	156873894.72	38.00
	平均值	0.02	0.39	28115887998.14	13903.31
	标准差	0.10	0.10	121782421681.55	56356.36
2008	最大值	0.99	1	1194901000000	477780
	最小值	0.1	0.1	107608231.31	40
	平均值	0.14	0.50	32891394690.52	14700.98
	标准差	0.09	0.16	140657276634.67	58609.1
2009	最大值	1.00	1.00	1450742000000.00	539168.00
	最小值	0.10	0.10	107608231.31	40.00
	平均值	0.15	0.53	47906530674.22	2033.02
	标准差	0.12	0.18	198119447146.89	78138.90
2010	最大值	1.00	1.00	1656368000000.00	552698.00
	最小值	0.10	0.10	41114426.07	38.00
	平均值	0.12	0.41	46729254546.33	16975.96
	标准差	0.10	0.14	191846900899.94	65635.22
2011	最大值	1.000	1.00	1917528000000.000	552810.000
	最小值	0.100	0.100	17933562.810	29.000
	平均值	0.13	0.41	54248626831.525	18042.204
	标准差	0.10	0.14	221634606644.327	66053.149
2012	最大值	1.00	1.00	2168837000000.00	548355.00
	最小值	0.10	0.10	20320542.27	24.00
	平均值	0.13	0.41	61467024004.91	18984.86
	标准差	0.10	0.13	248899392410.37	65780.27

年份	指标	净利润	每股收益	固定资产净值	员工人数
2013	最大值	1.00	1.00	2342004000000.00	544083.00
	最小值	0.10	0.10	165952051.52	103.00
	平均值	0.13	0.47	66980903240.96	19072.17
	标准差	0.10	0.12	270696552803.70	65112.24
2014	最大值	1.00	1.00	2405376000000.00	534652.00
	最小值	0.10	0.10	183657880.42	146.00
	平均值	0.14	0.71	70685935049.42	18709.97
	标准差	0.10	0.10	279650159709.84	63829.41
2015	最大值	1.00	1.00	2394094000000.00	521566.00
	最小值	0.10	0.10	194027628.39	127.00
	平均值	0.19	0.72	73433874659.13	18525.89
	标准差	0.13	0.11	278765033242.83	62333.76
2016	最大值	1.00	1.00	2396950000000.00	508757.00
	最小值	0.10	0.10	712251519.80	211.00
	平均值	0.16	0.43	77136522374.43	18668.58
	标准差	0.11	0.11	282230005060.28	67038.39
2017	最大值	1.00	1.00	2404910000000.00	494297.00
	最小值	0.10	0.10	652183741.05	201.00
	平均值	0.16	0.40	81266133147.03	18504.16
	标准差	0.12	0.13	288257975777.68	65721.27

六、技术效率评价

（一）中国能源上市公司技术效率较低

由表 3 – 3 可知，2007—2017 年各个能源上市公司的技术效率值。在 103 个研究样本中，洲际油气和深圳能源 2007 年、金瑞矿业 2016—2017 年、国新能源 2007—2012 年、大众公用 2007—2009 年、百川能源 2008—2010 年和 2013—2015 年、中闽能源 2016 年、国投电力 2007—2009 年、渤海股份 2008—2009 年和 2013 年的技术效率值为 1，达到完全有效，说明其公司经营管理水平较高；而其他样本的技术效率均值均小于 1。部分样本公司的技术效率值很低，如中国石化 2008—2012 年的技术效率仅为 0.001，究其原因，主要是中国石化管理僵化、治理混乱等，由此造成其技术效率低下。同时，研究结果显示，2007—2016 年，中国能源上市公司技术效率的平均值仅为 0.124，只有靖远煤电、大有能源、金瑞矿业、红阳能源、淮北矿业、洲际油气等 34 家上市公司的技术效率值高于平均水平，而其余的 69 家样本公司的平均技术效率都低于平均水平。可见，2007—2017 年，多数中国能源上市公司技术效率水平都处于非生产前沿面，意味着其在生产经营过程中，未能充分利用人力、财力、物力等现有资源，普遍存在资源浪费现象，具有较大的技术效率改进空间。导致中国能源上市公司技术效率较低的主要原因是中国能源上市公司人力资本的质量有待提升、信息化程度较低、智慧物流的发展程度过低等。

表 3 - 3　能源上市公司技术效率测度结果

序号	公司名称	2007年	2008年	2009年	2010年	2011年	2012年	2013年	2014年	2015年	2016年	2017年	均值
1	靖远煤电	0.478	0.253	0.287	0.074	0.029	0.009	0.041	0.033	0.022	0.080	0.080	0.126
2	平庄能源	0.082	0.041	0.044	0.011	0.005	0.005	0.031	0.033	0.033	0.128	0.159	0.052
3	冀中能源	0.102	0.024	0.011	0.004	0.001	0.001	0.006	0.004	0.005	0.017	0.018	0.018
4	西山煤电	0.088	0.012	0.010	0.003	0.002	0.001	0.006	0.005	0.005	0.014	0.016	0.015
5	露天煤业	0.155	0.044	0.039	0.015	0.012	0.012	0.047	0.035	0.031	0.062	0.089	0.049
6	郑州煤电	0.101	0.028	0.036	0.007	0.003	0.003	0.016	0.016	0.016	0.062	0.091	0.034
7	兰花科创	0.094	0.029	0.024	0.009	0.005	0.004	0.014	0.009	0.009	0.026	0.045	0.024

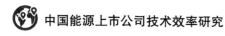

续表

序号	公司名称	2007年	2008年	2009年	2010年	2011年	2012年	2013年	2014年	2015年	2016年	2017年	均值
8	永泰能源	0.218	0.425	0.173	0.022	0.004	0.003	0.014	0.017	0.016	0.028	0.026	0.086
9	兖州煤业	0.090	0.006	0.004	0.002	0.001	0.001	0.002	0.002	0.002	0.006	0.008	0.011
10	阳泉煤业	0.083	0.019	0.015	0.003	0.001	0.001	0.008	0.007	0.006	0.018	0.025	0.017
11	盘江股份	0.122	0.065	0.029	0.009	0.003	0.003	0.014	0.018	0.019	0.063	0.079	0.039
12	大有能源	0.578	0.306	0.397	0.855	0.003	0.003	0.015	0.011	0.011	0.037	0.046	0.206
13	上海能源	0.105	0.027	0.027	0.010	0.004	0.004	0.015	0.013	0.014	0.067	0.076	0.033
14	金瑞矿业	0.538	0.349	0.208	0.061	0.043	0.038	0.232	0.228	0.160	1.000	1.000	0.351
15	红阳能源	0.478	0.343	0.372	0.099	0.070	0.069	0.393	0.347	0.010	0.043	0.051	0.207
16	恒源煤电	0.085	0.044	0.022	0.009	0.002	0.003	0.015	0.013	0.012	0.052	0.094	0.032
17	淮北矿业	0.481	0.332	0.410	0.106	0.046	0.023	0.169	0.146	0.137	0.376	0.368	0.236
18	大同煤业	0.077	0.021	0.017	0.004	0.002	0.001	0.008	0.010	0.007	0.037	0.044	0.021
19	中国神华	0.103	0.003	0.004	0.002	0.001	0.001	0.005	0.006	0.005	0.010	0.014	0.014
20	平煤股份	0.094	0.015	0.036	0.004	0.001	0.002	0.008	0.006	0.004	0.020	0.023	0.019

序号	公司名称	2007年	2008年	2009年	2010年	2011年	2012年	2013年	2014年	2015年	2016年	2017年	均值
21	潞安环能	0.093	0.016	0.012	0.006	0.002	0.002	0.007	0.005	0.004	0.013	0.018	0.016
22	中煤能源	0.077	0.002	0.001	0.001	0.001	0.001	0.003	0.003	0.002	0.006	0.007	0.009
23	新集能源	0.041	0.011	0.003	0.003	0.001	0.001	0.006	0.006	0.005	0.023	0.021	0.011
24	蓝焰控股	0.105	0.041	0.041	0.008	0.003	0.002	0.015	0.014	0.011	0.167	0.137	0.049
25	中国石化	0.063	0.001	0.001	0.001	0.001	0.001	0.002	0.002	0.002	0.004	0.004	0.007
26	广汇能源	0.111	0.057	0.057	0.010	0.008	0.005	0.019	0.019	0.020	0.039	0.036	0.035
27	洲际油气	1.000	0.344	0.344	0.127	0.085	0.091	0.270	0.188	0.123	0.204	0.101	0.262
28	中国石油	0.113	0.001	0.001	0.001	0.001	0.001	0.002	0.002	0.002	0.002	0.002	0.012
29	胜利股份	0.086	0.081	0.081	0.029	0.019	0.015	0.092	0.101	0.084	0.158	0.140	0.081
30	南京公用	0.092	0.044	0.044	0.016	0.007	0.010	0.079	0.090	0.032	0.111	0.085	0.055
31	大通燃气	0.316	0.201	0.201	0.073	0.043	0.037	0.209	0.242	0.250	0.445	0.388	0.219
32	金鸿控股	0.606	0.525	0.525	0.276	0.176	0.037	0.098	0.064	0.053	0.067	0.071	0.227
33	国新能源	1.000	1.000	1.000	1.000	1.000	1.000	0.197	0.144	0.091	0.076	0.037	0.595

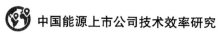

序号	公司名称	2007年	2008年	2009年	2010年	2011年	2012年	2013年	2014年	2015年	2016年	2017年	均值
34	大众公用	1.000	1.000	1.000	0.808	0.640	0.002	0.017	0.016	0.014	0.105	0.103	0.428
35	申能股份	0.348	0.053	0.053	0.026	0.017	0.018	0.081	0.087	0.074	0.118	0.107	0.089
36	百川能源	0.991	1.000	1.000	1.000	0.475	0.130	1.000	1.000	1.000	0.274	0.169	0.731
37	中天能源	0.369	0.270	0.270	0.125	0.082	0.080	0.502	0.468	0.185	0.242	0.317	0.265
38	深圳能源	1.000	0.455	0.455	0.413	0.010	0.010	0.045	0.048	0.034	0.045	0.039	0.232
39	深南电A	0.188	0.227	0.227	0.108	0.089	0.074	0.383	0.471	0.190	0.927	0.384	0.297
40	东旭蓝天	0.104	0.049	0.049	0.023	0.048	0.038	0.134	0.138	0.083	0.123	0.095	0.080
41	穗恒运A	0.115	0.097	0.097	0.064	0.030	0.044	0.183	0.161	0.121	0.259	0.201	0.125
42	粤电力A	0.148	0.043	0.043	0.023	0.016	0.026	0.026	0.028	0.029	0.036	0.032	0.041
43	皖能电力	0.026	0.022	0.022	0.011	0.008	0.010	0.053	0.050	0.045	0.073	0.059	0.034
44	太阳能	0.116	0.064	0.064	0.018	0.007	0.008	0.057	0.055	0.062	0.108	0.097	0.060
45	建投能源	0.266	0.124	0.124	0.057	0.040	0.036	0.044	0.044	0.036	0.065	0.045	0.080
46	韶能股份	0.032	0.016	0.016	0.008	0.006	0.006	0.038	0.035	0.031	0.093	0.097	0.034

序号	公司名称	2007年	2008年	2009年	2010年	2011年	2012年	2013年	2014年	2015年	2016年	2017年	均值
47	宝新能源	0.199	0.123	0.123	0.052	0.036	0.036	0.156	0.159	0.122	0.152	0.140	0.118
48	惠天热电	0.072	0.046	0.046	0.018	0.009	0.013	0.071	0.063	0.055	0.146	0.115	0.059
49	滨海能源	0.299	0.401	0.401	0.161	0.120	0.108	0.478	0.622	0.552	0.624	0.379	0.377
50	湖南发展	0.033	0.137	0.137	0.667	0.364	0.280	0.848	0.279	0.205	0.254	0.273	0.316
51	漳泽电力	0.060	0.028	0.028	0.013	0.010	0.010	0.019	0.019	0.016	0.024	0.018	0.022
52	甘肃电投	0.271	0.181	0.181	0.078	0.050	0.020	0.089	0.091	0.075	0.109	0.135	0.116
53	银星能源	0.158	0.087	0.087	0.024	0.017	0.035	0.122	0.196	0.183	0.315	0.303	0.139
54	吉电股份	0.072	0.029	0.029	0.016	0.010	0.008	0.041	0.048	0.037	0.060	0.055	0.037
55	湖北能源	0.070	0.030	0.030	0.021	0.012	0.011	0.039	0.049	0.038	0.064	0.063	0.039
56	赣能股份	0.093	0.189	0.189	0.082	0.061	0.065	0.331	0.335	0.313	0.384	0.311	0.214
57	东方能源	0.061	0.041	0.041	0.030	0.013	0.015	0.258	0.105	0.064	0.165	0.091	0.080
58	长源电力	0.020	0.015	0.015	0.008	0.006	0.006	0.046	0.047	0.050	0.087	0.069	0.034
59	闽东电力	0.079	0.055	0.055	0.023	0.013	0.013	0.075	0.070	0.063	0.184	0.149	0.071

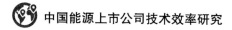

序号	公司名称	2007年	2008年	2009年	2010年	2011年	2012年	2013年	2014年	2015年	2016年	2017年	均值
60	豫能控股	0.151	0.104	0.104	0.056	0.043	0.040	0.221	0.137	0.088	0.212	0.111	0.115
61	黔源电力	0.188	0.285	0.285	0.093	0.050	0.070	0.169	0.291	0.256	0.368	0.610	0.242
62	华能国际	0.073	0.003	0.003	0.001	0.001	0.001	0.005	0.007	0.010	0.011	0.004	0.011
63	上海电力	0.043	0.011	0.011	0.006	0.005	0.005	0.023	0.026	0.027	0.042	0.043	0.022
64	广州发展	0.248	0.057	0.057	0.025	0.017	0.008	0.031	0.035	0.031	0.045	0.046	0.055
65	明星电力	0.118	0.073	0.073	0.027	0.016	0.014	0.104	0.078	0.075	0.264	0.272	0.101
66	岷江水电	0.125	0.079	0.079	0.046	0.039	0.035	0.151	0.196	0.171	0.328	0.307	0.141
67	中闽能源	0.057	0.038	0.038	0.015	0.012	0.012	0.076	0.079	0.640	1.000	0.816	0.253
68	联美控股	0.308	0.413	0.413	0.181	0.112	0.110	0.238	0.215	0.175	0.177	0.158	0.227
69	桂冠电力	0.205	0.034	0.034	0.015	0.010	0.010	0.041	0.055	0.068	0.099	0.100	0.061
70	桂东电力	0.105	0.108	0.108	0.062	0.013	0.013	0.056	0.054	0.072	0.102	0.096	0.072
71	金山股份	0.071	0.044	0.044	0.022	0.019	0.020	0.085	0.093	0.039	0.062	0.053	0.050
72	涪陵电力	0.193	0.115	0.115	0.057	0.029	0.031	0.282	0.247	0.210	0.368	0.527	0.198

序号	公司名称	2007年	2008年	2009年	2010年	2011年	2012年	2013年	2014年	2015年	2016年	2017年	均值
73	福能股份	0.135	0.106	0.106	0.035	0.016	0.019	0.155	0.055	0.052	0.095	0.095	0.079
74	西昌电力	0.133	0.106	0.106	0.049	0.037	0.030	0.166	0.148	0.133	0.295	0.285	0.135
75	天富能源	0.037	0.021	0.021	0.008	0.007	0.008	0.037	0.033	0.030	0.051	0.051	0.028
76	京能电力	0.111	0.070	0.070	0.034	0.023	0.018	0.061	0.057	0.071	0.069	0.056	0.058
77	乐山电力	0.179	0.056	0.056	0.013	0.006	0.007	0.053	0.061	0.085	0.320	0.227	0.097
78	川投能源	0.086	0.144	0.144	0.069	0.050	0.034	0.180	0.235	0.215	0.348	0.403	0.173
79	大连热电	0.107	0.114	0.114	0.050	0.038	0.034	0.184	0.172	0.149	0.426	0.410	0.163
80	华电能源	0.019	0.012	0.012	0.003	0.002	0.002	0.010	0.011	0.009	0.028	0.022	0.012
81	华银电力	0.017	0.014	0.014	0.007	0.006	0.006	0.027	0.030	0.018	0.037	0.030	0.019
82	通宝能源	0.113	0.058	0.058	0.026	0.006	0.006	0.036	0.030	0.025	0.059	0.056	0.043
83	国电电力	0.043	0.006	0.006	0.002	0.001	0.001	0.005	0.008	0.009	0.014	0.010	0.010
84	内蒙华电	0.020	0.010	0.010	0.010	0.007	0.007	0.024	0.020	0.019	0.029	0.028	0.017
85	梅雁吉祥	0.051	0.094	0.094	0.035	0.024	0.032	0.221	0.273	0.245	0.878	0.471	0.220

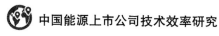

序号	公司名称	2007年	2008年	2009年	2010年	2011年	2012年	2013年	2014年	2015年	2016年	2017年	均值
86	国投电力	1.000	1.000	1.000	0.006	0.004	0.004	0.020	0.033	0.037	0.044	0.035	0.289
87	长江电力	0.440	0.037	0.037	0.008	0.006	0.005	0.020	0.032	0.041	0.088	0.159	0.079
88	郴电国际	0.120	0.050	0.050	0.017	0.011	0.012	0.070	0.058	0.049	0.082	0.075	0.054
89	广安爱众	0.149	0.095	0.095	0.020	0.012	0.012	0.063	0.054	0.052	0.092	0.107	0.068
90	宁波热电	0.426	0.615	0.615	0.344	0.160	0.138	0.647	0.476	0.374	0.589	0.600	0.453
91	文山电力	0.203	0.094	0.094	0.028	0.013	0.014	0.080	0.067	0.072	0.296	0.317	0.116
92	大唐发电	0.334	0.006	0.006	0.003	0.002	0.002	0.006	0.007	0.007	0.011	0.012	0.036
93	中原环保	0.370	0.302	0.302	0.096	0.059	0.052	0.221	0.207	0.215	0.226	0.248	0.209
94	兴蓉环境	0.142	0.059	0.059	0.082	0.014	0.013	0.045	0.047	0.044	0.068	0.072	0.059
95	渤海股份	0.613	1.000	1.000	0.434	0.254	0.230	1.000	0.328	0.236	0.347	0.194	0.512
96	中山公用	0.530	0.438	0.438	0.249	0.031	0.019	0.095	0.085	0.074	0.119	0.137	0.201
97	首创股份	0.058	0.019	0.019	0.007	0.006	0.005	0.022	0.024	0.018	0.025	0.018	0.020
98	武汉控股	0.179	0.230	0.230	0.087	0.062	0.061	0.146	0.157	0.139	0.220	0.264	0.161

序号	公司名称	2007年	2008年	2009年	2010年	2011年	2012年	2013年	2014年	2015年	2016年	2017年	均值
99	国中水务	0.432	0.260	0.260	0.067	0.045	0.033	0.124	0.113	0.119	0.213	0.194	0.169
100	钱江水利	0.101	0.105	0.105	0.030	0.019	0.015	0.085	0.077	0.072	0.131	0.158	0.082
101	瀚蓝环境	0.213	0.261	0.261	0.153	0.060	0.026	0.112	0.057	0.044	0.074	0.084	0.122
102	洪城水业	0.328	0.206	0.206	0.018	0.010	0.012	0.067	0.058	0.050	0.099	0.101	0.105
103	创业环保	0.170	0.156	0.156	0.030	0.022	0.021	0.089	0.108	0.091	0.153	0.170	0.106
	年均值	0.221	0.161	0.159	0.091	0.050	0.036	0.124	0.108	0.093	0.166	0.150	0.124

（二）中国能源上市公司技术效率不均衡

中国能源上市公司技术效率不均衡，主要表现为以下两个方面。

第一，各个能源上市公司的技术效率水平参差不齐，存在明显差异，见表3-3。2007年，洲际油气、国新能源、大众公用、深圳能源、国投电力的技术效率值均为1，处于生产前沿面，但华银电力的技术效率值最低，仅有0.017，比洲际油气、国新能源、大众公用、深圳能源、国投电力的技术效率低0.983，仅为洲际油气、国新能源、大众公用、深圳能源、国投电力技术效率的1.7%，说明华银电力的管理效率很低，资源浪费现象较为严重。2008年，国新能源、大众公用、百川能源、国投电力、渤海股份的技术效率值均为1，中国石化、中国石油的技术效率值最小，仅为0.001，比国新能源、大众公用、百川能源、国投电力、渤海股份的技术效率低0.999，仅为国新能源、大众公用、百川能源、国投电力、渤海股份的技术效率的0.1%。2009年国新能源、大众公用、百川能源、国投电力、渤海股份的技术效率值依然最大，其值为1，均达到生产前沿面，中煤能源、中国石化、中国石油的技术效率值最低，为 0.001，比国新能源、大众公用、百川能源、国投电力、渤海股份的技术效率低 0.999，仅为国新能源、大众公用、百川能源、国投电力、渤海股份的技术效率的 0.1%。2010 年国新能源、百川能源的技术效率值与 2009 年持平，其值为 1，中煤能源、中国石化、中国石油的技术效率值最低，为 0.001，比国新能源、百川能源技术效率低 0.999，仅为国新能源、百川能源技术效率的 0.1%。2011 年国新能源技术效率值为 1，而冀中能源、兖州煤业、阳泉煤业、中国神华、平煤股份、中煤能源、新集能源、中国石化、中国石油、华能国际、国电电力的技术效率值仅为 0.001，比国新能源技术效率低 0.999，仅为国新能源技术效率的 0.1%。2012 年国新能源技术效率值依然为 1，而冀中能源、西山煤电、兖州煤业、阳泉煤业、大同煤业、中国神华、中煤能源、新集能源、中国石化、中国石油、华能国际、国电电力的技术效率均为 0.001，比国新能源技术效率低 0.999，仅为国新能源技术效率的 0.1%。2013 年百川能源和渤海股份技术效率值均为 1，兖州煤业、中国石化、中国石油的技术效率值最低，为 0.002，比百川能源和渤海股份技术效率低 0.998，为百川能源和渤海股份技术效率的 0.2%。2014 年百川能源技术效率值最大，其值为 1，兖州煤业、中国石化、中国石油的技术效率值最低，为 0.002，比百川能源技术效率低 0.998，为百川能源技术效率的 0.2%。2015 年百川能源技术效率值依然最大，其值为 1，兖州煤业、中煤能源、中国石化、中国石油的技术效率值最低，为 0.002，比百川能源技术效率低 0.998，为百川能源技术效率的 0.2%。2016 年，金瑞矿业、中闽能源技术效率均达到生产前沿面，其值为 1，中国石油技术效率值最低，为 0.002，比金瑞矿业、中闽能源技术效率低 0.998，为金瑞矿业、中闽能源技术效率的 0.2%。2017 年，金瑞矿业技术效率达到生产前沿面，其值为 1，中国石油技术效率值最低，为 0.002，比金瑞矿业技术效率低 0.998，为金瑞矿业技术效率的 0.2%。因此，中国能源上市公司之间的技术效率不均衡，存在较大差异。

第二，不同类型能源上市公司的技术效率存在明显差距。如图 3 - 3 所示，2007—2017 年，天然气上市公司的技术效率最高，其值为 0.292；自来水上市公司的技术效率居于第二，其值为 0.159，比天然气上市公司技术效率低 0.133，为天然气上市公司技术效率值的 54.45%；电力热力上市公司居于第三位，其技术效率为 0.112，比天然气上市公司技术效率低 0.18，为天然气上市公司技术效率的 38.36%；石油上市公司居于第四位，其技术效率为 0.073，比天然气上市公司低 0.219，为其技术效率的 25%；煤炭上市公司的技术效率值最低，其值仅为 0.071，比天然气上市公司技术效率低 0.221，为天然气上市公司技术效率的 24.3%。因此，中国不同类型能源上市公司的技术效率也存在明显差距。

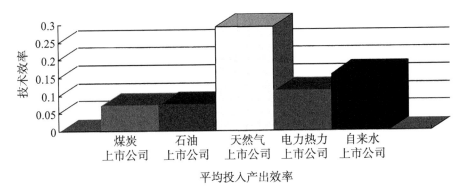

图 3 - 3　不同类型能源上市公司平均技术效率

（三）多数中国能源上市公司技术效率在反复震荡中呈下降趋势

中国能源上市公司技术效率在反复震荡中呈下降趋势。如图 3 - 4 所示，2007 年，中国能源上市公司的技术效率为 0.221，2008—2012 年呈持续下降趋势，2012 年中国能源上市公司技术效率为 0.036，比 2007 年低 0.185，增长率为 - 83.71%。主要原因是：第一，全球性经济危机导致中国经济增速趋缓；第二，在节能减排政策的影响下，中国传统能源上市公司，尤其是煤炭类上市公司产出减少，且煤炭价格下跌导致其技术效率较低。2013 年，中国能源上市公司技术效率快速增长，其值为 0.124，增长率高达 244.44%。但是，2014—2015 年中国能源上市公司技术效率又呈现下降态势，其值分别为 0.108 和 0.093。2016 年又快速增长，其值为 0.166；但 2017 年又略有下降，其值降低为 0.15。可见，2007—2017 年，中国能源上市公司的技术效率在反复波动中有明显回落现象，其值由 2007

年的 0.221 降低到 2017 年的 0.15，降低了 0.071，下降了 32.13%。

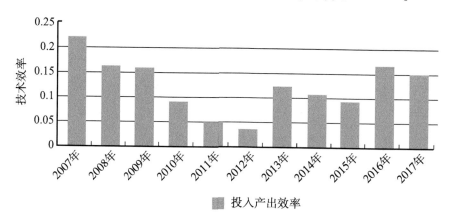

图 3 - 4　1997—2017 年中国能源上市公司技术效率值

由表 3 - 3 可知，2007—2017 年，上海电力和创业环保的技术效率虽有波动，但其值 2017 年与 2007 年相同；平庄能源、金瑞矿业、蓝焰控股等 35 家能源上市公司技术效率均在波动中较 2007 年增长；其余 66 家能源上市公司技术效率均在波动中较 2007 年降低。因此，2007—2017 年，中国能源上市公司技术效率增长率一直处于波动之中，但多数上市公司总体呈现下降态势。

（四）多数中国能源上市公司技术效率增长率在波动中上升

多数中国能源上市公司技术效率增长率在波动中上升，见表 3 - 4。2008 年除永泰能源、国新能源、大众公用、百川能源、深南电 A、滨海能源、湖南发展、赣能股份、黔源电力、联美控股、桂东电力、川投能源、大连热电、梅雁吉祥、国投电力、宁波热电、渤海股份、武汉控股、钱江水利和瀚蓝环境 20 家能源上市公司外，其余各能源上市公司技术效率均出现负增长，其中降低幅度最大的是中国石油，降幅超过了 99%。2009 年，永泰能源、盘江股份、金瑞矿业、恒源煤电的技术效率下降幅度继续加大，其中永泰能源技术效率的变化幅度最显著，由 2008 年的 94.95% 变为 2009 年的 - 59.29%；靖远煤电、平庄能源、冀中能源、西山煤电、露天煤业、郑州煤电、兰花科创、兖州煤业、阳泉煤业、大有能源、上海能源、红阳能源、淮北矿业、大同煤业、中国神华、平煤股份、潞安环能、中煤能源、新集能源的技术效率增长率比 2008 年有所改善，其中，平煤股份的改善幅度最大，由 2008 年的 −84.04% 变为 2009 年的 140%；其余上市公司的技术效率均与 2008 年持平，增长率为 0。2010 年，大有能源、湖南发展、兴蓉环境 3 家能源上市公司的技术效率为正增长，其中，湖南发展技术效率的增长率由 2009 年的 0 增长为 386.86%；中煤能源、新集能源、中国石化、中国石油、国新能源、百川能源、内蒙华电的增长率为 0，其他能源上市公司技术效率依然为负增长，其中，国投电力的增长率为−99.40%。2011 年，冀中能源、大有能源、恒源煤电、潞安环能、新集能源、大众公用、百川能源、深圳能源、穗恒运 A、湖南发展、湖北能源、东方能源、桂东电力、通宝能源、内蒙华电、宁波热电、兴蓉环境、中山公用、瀚蓝环境技术效率的增长率继续降低，其中，湖南发展由 2010 年的386.86% 降为 2011 年的 −45.43%；兖州煤业、中国神华、中煤能源、中国石化、中国石油、国新能源共 6 家能源上市公司技术效率的增长率与 2010年持平，其余能源上市公司技术效率增长率都有不同程度的改善。2012年，靖远煤电、西山煤电、广汇能源、金鸿控股、大众公用、百川能源、东旭蓝天、甘肃电投、广州发展、川投能源、首创股份 11 家能源上市公司的技术效率降幅增大，其中，东旭蓝天的降幅最大，由 2011 年的 108.7%变为 2012 年的 −20.83%；大同煤业、中煤能源、中国石化、中国石油、国新能源、华能国际技术效率的增长率与 2011 年持平；其他能源上市公司技术效率增长率均有一定的改善。2013 年，除国新能源技术效率为负增长（−80.3%），粤电力 A 的技术效率与上年持平外，其他能源上市公司的技术效率均呈现大幅度正向增长，其中，东方能源的增幅最大，其值高达1620%。2014 年，只有粤电力 A 技术效率增长率较上年增加，由 2013 年的 0 增加为 7.69%，其他能源上市公司技术效率的增长率均出现不同程度的下降，其中，靖远煤电、冀中能源、西山煤电、露天煤业、兰花科创等51 家能源上市公司的技术效率均呈负增长态势。2015 年，冀中能源、西山煤电、露天煤业、兰花科创等 35 家技术效率增长率较上年有所改善，郑州煤电、兖州煤电、中国石化等 5 家能源上市公司技术效率增长率与上年持平，且其值为 0，其他能源上市公司技术效率增长率继续降低。2016 年，中国石油技术效率依然与上年持平，增长率为 0，国新能源、百川能源、京能电力技术效率为负增长外，其余能源上市公司技术效率均呈正增长态势，其中，蓝焰控股的增长率最大，其值高达 1418.18%，但中闽能源的增长率较上年趋缓，由 2015 年的 710.13% 降为 2016 年的 56.25%。2017 年，中国石油依然为零增长，百川能源由 2016 年的 −72.60% 增长为 2017 年的 −38.32%，中天能源由 2016 年的 30.81% 略微增长为 2017 年的 30.99%，黔源电力由 2016 年的 43.75% 增长为 2017 年的 65.76%，中原环保由 2016 年的 5.12% 增长为 2017 年的 9.73%，其他能源上市公司的技术效率增长速度均呈现下降趋势，且多数能源上市公司的技术效率呈现负增长态势。总之，2007—2017 年，永泰能源、胜利股份、国新能源、大众公用等 22 家中国能源上市公司技术效率增长率在波动中降低，其余 81 家中国能源上市公司技术效率增长率在波动中呈上升态势。因此，2007—2017 年，虽然中国能源上市公司技术效率增长率一直处于波动之中，但多数能源上市公司的技术效率增长率总体呈现上升趋势。

表 3-4   中国能源上市公司 2007—2017 年技术效率增长率 （%）

公司名称	2008年	2009年	2010年	2011年	2012年	2013年	2014年	2015年	2016年	2017年
靖远煤电	−47.07	13.44	−74.22	−60.81	−68.97	355.56	−19.51	−33.33	263.64	0.00
平庄能源	−50.00	7.32	−75.00	−54.55	0.00	520.00	6.45	0.00	287.88	24.22
冀中能源	−76.47	−54.17	−63.64	−75.00	0.00	500.00	−33.33	25.00	240.00	5.88
西山煤电	−86.36	−16.67	−70.00	−33.33	−50.00	500.00	−16.67	0.00	180.00	14.29
露天煤业	−71.61	−11.36	−61.54	−20.00	0.00	291.67	−25.53	−11.43	100.00	43.55
郑州煤电	−72.28	28.57	−80.56	−57.14	0.00	433.33	0.00	0.00	287.50	46.77

公司名称	2008年	2009年	2010年	2011年	2012年	2013年	2014年	2015年	2016年	2017年
兰花科创	-69.15	-17.24	-62.50	-44.44	-20.00	250.00	-35.71	0.00	188.89	73.08
永泰能源	94.95	-59.29	-87.28	-81.82	-25.00	366.67	21.43	-5.88	75.00	-7.14
兖州煤业	-93.33	-33.33	-50.00	-50.00	0.00	100.00	0.00	0.00	200.00	33.33
阳泉煤业	-77.11	-21.05	-80.00	-66.67	0.00	700.00	-12.50	-14.29	200.00	38.89
盘江股份	-46.72	-55.38	-68.97	-66.67	0.00	366.67	28.57	5.56	231.58	25.40
大有能源	-47.06	29.74	115.37	-99.65	0.00	400.00	-26.67	0.00	236.36	24.32
上海能源	-74.29	0.00	-62.96	-60.00	0.00	275.00	-13.33	7.69	378.57	13.43
金瑞矿业	-35.13	-40.40	-70.67	-29.51	-11.63	510.53	-1.72	-29.82	525.00	0.00
红阳能源	-28.24	8.45	-73.39	-29.29	-1.43	469.57	-11.70	-97.12	330.00	18.60
恒源煤电	-48.24	-50.00	-59.09	-77.78	50.00	400.00	-13.33	-7.69	333.33	80.77
淮北矿业	-30.98	23.49	-74.15	-56.60	-50.00	634.78	-13.61	-6.16	174.45	-2.13
大同煤业	-72.73	-19.05	-76.47	-50.00	-50.00	700.00	25.00	-30.00	428.57	18.92
中国神华	-97.09	33.33	-50.00	-50.00	0.00	400.00	20.00	-16.67	100.00	40.00

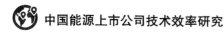

续表

公司名称	2008年	2009年	2010年	2011年	2012年	2013年	2014年	2015年	2016年	2017年
平煤股份	-84.04	140.00	-88.89	-75.00	100.00	300.00	-25.00	-33.33	400.00	15.00
潞安环能	-82.80	-25.00	-50.00	-66.67	0.00	250.00	-28.57	-20.00	225.00	38.46
中煤能源	-97.40	-50.00	0.00	0.00	0.00	200.00	0.00	-33.33	200.00	16.67
新集能源	-73.17	-72.73	0.00	-66.67	0.00	500.00	0.00	-16.67	360.00	-8.70
蓝焰控股	-60.95	0.00	-80.49	-62.50	-33.33	650.00	-6.67	-21.43	1418.18	-17.96
中国石化	-98.41	0.00	0.00	0.00	0.00	100.00	0.00	0.00	100.00	0.00
广汇能源	-48.65	0.00	-82.46	-20.00	-37.50	280.00	0.00	5.26	95.00	-7.69
洲际油气	-65.60	0.00	-63.08	-33.07	7.06	196.70	-30.37	-34.57	65.85	-50.49
中国石油	-99.12	0.00	0.00	0.00	0.00	100.00	0.00	0.00	0.00	0.00
胜利股份	-5.81	0.00	-64.20	-34.48	-21.05	513.33	9.78	-16.83	88.10	-11.39
南京公用	-52.17	0.00	-63.64	-56.25	42.86	690.00	13.92	-64.44	246.88	-23.42
大通燃气	-36.39	0.00	-63.68	-41.10	-13.95	464.86	15.79	3.31	78.00	-12.81
金鸿控股	-13.37	0.00	-47.43	-36.23	-78.98	164.86	-34.69	-17.19	26.42	5.97

公司名称	2008年	2009年	2010年	2011年	2012年	2013年	2014年	2015年	2016年	2017年
国新能源	0.00	0.00	0.00	0.00	0.00	-80.30	-26.90	-36.81	-16.48	-51.32
大众公用	0.00	0.00	-19.20	-20.79	-99.69	750.00	-5.88	-12.50	650.00	-1.90
申能股份	-84.77	0.00	-50.94	-34.62	5.88	350.00	7.41	-14.94	59.46	-9.32
百川能源	0.91	0.00	0.00	-52.50	-72.63	669.23	0.00	0.00	-72.60	-38.32
中天能源	-26.83	0.00	-53.70	-34.40	-2.44	527.50	-6.77	-60.47	30.81	30.99
深圳能源	-54.50	0.00	-9.23	-97.58	0.00	350.00	6.67	-29.17	32.35	-13.33
深南电A	20.74	0.00	-52.42	-17.59	-16.85	417.57	22.98	-59.66	387.89	-58.58
东旭蓝天	-52.88	0.00	-53.06	108.70	-20.83	252.63	2.99	-39.86	48.19	-22.76
穗恒运A	-15.65	0.00	-34.02	-53.13	46.67	315.91	-12.02	-24.84	114.05	-22.39
粤电力A	-70.95	0.00	-46.51	-30.43	62.50	0.00	7.69	3.57	24.14	-11.11
皖能电力	-15.38	0.00	-50.00	-27.27	25.00	430.00	-5.66	-10.00	62.22	-19.18
太阳能	-44.83	0.00	-71.88	-61.11	14.29	612.50	-3.51	12.73	74.19	-10.19
建投能源	-53.38	0.00	-54.03	-29.82	-10.00	22.22	0.00	-18.18	80.56	-30.77

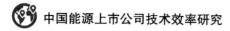

续表

公司名称	2008年	2009年	2010年	2011年	2012年	2013年	2014年	2015年	2016年	2017年
韶能股份	−50.00	0.00	−50.00	−25.00	0.00	533.33	−7.89	−11.43	200.00	4.30
宝新能源	−38.19	0.00	−57.72	−30.77	0.00	333.33	1.92	−23.27	24.59	−7.89
惠天热电	−36.11	0.00	−60.87	−50.00	44.44	446.15	−11.27	−12.70	165.45	−21.23
滨海能源	34.11	0.00	−59.85	−25.47	−10.00	342.59	30.13	−11.25	13.04	−39.26
湖南发展	315.15	0.00	386.86	−45.43	−23.08	202.86	−67.10	−26.52	23.90	7.48
漳泽电力	−53.33	0.00	−53.57	−23.08	0.00	90.00	0.00	−15.79	50.00	−25.00
甘肃电投	−33.21	0.00	−56.91	−35.90	60.00	345.00	2.25	−17.58	45.33	23.85
银星能源	−44.94	0.00	−72.41	−29.17	105.88	248.57	60.66	−6.63	72.13	−3.81
吉电股份	−59.72	0.00	−44.83	−37.50	−20.00	412.50	17.07	−22.92	62.16	−8.33
湖北能源	−57.14	0.00	−30.00	−42.86	−8.33	254.55	25.64	−22.45	68.42	−1.56
赣能股份	103.23	0.00	−56.61	−25.61	6.56	409.23	1.21	−6.57	22.68	−19.01
东方能源	−32.79	0.00	−26.83	−56.67	15.38	1620.00	−59.30	−39.05	157.81	−44.85
长源电力	−25.00	0.00	−46.67	−25.00	0.00	666.67	2.17	6.38	74.00	−20.69

公司名称	2008年	2009年	2010年	2011年	2012年	2013年	2014年	2015年	2016年	2017年
闽东电力	−30.38	0.00	−58.18	−43.48	0.00	476.92	−6.67	−10.00	192.06	−19.02
豫能控股	−31.13	0.00	−46.15	−23.21	−6.98	452.50	−38.01	−35.77	140.91	−47.64
黔源电力	51.60	0.00	−67.37	−46.24	40.00	141.43	72.19	−12.03	43.75	65.76
华能国际	−95.89	0.00	−66.67	0.00	0.00	400.00	40.00	42.86	10.00	−63.64
上海电力	−74.42	0.00	−45.45	−16.67	0.00	360.00	13.04	3.85	55.56	2.38
广州发展	−77.02	0.00	−56.14	−32.00	−52.94	287.50	12.90	−11.43	45.16	2.22
明星电力	−38.14	0.00	−63.01	−40.74	−12.50	642.86	−25.00	−3.85	252.00	3.03
岷江水电	−36.80	0.00	−41.77	−15.22	−10.26	331.43	29.80	−12.76	91.81	−6.40
中闽能源	−33.33	0.00	−60.53	−20.00	0.00	533.33	3.95	710.13	56.25	−18.40
联美控股	34.09	0.00	−56.17	−38.12	−1.79	116.36	−9.66	−18.60	1.14	−10.73
桂冠电力	−83.41	0.00	−55.88	−33.33	0.00	310.00	34.15	23.64	45.59	1.01
桂东电力	2.86	0.00	−42.59	−79.03	0.00	330.77	−3.57	33.33	41.67	−5.88
金山股份	−38.03	0.00	−50.00	−13.64	5.26	325.00	9.41	−58.06	58.97	−14.52

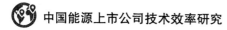

续表

公司名称	2008年	2009年	2010年	2011年	2012年	2013年	2014年	2015年	2016年	2017年
涪陵电力	−40.41	0.00	−50.43	−49.12	6.90	809.68	−12.41	−14.98	75.24	43.21
福能股份	−21.48	0.00	−66.98	−54.29	18.75	715.79	−64.52	−5.45	82.69	0.00
西昌电力	−20.30	0.00	−53.77	−24.49	−18.92	453.33	−10.84	−10.14	121.80	−3.39
天富能源	−43.24	0.00	−61.90	−12.50	14.29	362.50	−10.81	−9.09	70.00	0.00
京能电力	−36.94	0.00	−51.43	−32.35	−21.74	238.89	−6.56	24.56	−2.82	−18.84
乐山电力	−68.72	0.00	−76.79	−53.85	16.67	657.14	15.09	39.34	276.47	−29.06
川投能源	67.44	0.00	−52.08	−27.54	−32.00	429.41	30.56	−8.51	61.86	15.80
大连热电	6.54	0.00	−56.14	−24.00	−10.53	441.18	−6.52	−13.37	185.91	−3.76
华电能源	−36.84	0.00	−75.00	−33.33	0.00	400.00	10.00	−18.18	211.11	−21.43
华银电力	−17.65	0.00	−50.00	−14.29	0.00	350.00	11.11	−40.00	105.56	−18.92
通宝能源	−48.67	0.00	−55.17	−76.92	0.00	500.00	−16.67	−16.67	136.00	−5.08
国电电力	−86.05	0.00	−66.67	−50.00	0.00	400.00	60.00	12.50	55.56	−28.57
内蒙华电	−50.00	0.00	0.00	−30.00	0.00	242.86	−16.67	−5.00	52.63	−3.45

续表

公司名称	2008年	2009年	2010年	2011年	2012年	2013年	2014年	2015年	2016年	2017年
梅雁吉祥	84.31	0.00	-62.77	-31.43	33.33	590.63	23.53	-10.26	258.37	-46.36
国投电力	0.00	0.00	-99.40	-33.33	0.00	400.00	65.00	12.12	18.92	-20.45
长江电力	-91.59	0.00	-78.38	-25.00	-16.67	300.00	60.00	28.13	114.63	80.68
郴电国际	-58.33	0.00	-66.00	-35.29	9.09	483.33	-17.14	-15.52	67.35	-8.54
广安爱众	-36.24	0.00	-78.95	-40.00	0.00	425.00	-14.29	-3.70	76.92	16.30
宁波热电	44.37	0.00	-44.07	-53.49	-13.75	368.84	-26.43	-21.43	57.49	1.87
文山电力	-53.69	0.00	-70.21	-53.57	7.69	471.43	-16.25	7.46	311.11	7.09
大唐发电	-98.20	0.00	-50.00	-33.33	0.00	200.00	16.67	0.00	57.14	9.09
中原环保	-18.38	0.00	-68.21	-38.54	-11.86	325.00	-6.33	3.86	5.12	9.73
兴蓉环境	-58.45	0.00	38.98	-82.93	-7.14	246.15	4.44	-6.38	54.55	5.88
渤海股份	63.13	0.00	-56.60	-41.47	-9.45	334.78	-67.20	-28.05	47.03	-44.09
中山公用	-17.36	0.00	-43.15	-87.55	-38.71	400.00	-10.53	-12.94	60.81	15.13
首创股份	-67.24	0.00	-63.16	-14.29	-16.67	340.00	9.09	-25.00	38.89	-28.00

公司名称	2008年	2009年	2010年	2011年	2012年	2013年	2014年	2015年	2016年	2017年
武汉控股	28.49	0.00	−62.17	−28.74	−1.61	139.34	7.53	−11.46	58.27	20.00
国中水务	−39.81	0.00	−74.23	−32.84	−26.67	275.76	−8.87	5.31	78.99	−8.92
钱江水利	3.96	0.00	−71.43	−36.67	−21.05	466.67	−9.41	−6.49	81.94	20.61
瀚蓝环境	22.54	0.00	−41.38	−60.78	−56.67	330.77	−49.11	−22.81	68.18	13.51
洪城水业	−37.20	0.00	−91.26	−44.44	20.00	458.33	−13.43	−13.79	98.00	2.02
创业环保	−8.24	0.00	−80.77	−26.67	−4.55	323.81	21.35	−15.74	68.13	11.11

综上所述，2007—2017年，中国能源上市公司技术效率较低且不均衡，上市公司间存在较大差异，不同类型能源上市公司间的技术效率也存在明显的差距，天然气上市公司的技术效率最高，自来水上市公司居于第二，电力热力上市公司居于第三，石油上市公司居于第四，煤炭上市公司的技术效率值最低；同时，中国能源上市公司技术效率在反复震荡中呈下降趋势，且多数能源上市公司技术效率增长率在波动中上升。

第四章　中国能源上市公司
技术效率的影响因素研究

　　中国能源上市公司技术效率较低，尤其是中国石油等一些能源上市公司，其技术效率远远低于0.3。可见，中国能源上市公司的实际生产与生产前沿面的距离较大，即存在显著的 X－低效率，且2007—2017年中国能源上市公司技术效率一直处于波动之中。那么究竟是哪些因素导致中国能源上市公司技术效率较低且一直波动？其对中国能源上市公司技术效率的具体影响方向及影响力度究竟如何呢？研究这些对提升中国能源上市公司技术效率具有一定的借鉴意义。虽然影响上市公司产出的因素众多，错综复杂，但是归纳起来，主要是劳动力、技术水平、公司治理、公司经营等方面的因素。因此，本章将从这些方面，并结合国内外的研究现状，选择治理环境、监事会特征、股权结构、人力资本、董事会特征、资本结构、高管团队特征、业务集中度八个因素，基于 Panel Data 数据建立统计分析模型，运用 Eviews 9.0 软件实证分析其对中国整体能源上市公司及不同类型能源上市公司技术效率的影响。

　　按照能源上市公司的主营业务，可将其划分为煤炭上市公司、石油上市公司、天然气上市公司、自来水上市公司与电力热力上市公司。但是，将研究期限内 ST、PT 石油上市公司、数据缺失以及异常的石油上市公司、上市时间较短的石油上市公司剔除后，仅剩余5家石油上市公司，研究样本太少，导致研究结果的准确性、可靠性较差。因此，本章在实证分析各个因素对不同类型能源上市公司技术效率的影响时剔除石油上市公司，主要实证研究治理环境、监事会特征、股权结构、人力资本、董事会特征、资本结构、高管团队特征、业务集中度八个因素对中国整体能源上市公司、天然气上市公司、自来水上市公司、电力热力上市公司与煤炭上市公司技术效率的具体影响。

第一节 治理环境

一、引言

技术效率是影响企业竞争力与可持续发展的一个重要因素。近年来，中国能源上市公司的技术效率有所改善，但和发达国家的能源企业相比较依然较低。治理环境是影响中国能源上市公司技术效率的一个重要因素，集政治、社会和法律规则于一体，包括政府干预程度、法律环境、市场化程度、是否发布社会责任报告书四个方面内容。政府干预程度、法律环境、市场化程度、是否发布社会责任报告书在一定程度上影响着能源上市公司的经营自主权、决策的科学性及技术效率的提升。因此营造良好的公司治理环境对提升能源上市公司技术效率具有重要意义。

目前，国内外关于治理环境与企业技术效率的关系的研究较少。国内学者许海东（2009）以383家制造业上市公司为研究对象，以市场化进程指数、政府干预程度、法律环境指数为解释变量，研究治理环境对制造业上市公司技术效率的影响，结果显示：政府干预程度对制造业上市公司技术效率具有显著的负向影响，而法律环境指数和市场化进程指数对制造业上市公司技术效率的影响不显著。

二、研究假设

①政府在市场经济中扮演着十分重要的角色。夏立军和方轶强（2005）提出，政府干预影响企业的决策行为，当政府干预力度较弱时，企业的自主经营权较大，所承受的社会性负担较少，技术效率较高；而政府干预水平较高时，企业的行为更容易受到政府干预，其自主经营权

较小，所承受的社会性负担较沉重，技术效率较低。因此，提出研究假设 1：

H_1：政府干预程度与中国能源上市公司技术效率呈负相关关系。

②法治水平作为外部治理环境的一个主要构成要素，在促进能源上市公司技术效率方面具有重要作用。法律环境的完善在一定程度上能够有效保障能源上市公司的合法权益，促进其技术效率的提升。李俊青等（2017）以商业银行为样本进行实证研究，结果显示：法治水平对商业银行技术效率具有显著的正向影响。因此，提出研究假设 2：

H_2：法律环境与中国能源上市公司技术效率呈正相关关系。

③在市场经济中，企业要想在优胜劣汰的残酷竞争中维持生存并获得较高利润，就必须接受市场经济的规则，在规则许可的范围内进行竞争，以提高其生存能力。因此，市场化制度的建设，可以有效抑制企业的寻租动机，削弱企业在职消费、降低交易成本，提高企业技术效率（周玮等，2011）。钟海燕等（2014）的研究结果表明：市场化进程加快了企业现金持有的调整速度，提高其资源使用效率与技术效率。同时，市场化程度的提高会加强要素的流动性，产品、要素的价格由市场机制决定，有利于能源上市公司依据价格信号调节其生产与投资行为，促进其技术效率的提升。因此，提出研究假设 3：

H_3：市场化程度与中国能源上市公司技术效率呈正相关关系。

④企业是否及时、准确地发布社会责任报告书，在某种程度上可以反映企业履行社会责任的积极程度。企业社会责任作为一种非正式制度约束，是将新发展理念与企业行为融合的重要渠道，良好的履责表现及有效的信息披露不仅可以促进企业技术效率的提高，而且有助于缓解企业运营效率与运营灵活性之间的矛盾，帮助企业走出"生产力困境"。董淑兰等（2019）的研究结果显示：基于新发展理念的企业社会责任总水平与其技术效率之间呈显著正相关关系，且在履责水平较高的企业中，企业社会责任对其技术效率的促进程度更大。因此，提出研究假设 4：

H_4：发布社会责任报告书与中国能源上市公司技术效率之间具有正相关关系。

三、样本的选择与数据来源

为使研究结果更加准确，将 ST 和 PT 上市公司、数据缺失以及异常的上市公司删除，并且剔除了上市时间较短的公司，因此，本部分选择 103 家能源上市公司作为研究样本。同时，将 103 家能源上市公司按其主营业务划分为煤炭、石油、天然气、电力热力、自来水类，样本公司分别为 23 家、5 家、9 家、55 家和 11 家，见表 4－1。研究样本的相关数据均来源于国泰安数据库、万得数据库、巨潮资讯网以及其他各类财经网站。

表 4－1　样本公司的选择

行业种类	上市公司种类	上市公司数量
能源行业	能源上市公司	103
能源子行业	天然气上市公司	9
	自来水上市公司	11
	石油上市公司	5
	电力热力上市公司	55
	煤炭上市公司	23

四、模型建立与变量选择

由于樊纲、王小鲁（2017）对市场化程度、政府与市场关系、法律环境的研究方法比较科学，因此，本部分引用其研究结果。其中，运用政府与市场的关系评分衡量政府干预程度，市场中介组织的发育和法律制度环境评分衡量法律环境，市场化总指数评分衡量市场化程度。

本部分以中国能源上市公司技术效率为被解释变量，以政府干预程度、法律环境、市场化程度、是否发布社会责任报告书为解释变量，以公司规模、资产负债率为控制变量，实证分析治理环境对中国整体能源上市公司及不同类型能源上市公司技术效率的影响程度。各变量计算方法，见表 4－2。

表 4 - 2 变量计算方法

指标	名称	计算方法
被解释变量	技术效率	数据包络分析法（DEA）测算
解释变量	政府干预程度	政府与市场关系评分
	法律环境	市场中介组织的发育和法律制度环境评分
	市场化程度	市场化总指数评分
	是否发布社会责任报告书	发布 = 1，未发布 = 0
控制变量	公司规模	总资产的自然对数
	资产负债率	负债总额/资产总额

因此，建立以下模型：

$$Y_{it} = \beta_{0it} + \beta_{1it}X_{1it} + \beta_{2it}X_{2it} + \beta_{3it}X_{3it} + \beta_{4it}X_{4it} + \beta_{5it}X_{5it} + \beta_{6it}X_{6it} + \varepsilon_t$$

公式（4 - 1）

公式（4 - 1）中，Y_{it} 表示 2007—2017 年各个能源上市公司第 t 年的技术效率，X_{1it} 表示各个能源上市公司政府干预程度，X_{2it} 表示各个能源上市公司的法律环境，X_{3it} 表示各个能源上市公司的市场化程度，X_{4it} 表示各个能源上市公司发布社会责任报告书情况（当能源上市公司发布社会责任报告书时，其值为 1；否则其值为 0），X_{5it} 表示各个能源上市公司的公司规模，X_{6it} 表示各个能源上市公司的资产负债率。β_{1it}、β_{2it}、β_{3it}、β_{4it}、β_{5it} 和 β_{6it} 均为非随机变量，即在其他变量不变的情况下，政府干预程度、法律环境、市场化程度、是否发布社会责任报告书、公司规模、资产负债率分别变化一个单位，将会引起中国整体能源上市公司及不同类型能源上市公司技术效率变化的系数。t 为时期序号，$t = 1$，2，…，11；β_0 为截距项，β_1、β_2、β_3、β_4、β_5、β_6 均为待估计的参数；ε_t 为误差项。

五、描述性统计分析

（一）整体能源上市公司

表 4 - 3 为整体能源上市公司各变量描述性统计分析结果。由表 4 - 3 可知，技术效率的平均值为 0.122，表明中国能源上市公司技术效率较低。

政府干预程度的最大值和平均值分别为 9.65、6.59，说明政府对能源上市公司的干预程度较大；法律环境的最大值和最小值分别为 16.19、－0.41，说明各能源上市公司的法律环境具有非常大的差异；市场化程度的最大值为 11.55，意味着部分能源上市公司的市场化程度较高；是否发布社会责任报告书的平均值为 0.3，说明只有少数能源上市公司发布社会责任报告书。公司规模的平均值为 22.87，表明能源上市公司的公司规模总体较大，有利于获取规模报酬；资产负债率的最大值为 1199.5%，表明部分能源上市公司的资产负债率大于 1，公司的财务风险非常大。

表 4 - 3　整体能源上市公司描述性统计分析

指标	观察值	最大值	最小值	平均值	标准差
技术效率	1133	1.000	0.001	0.122	0.191
政府干预程度	1133	9.65	1.48	6.59	1.45
法律环境	1133	16.19	－ 0.41	5.90	3.74
市场化程度	1133	11.55	2.02	6.38	2.02
是否发布社会责任报告书	1133	1.00	0.00	0.30	0.46
公司规模	1133	28.51	16.70	22.87	1.74
资产负债率	1133	1199.50%	1.23%	59.71%	51.64%

（二）天然气上市公司

表 4 - 4 为天然气上市公司各变量描述性统计分析结果。由表 4 - 4 可知，技术效率的平均值为 0.301，表明中国天然气上市公司技术效率较低，但高于整体能源上市公司的均值。政府干预程度的最大值和平均值分别为 9.65、7.17，说明政府对天然气上市公司的干预程度大于整体能源上市公司；法律环境的最大值和最小值分别为 16.12 和 1.94，说明天然气上市公司的法律环境具有很大的差异；市场化程度的最大值为 11.55，意味着部分天然气上市公司的市场化程度较高；是否发布社会责任报告书的平均值为 0.22，说明只有少数天然气上市公司发布社会责任报告书。天然气上市公司的公司规模的平均值为 21.53，说明与整体能源上市公司相比较，天然气上市公司规模相对较小；资产负债率的最大值为 1199.5%，表明部分天然气上市公司的资产负债率大于 1，可见，公司的财务风险非常大。

表4-4　天然气上市公司描述性统计分析

指标	观察值	最大值	最小值	平均值	标准差
技术效率	99	1.000	0.002	0.301	0.357
政府干预程度	99	9.65	4.65	7.17	1.31
法律环境	99	16.12	1.94	6.61	3.84
市场化程度	99	11.55	3.59	6.96	2.13
是否发布社会责任报告书	99	1.00	0.00	0.22	0.42
公司规模	99	24.71	16.70	21.53	2.00
资产负债率	99	1199.50%	13.50%	94.25%	157.25%

(三) 自来水上市公司

表4-5为自来水上市公司各变量描述性统计分析结果。由表4-5可知，被解释变量技术效率的平均值为0.161，表明中国自来水上市公司技术效率低于天然气上市公司。自来水上市公司的政府干预程度、法律环境、市场化程度的平均值分别为7.29、7.53、7.42，均高于整体能源上市公司，说明自来水上市公司政府干预程度相对较大，法律环境和市场化程度也相对较高；是否发布社会责任报告书的平均值为0.22，说明发布社会责任报告书的自来水上市公司较少。公司规模的平均值为22.1，说明与整体能源上市公司相比较，自来水上市公司规模相对较小；资产负债率的最大值为90.88%，表明部分自来水上市公司的资产负债率依然较高，财务风险较大。

表4-5　自来水上市公司描述性统计分析

指标	观察值	最大值	最小值	平均值	标准差
技术效率	121	1.000	0.005	0.161	0.183
政府干预程度	121	9.22	5.70	7.29	0.89
法律环境	121	16.19	1.81	7.53	4.16
市场化程度	121	11.28	4.43	7.42	1.95
是否发布社会责任报告书	121	1.00	0.00	0.22	0.42
公司规模	121	24.65	18.67	22.10	1.25
资产负债率	121	90.88%	3.79%	48.82%	15.69%

（四）电力热力上市公司

表4-6为电力热力上市公司描述性统计分析结果。由表4-6可知，电力热力上市公司技术效率的最大值为1，最小值仅为0.001，各个电力热力上市公司之间技术效率的差距非常大。政府干预程度的最大值和平均值分别为9.22、6.71，说明政府对电力热力上市公司的干预程度略高于整体能源上市公司；法律环境的最大值和最小值分别为16.19、-0.41，说明电力热力上市公司的法律环境具有非常大的差异；市场化程度的最大值为11.28，意味着部分电力热力上市公司的市场化程度较高；是否发布社会责任报告书的平均值为0.31，说明只有少数电力热力上市公司发布社会责任报告书。公司规模的平均值为22.88，表明电力热力上市公司的公司规模总体大于天然气上市公司、自来水上市公司，有利于获取规模报酬；资产负债率的最大值为155.6%，表明部分电力热力上市公司的资产负债率很高。

表4-6 电力热力上市公司描述性统计分析

指标	观察值	最大值	最小值	平均值	标准差
技术效率	605	1.000	0.001	0.113	0.168
政府干预程度	605	9.22	1.48	6.71	1.31
法律环境	605	16.19	-0.41	5.97	3.54
市场化程度	605	11.28	2.17	6.48	1.96
是否发布社会责任报告书	605	1.00	0.00	0.31	0.46
公司规模	605	26.66	20.14	22.88	1.43
资产负债率	605	155.60%	1.23%	62.33%	11.67%

（五）煤炭上市公司

表4-7为煤炭上市公司描述性统计分析结果。从表4-7可以看出，煤炭上市公司技术效率的最大值为1，最小值仅为0.001，可见，各个煤炭上市公司技术效率的差距非常大。政府干预程度的最大值和平均值分别为9.65、6，说明政府对煤炭上市公司的干预程度较大；法律环境的平均值为4.61，说明煤炭上市公司法律环境相对较差；市场化程度的最大值为10.42，意味着部分煤炭上市公司的市场化程度较高；是否发布社会责任报

告书的平均值为0.32，说明只有少数煤炭上市公司发布社会责任报告书，但其值高于整体能源上市公司及其他类型能源上市公司。公司规模的平均值为23.28，表明与整体能源上市公司及其他类型能源上市公司相比较，煤炭上市公司的公司规模最大，有利于获取规模报酬；资产负债率的平均值为48.17%，表明其财务风险水平较低。

表4-7 煤炭上市公司描述性统计分析

指标	观察值	最大值	最小值	平均值	标准差
技术效率	253	1.000	0.001	0.072	0.149
政府干预程度	253	9.65	2.21	6.00	1.61
法律环境	253	14.77	0.69	4.61	3.27
市场化程度	253	10.42	2.02	5.51	1.97
是否发布社会责任报告书	253	1.00	0.00	0.32	0.47
公司规模	253	27.07	19.62	23.28	1.68
资产负债率	253	84.91%	7.77%	48.17%	116.52%

六、平稳性检验

(一) 整体能源上市公司

为了防止"伪回归"现象的发生，进行回归分析前应首先进行序列的单位根检验，即对序列进行平稳性检验。

整体能源上市公司的单位根检验结果，见表4-8。从表4-8中的数据可以看出：$Levin$、Lin & $Chut$，Im、$Pesaran$ and $Shin$ $W-stat$，$ADF-Fisher$ $Chi-square$ 和 $PP-Fisher$ $Chi-square$ 的伴随概率 P 值均小于0.01；因此各序列均通过了平稳性检验，拒绝存在单位根的原假设，可以进行回归分析。

表4-8 整体能源上市公司单位根检验结果

Index	Statistic	Prob.
$Levin$、Lin & $Chut^*$	-147.694	0.0000
Im、$Pesaran$ and $Shin$ $W-stat$	-45.1354	0.0000
$ADF-Fisher$ $Chi-square$	584.630	0.0000
$PP-Fisher$ $Chi-square$	643.412	0.0000

（二）天然气上市公司

天然气上市公司的单位根检验结果，见表4-9。*Levin、Lin & Chut*，*Im*、*Pesaran and Shin W - stat*，*ADF - Fisher Chi - square* 和 *PP - Fisher Chi - square* 的伴随概率 P 值均小于0.01；因此各序列均通过了平稳性检验，拒绝存在单位根的原假设，可以进行回归分析。

表4-9　天然气上市公司单位根检验结果

Index	Statistic	Prob.
Levin、Lin & Chut＊	- 5.64018	0.0000
Im、Pesaran and Shin W - stat	- 2.93794	0.0017
ADF - Fisher Chi - square	43.8753	0.0037
PP - Fisher Chi - square	45.2121	0.0025

（三）自来水上市公司

自来水上市公司的单位根检验结果，见表4-10。*Levin、Lin & Chut*，*Im*、*Pesaran and Shin W - stat*，*ADF - Fisher Chi - square* 和 *PP - Fisher Chi - square* 的伴随概率 P 值均小于0.01；因此各序列均通过了平稳性检验，拒绝存在单位根的原假设，可以进行回归分析。

表4-10　自来水上市公司单位根检验结果

Index	Statistic	Prob.
Levin、Lin & Chut＊	- 5.64018	0.0000
Im、Pesaran and Shin W - stat	- 20.0552	0.0000
ADF - Fisher Chi - square	250.0179	0.0000
PP - Fisher Chi - square	251.8816	0.0000

（四）电力热力上市公司

电力热力上市公司的单位根检验结果，见表4-11。*Levin、Lin & Chut*，*Im*、*Pesaran and Shin W - stat*，*ADF - Fisher Chi - square* 和 *PP - Fisher Chi - square* 的伴随概率 P 值均小于0.01；因此各序列均通过了平稳性检验，拒绝存在单位根的原假设，可以进行回归分析。

表 4 -11　电力热力上市公司单位根检验结果

Index	Statistic	Prob.
Levin、Lin & Chut*	- 85. 6178	0. 0000
Im、Pesaran and Shin W - stat	- 18. 9320	0. 0000
ADF - Fisher Chi - square	257. 513	0. 0000
PP - Fisher Chi - square	277. 950	0. 0000

（五）煤炭上市公司

煤炭上市公司的单位根检验结果，见表 4 - 12。Levin、Lin & Chut，Im、Pesaran and Shin W - stat，ADF - Fisher Chi - square 和 PP - Fisher Chi - square 的伴随概率 P 值均小于 0.01；因此各序列均通过了平稳性检验，拒绝存在单位根的原假设，可以进行回归分析。

表 4 -12　煤炭上市公司单位根检验结果

Index	Statistic	Prob.
Levin、Lin & Chut*	- 57. 7670	0. 0000
Im、Pesaran and Shin W - stat	- 30. 7844	0. 0000
ADF - Fisher Chi - square	199. 740	0. 0000
PP - Fisher Chi - square	230. 580	0. 0000

七、Hausman 检验

（一）整体能源上市公司

运用面板数据进行分析时可选择随机效应模型和固定效应模型。在进行回归分析之前，需要对面板数据进行模型设定检验，即进行 Hausman 检验，以选择正确的研究模型。当其伴随概率小于 0.1 时应选择固定效应模型，否则选择随机效应模型。

整体能源上市公司 Hausman 检验结果，见表 4 - 13。由于 Hausman 检验的检验统计量为 79.90739，伴随概率为 0，小于 0.1。因此，整体能源上市公司应建立固定效应模型进行实证分析。

表4-13　整体能源上市公司 Hausman 检验输出结果

Test Summary	Chi - Sq. Statistic	Chi - Sq. d. f	Prob.
Cross - section radom	79.907390	5	0.0000

（二）天然气上市公司

天然气上市公司 Hausman 检验结果，见表4-14。天然气上市公司 Hausman 检验的检验统计量为12.092495，伴随概率为0.0599，小于0.1。因此，天然气上市公司应建立固定效应模型进行实证分析。

表4-14　天然气上市公司 Hausman 检验输出结果

Test Summary	Chi - Sq. Statistic	Chi - Sq. d. f	Prob.
Cross - section radom	12.092495	6	0.0599

（三）自来水上市公司

自来水上市公司的 Hausman 检验结果，见表4-15。自来水上市公司 Hausman 检验的检验统计量为6.080888，伴随概率为0.4142，大于0.1。因此，自来水上市公司应建立随机效应模型进行实证分析。

表4-15　自来水上市公司 Hausman 检验输出结果

Test Summary	Chi - Sq. Statistic	Chi - Sq. d. f	Prob.
Cross - section radom	6.080888	6	0.4142

（四）电力热力上市公司

电力热力上市公司 Hausman 检验结果，见表4-16。电力热力上市公司 Hausman 检验的检验统计量为33.762713，伴随概率为0，小于0.1。因此，电力热力上市公司应建立固定效应模型进行实证分析。

表4-16　电力热力上市公司 Hausman 检验输出结果

Test Summary	Chi - Sq. Statistic	Chi - Sq. d. f	Prob.
Cross - section radom	33.762713	6	0.0000

（五）煤炭上市公司

煤炭上市公司的 Hausman 检验结果，见表4-17。煤炭上市公司 Hausman 检验的检验统计量为 26.882711，伴随概率为 0.0002，小于 0.1。因此，煤炭上市公司应建立固定效应模型进行实证分析。

表 4 – 17 煤炭上市公司 Hausman 检验输出结果

Test Summary	Chi – Sq. Statistic	Chi – Sq. d. f	Prob.
Cross – section radom	26.882711	6	0.0002

八、回归分析

(一) 整体能源上市公司回归分析

运用 Eviews 9.0 软件对整体能源上市公司进行分析后得到以下结果，见表 4 – 18。

表 4 – 18 整体能源上市公司回归结果

Variable	Coefficient	Std. Error	t – Statistic	Prob.
β_0	1.814320	0.168736	10.75240 ***	0.0000
β_1	– 0.131018	0.015951	– 8.213794 ***	0.0000
β_2	0.134389	0.017147	8.135105 ***	0.0000
β_3	0.345297	0.038274	9.021761 ***	0.0000
β_4	0.046019	0.013872	3.317270 ***	0.0009
β_5	0.096590	0.006515	14.82644 ***	0.0000
β_6	– 0.027112	0.009852	– 2.751931 ***	0.0060
Effects Specification				
Cross – section fixed (dummy variables)				
R – squared	0.592409	Mean dependent var		0.123587
Adjusted R – squared	0.549421	S. D. dependent var		0.191928
S. E. of regression	0.128832	Schwarz criterion		– 0.685199
Sum squared resid	16.99597	Akaike info criterion		– 1.169361
Log likelihood	771.4431	Hannan – Quinn criter		– 0.986464
F – statistic	13.78078	Durbin – Watson stat		0.957669
Prob. (F – statistic)		0.000000		

注：* 表示在 10% 水平下显著；** 表示在 5% 水平下显著；*** 表示在 1% 水平下显著。

根据表 4 – 18 的数据可以得出以下三点结论。

（1）$\beta_1 = -0.131018$，且通过显著性检验

其含义是当政府干预程度每增加 1%，整体能源上市公司的技术效率将降低 0.131018%。说明政府干预程度与整体能源上市公司技术效率之间具有显著的负相关关系。主要原因为：政企关联度较高，政府为实现对能源上市公司的控制，不仅持有较多股权，而且整体能源上市公司的多数管理层来自政府任命，政府对整体能源上市公司生产经营活动的参与度较高，影响整体能源上市公司的生产决策，导致其资源配置效率较低，从而对其技术效率具有一定的负面影响。因此，政府干预程度与整体能源上市公司技术效率之间具有显著的负相关关系。

（2）$\beta_2 = 0.134389$，$\beta_3 = 0.345297$，$\beta_4 = 0.046019$，且均通过显著性检验

其含义是当法律环境、市场化程度每增加 1%，整体能源上市公司的技术效率就会分别提高 0.134389%、0.345297%；发布社会责任报告书就会使整体能源上市公司的技术效率提高 0.046019%。说明法律环境、市场化程度、是否发布社会责任报告书均与整体能源上市公司技术效率之间具有显著的正相关关系。究其原因，主要有：第一，法律水平的提高与相关法律、法规的健全，可以有效保护整体能源上市公司及其各利益经济主体的合法利益与权益，增强整体能源上市公司及各经济主体的生产积极性与能动性，提高其工作效率，增加其经济产出，促进其技术效率的提升。第二，市场化程度的提高增强了生产要素的流动性，不仅有利于整体能源上市公司及时获得所需资金、劳动力等资源，而且可以引导整体能源上市公司依据价格信号及时调整其生产决策与生产活动，提高资源的使用效率，促进其技术效率的提升。第三，发布社会责任报告书能增强整体能源上市公司的社会责任感，提升企业形象，带来良好的声誉，并以此促进其技术效率的提升。

（3）$\beta_5 = 0.09659$，$\beta_6 = -0.027112$。控制变量公司规模、资产负债率均通过显著性检验

其含义是当公司规模、资产负债率每增加 1%，整体能源上市公司的技术效率将会分别增加 0.09659%、降低 0.027112%。主要原因是：第一，有关实证研究表明，整体能源上市公司的生产规模依然小于其最佳规模，

因此，公司规模的扩大使整体能源上市公司获得规模效益，降低其单位产品成本，改善其盈利能力，推动其技术效率的提升。第二，较高的资产负债率说明整体能源上市公司的负债融资过高，导致其债务代理与财务困境成本较高，阻碍其技术效率的改善。

（二）天然气上市公司回归分析

运用 Eviews 9.0 软件对天然气上市公司进行分析后得到以下结果，见表 4 - 19。

表 4 - 19 天然气上市公司回归结果

Variable	Coefficient	Std. Error	t - Statistic	Prob.
β_0	2. 544432	0. 614100	4. 143349 ***	0. 0001
β_1	- 0. 084027	0. 091129	- 1. 922074 *	0. 0791
β_2	0. 082435	0. 105158	1. 783916 *	0. 0883
β_3	0. 229637	0. 241850	1. 949551 *	0. 0786
β_4	0. 312945	0. 084874	3. 687189 ***	0. 0004
β_5	0. 123349	0. 019669	6. 271113 ***	0. 0000
β_6	- 0. 029691	0. 017743	- 1. 673423	0. 0980

Effects Specification

Cross - section fixed （dummy variables）

R - squared	0. 711236	Mean dependent var	0. 298788
Adjusted R - squared	0. 663109	S. D. dependent var	0. 345427
S. E. of regression	0. 200494	Schwarz criterion	- 0. 237337
Sum squared resid	3. 376622	Akaike info criterion	0. 155863
Log likelihood	26. 74817	Hannan - Quinn criter	- 0. 078247
F - statistic	14. 77822	Durbin - Watson stat	0. 813603
Prob. （F - statistic）		0. 000000	

注：* 表示在10%水平下显著；** 表示在5%水平下显著；*** 表示在1%水平下显著。

根据表 4 - 19 的数据可以得出以下四点结论。

（1）β_1 = - 0. 084027，且通过显著性检验

其含义是当政府干预程度每增加1%，天然气上市公司的技术效率

将降低 0.084027% 。说明政府干预程度对天然气上市公司技术效率具有显著的负向影响。研究结果与整体能源上市公司一致,但影响力度较小。

(2)$\beta_2 = 0.082435$,$\beta_3 = 0.229637$,$\beta_4 = 0.312945$,且均通过了显著性检验

其含义是当法律环境、市场化程度每增加1%,天然气上市公司的技术效率就会分别提高 0.082435% 、0.229637%;发布社会责任报告书就会使天然气上市公司的技术效率提高 0.312945% 。说明法律环境、市场化程度、是否发布社会责任报告书均与天然气上市公司技术效率之间具有显著的正相关关系。其中,与整体能源上市公司相比较,法律环境、市场化程度对天然气上市公司技术效率的正向促进程度较小,是否发布社会责任报告书对天然气上市公司技术效率的正向促进程度较大。

(3)$\beta_5 = 0.123349$,通过了显著性检验

表明公司规模对天然气上市公司技术效率也具有显著的正向影响。

(4)$\beta_6 = -0.029691$,且通过显著性检验

其含义是资产负债率与天然气上市公司技术效率之间存在显著的负相关关系。

(三) 自来水上市公司回归分析

运用 Eviews 9.0 软件对自来水上市公司进行分析后得到以下结果,见表 4 - 20。

表 4 - 20   自来水上市公司回归结果

Variable	Coefficient	Std. Error	t - Statistic	Prob.
β_0	1. 722565	0. 378878	4. 546492 ***	0. 0000
β_1	- 0. 035335	0. 036050	- 1. 980169 *	0. 0779
β_2	0. 057060	0. 037986	1. 802147 *	0. 0880
β_3	0. 142178	0. 086022	1. 952819 *	0. 0781
β_4	0. 024949	0. 038431	2. 049193 *	0. 0768
β_5	0. 084016	0. 015539	5. 406821 ***	0. 0000

续表

Variable	Coefficient	Std. Error	t – Statistic	Prob.
β_6	– 0. 143653	0. 094928	– 1. 513278	0. 1330
Effects Specification				
Cross – section random（dummy variables）				
R – squared	0. 304845	Mean dependent var		0. 072589
Adjusted R – squared	0. 268258	S. D. dependent var		0. 141132
S. E. of regression	0. 120727	Sum squared resid		1. 661559
F – statistic	8. 332021	Durbin – Watson stat		1. 247742
Prob.（F – statistic）		0. 000000		

注：* 表示在 10% 水平下显著；** 表示在 5% 水平下显著；*** 表示在 1% 水平下显著。

根据表 4 – 20 的数据可以得出以下四点结论。

（1）β_1 = – 0. 035335，且通过显著性检验

其含义是当政府干预程度每增加 1%，自来水上市公司的技术效率将降低 0. 035335%。说明政府干预程度对自来水上市公司技术效率具有显著的负向影响。研究结果与整体能源上市公司、天然气上市公司一致，但影响力度小于整体能源上市公司、天然气上市公司。

（2）β_2 = 0. 05706，β_3 = 0. 142178，β_4 = 0. 024949，且均通过了显著性检验

其含义是当法律环境、市场化程度每增加 1%，自来水上市公司的技术效率将会分别提高 0. 05706%、0. 142178%；发布社会责任报告书就会使自来水上市公司的技术效率提高 0. 024949%。说明法律环境、市场化程度、是否发布社会责任报告书均与自来水上市公司技术效率之间具有显著的正相关关系。但法律环境、市场化程度、是否发布社会责任报告书对自来水上市公司技术效率的贡献度均低于整体能源上市公司与天然气上市公司。

（3）β_5 = 0. 084016，且通过显著性检验

其含义是公司规模每增加 1%，自来水上市公司的技术效率就会提高 0. 084016%。

（4）$\beta_6 = -0.143653$，但未通过显著性检验

其含义是资产负债率与自来水上市公司技术效率之间不具有显著的相关关系。

（四）电力热力上市公司回归分析

运用 Eviews 9.0 软件对电力热力上市公司进行分析后得到以下结果，见表 4 - 21。

表 4 - 21 电力热力上市公司回归结果

Variable	Coefficient	Std. Error	t - Statistic	Prob.
β_0	0.942817	0.261039	3.611788 ***	0.0003
β_1	- 0.145462	0.020354	- 7.146643 ***	0.0000
β_2	0.168468	0.022785	7.393880 ***	0.0000
β_3	0.401924	0.050622	7.939655 ***	0.0000
β_4	0.050177	0.017841	2.812494 ***	0.0051
β_5	0.056890	0.011237	5.062791 ***	0.0000
β_6	- 0.218231	0.045531	- 4.793035 ***	0.0000

Effects Specification

Cross - section fixed（dummy variables）

R - squared	0.506857	Mean dependent var	0.114615
Adjusted R - squared	0.452467	S. D. dependent var	0.160286
S. E. of regression	0.118605	Schwarz criterion	- 1.330669
Sum squared resid	7.652475	Akaike info criterion	- 0.886506
Log likelihood	463.5275	Hannan - Quinn criter	- 1.157830
F - statistic	9.318818	Durbin - Watson stat	1.048812
Prob.（F - statistic）		0.000000	

注：* 表示在 10% 水平下显著；** 表示在 5% 水平下显著；*** 表示在 1% 水平下显著。

根据表 4 - 21 的数据可以得出以下三点结论。

（1）$\beta_1 = -0.145462$，且通过显著性检验

其含义是当政府干预程度每增加 1%，电力热力上市公司的技术效率将降低 0.145462%。说明政府干预程度对电力热力上市公司技术效率具有

显著的负向影响。研究结果与整体能源上市公司、天然气上市公司、自来水上市公司一致，但影响力度明显大于整体能源上市公司、天然气上市公司、自来水上市公司。

（2）$\beta_2 = 0.168468$，$\beta_3 = 0.401924$，$\beta_4 = 0.050177$，且通过了显著性检验

其含义是当法律环境、市场化程度每增加 1%，电力热力上市公司的技术效率将会分别提高 0.168468%、0.401924%；发布社会责任报告书就会使电力热力上市公司的技术效率提高 0.050177%。这表明它们均与电力热力上市公司技术效率之间具有显著的正相关关系。但法律环境、市场化程度对电力热力上市公司技术效率的贡献度均明显高于整体能源上市公司、天然气上市公司、自来水上市公司，是否发布社会责任报告书对电力热力上市公司技术效率的贡献度高于自来水上市公司与整体能源上市公司，低于天然气上市公司。

（3）$\beta_5 = 0.05689$，$\beta_6 = -0.218231$，且通过了显著性检验

其含义为公司规模、资产负债率每增加 1%，电力热力上市公司的技术效率将会分别提高 0.05689%、降低 0.218231%。可见，公司规模对电力热力上市公司技术效率具有显著的正向影响，而资产负债率对电力热力上市公司技术效率具有显著的负向影响。

（五）煤炭上市公司回归分析

运用 Eviews 9.0 软件对煤炭上市公司进行分析后得到以下结果，见表 4 - 22。

表 4 - 22　煤炭上市公司回归结果

Variable	Coefficient	Std. Error	t - Statistic	Prob.
β_0	1.390130	0.338659	4.104812 ***	0.0001
β_1	- 0.080436	0.028067	- 2.865887 ***	0.0046
β_2	0.084123	0.027270	3.084803 ***	0.0023
β_3	0.230938	0.061487	3.755862 ***	0.0002
β_4	- 0.000213	0.021217	- 0.010056	0.9920
β_5	0.067483	0.012778	5.281139 ***	0.0000
β_6	- 0.312047	0.067053	- 4.653730 ***	0.0000

Effects Specification			
Cross – section fixed（dummy variables）			
R – squared	0. 649375	Mean dependent var	0. 070672
Adjusted R – squared	0. 605547	S. D. dependent var	0. 144518
S. E. of regression	0. 090766	Schwarz criterion	– 1. 853568
Sum squared resid	1. 845399	Akaike info criterion	– 1. 448555
Log likelihood	263. 4764	Hannan – Quinn criter	– 1. 690618
F – statistic	14. 81640	Durbin – Watson stat	1. 234354
Prob.（F – statistic）		0. 000000	

注：* 表示在 10% 水平下显著；** 表示在 5% 水平下显著；*** 表示在 1% 水平下显著。

根据表 4 - 22 的数据可以得出以下四点结论。

（1）$\beta_1 = -0.080436$，且通过了显著性检验

其含义是当政府干预程度每增加 1%，煤炭上市公司的技术效率将降低 0.080436%。说明政府干预程度对煤炭上市公司技术效率具有显著的负向影响。研究结果与整体能源上市公司、天然气上市公司、自来水上市公司和电力热力上市公司一致，但影响力度明显大于自来水上市公司，小于整体能源上市公司、天然气上市公司与电力热力上市公司。

（2）$\beta_2 = 0.084123$，$\beta_3 = 0.230938$，且通过了显著性检验

其含义是当法律环境、市场化程度每增加 1%，煤炭上市公司的技术效率将会分别提高 0.084123%、0.230938%。表明法律环境、市场化程度均与煤炭上市公司技术效率之间具有显著的正相关关系。但法律环境对煤炭上市公司技术效率的贡献度低于整体能源上市公司与电力热力上市公司，高于天然气上市公司与自来水上市公司；市场化程度对煤炭上市公司技术效率的贡献度明显高于天然气上市公司、自来水上市公司，但低于电力热力上市公司与整体能源上市公司。

（3）$\beta_4 = -0.000213$，未通过显著性检验

可见，是否发布社会责任报告书对煤炭上市公司技术效率的影响不显著。其原因是煤炭行业发布社会责任报告书的上市公司不到 50%，占比仅

为32%，且其所发布的社会责任报告书内容较为宽泛，导致该指标对其技术效率的影响不显著。

（4）$\beta_5 = 0.067483$，$\beta_6 = -0.312047$，且均通过了显著性检验

其含义是当公司规模、资产负债率每增加1%，煤炭上市公司技术效率将会分别提高0.067483%、降低0.312047%。说明公司规模对煤炭上市公司技术效率具有显著的正向影响，而资产负债率对煤炭上市公司技术效率具有显著的负向影响。

综上所述，治理环境对整体能源上市公司及各类型能源上市公司的具体影响不同：政府干预对整体能源上市公司、天然气上市公司、自来水上市公司、电力热力上市公司、煤炭上市公司技术效率均具有显著的负向影响，且影响力度存在明显的差距；法律环境、市场化程度对整体能源上市公司、天然气上市公司、自来水上市公司、电力热力上市公司、煤炭上市公司技术效率均具有显著的正向促进作用，且具体促进程度存在明显差别；是否发布社会责任报告书对整体能源上市公司、天然气上市公司、自来水上市公司与电力热力上市公司技术效率均具有显著正向促进作用，对煤炭上市公司技术效率的影响却不显著。

第二节　监事会特征

一、引言

《国家能源"十三五"发展规划》继续把提高能源的利用效率放在核心位置。可见，提高能源效率是我国经济持续发展的关键，而技术效率的全面提升是提高能源效率的重要着力点。监事会作为对公司业务活动进行监督、检查的常设机构，在一定程度上影响着中国能源上市公司技术效率的提升。因此，研究监事会特征对中国能源上市公司技术效率的影响具有重要的现实意义。

目前，国内外关于监事会特征与企业技术效率关系的研究甚少。季凯

文（2015）采用DKSE估计模型，对我国32家生物农业上市公司技术效率的影响因素进行实证分析，结果显示：监事薪酬和监事持股比例均对生物农业上市公司技术效率具有显著的正向影响。

二、研究假设

监事会是公司法人治理结构的重要组成部分。监事会在公司治理中承担了重要的监督职能，监督上市公司的董事、高管人员，且不受董事、高管人员的约束。所以监事会能够在很大程度上缓解或防止"内部人控制"这一问题的产生。同时，监事会规模越大，其监督效果越佳，可以有效防止大股东寻租行为的出现，提高上市公司的资源利用效率，促进上市公司技术效率的提升。因此，提出研究假设1：

H_1：监事会规模与中国能源上市公司技术效率之间呈正相关关系。

根据《公司法》第119条规定，一个报告期内上市公司监事会至少召开两次会议。可见，召开监事会会议是监事履行其职能的重要形式，召开会议次数越多，则表明监事会对上市公司经营活动的监督越密切，可以促进其技术效率的提升。因此，提出研究假设2：

H_2：监事会会议次数与中国能源上市公司技术效率之间呈正相关关系。

基于道德风险理论和代理成本理论，监事持股能够使其以股东身份参与企业的经营管理、共享上市公司剩余利润，协调监事与上市公司的利益冲突，减少寻租行为以及上市公司因规避道德风险的额外支出，提高其技术效率。因此，提出研究假设3：

H_3：监事持股比例与中国能源上市公司技术效率之间呈正相关关系。

薪酬激励能够激发监事的工作积极性，使其努力为公司的经营建言献策，提高监事履职效率。同时，有效的监事薪酬激励有利于提高监事的组织满意度，降低其离职率，减少上市公司由于监事的频繁离职而产生的负面影响，促进上市公司技术效率的提升。因此，提出研究假设4：

H_4：前三名监事薪酬总额与中国能源上市公司技术效率之间呈正相关关系。

监事的技术背景影响着其履行职责的效率与效果，而监事会作为公司内部管控的重要组成部分，其成员技术背景的改善及技术背景互补性的提高，有利于提高监事会的监督效率与效果，降低上市公司的潜在经营风险，提高资源利用率，提升其技术效率。因此，提出研究假设5：

H_5：技术背景监事占比与中国能源上市公司技术效率之间呈正相关关系。

教育素质已成为企业进步的推动力量，教育素质高的人可以创造更多的物质财富。而教育素质是内化了的教育成果和学习体验，通过提高学历层次和延长教育年限两个途径得以提升。基于此，通常可以运用受教育水平衡量一个人的教育素质。监事作为上市公司的决策者和管理层，其教育素质即其受教育水平的提高可以促进上市公司技术效率的提升。因此，提出研究假设6：

H_6：监事受教育水平与中国能源上市公司技术效率之间呈正相关关系。

三、样本的选择与数据来源

为使研究结果更加准确，本部分删除数据不全和异常的上市公司、ST和PT上市公司以及上市年份较短的公司，最终选出103家能源行业上市公司作为研究样本，其中煤炭上市公司23家、石油上市公司5家、天然气上市公司9家、电力热力上市公司55家、自来水上市公司11家。收集各样本2007—2017年的相关数据，其中技术效率采用数据包络分析法（DEA）测度得出，其余数据来自于Wind资讯、巨潮资讯网、国泰安数据库和各样本公司历年年报。

四、模型建立与变量选择

根据监事会的内涵与特征，本部分选择监事会规模、监事会会议次数、监事持股比例、前三名监事薪酬总额、技术背景监事占比、监事受教育水平衡量监事会特征为解释变量，以技术效率为被解释变量，公司规模、资产负债率为控制变量，实证分析监事会特征对中国整体能源上市公司以及不同类型能源上市公司技术效率的具体影响。因此，建立以下模型：

$$Y_{1it} = \beta_{0it} + \beta_{1it}X_{1it} + \beta_{2it}X_{2it} + \beta_{3it}X_{3it} + \beta_{4it}X_{4it} + \beta_{5it}X_{5it} +$$

$$\beta_{6it}X_{6it} + \beta_{7it}X_{7it} + \beta_{8it}X_{8it} + \varepsilon_t \qquad\qquad 公式(4-2)$$

公式（4-2）中，Y_{1it} 表示 2007—2017 年各个能源上市公司第 t 年的技术效率（运用 DEA 方法测度），X_{1it} 表示各个能源上市公司的监事会规模（监事会人员总数），X_{2it} 表示各个能源上市公司的监事会会议次数，X_{3it} 表示各个能源上市公司监事持股比例（监事持股数量占总发行股票数量的比值），X_{4it} 表示各个能源上市公司前三名监事薪酬总额，X_{5it} 表示各个能源上市公司技术背景监事占比（上市公司聘任具有研发、设计、管理、金融、财务、法律相关专业监事的人数占监事总人数比重），X_{6it} 表示各个能源上市公司监事受教育水平（具有硕士及以上学历的监事人数占监事总人数比重），X_{7it} 表示各个能源上市公司的公司规模（总资产的自然对数），X_{8it} 表示各个能源上市公司的资产负债率（总负债/总资产）。β_{1it}、β_{2it}、β_{3it}、β_{4it}、β_{5it}、β_{6it}、β_{7it} 和 β_{8it} 均为非随机变量，其含义为在其他变量不变的情况下，监事会规模、监事会会议次数、监事持股比例、前三名监事薪酬总额、技术背景监事占比、监事受教育水平、公司规模、资产负债率分别变化一个单位，将会引起中国整体能源上市公司及不同类型能源上市公司技术效率变化的系数。t 为时期序号，$t = 1$，2，$\cdots$，11；β_0 为截距项，β_1、β_2、β_3、β_4、β_5、β_6、β_7 和 β_8 均为待估计参数；ε_t 为误差项。

五、描述性统计分析

（一）整体能源上市公司

整体能源上市公司描述性统计分析结果，见表 4-23。中国 103 家能源上市公司的监事会特征存在较大差异。整体能源上市公司监事会规模的平均值为 4.69，基本符合我国《公司法》的规定，但是仍有一些能源上市公司，如中国神华 2014 年监事会人数为 0；监事会会议次数的平均值为 5.06 次，高于《公司法》规定的最低标准；监事持股比例的均值为 0，表明整体能源上市公司对监事尚未实行股票激励方式；前三名监事薪酬总额的差异很大，最大值为 7021600 元，而最小值为 0 元；技术背景监事占比的平均值为 0.17，说明监事会成员的技术背景程度较低；监事受教育水平的平均值为 0.56，说明监事会成员受教育程度有待提高。

表 4-23 整体能源上市公司描述性统计分析

指标	观察值	最大值	最小值	平均值	标准差
技术效率	1133	1.000	0.001	0.122	0.191
监事会规模	1133	12	0	4.69	1.67
监事会会议次数	1133	17	0	5.06	1.89
监事持股比例	1133	0	0	0	0
前三名监事薪酬总额	1133	7021600 元	0 元	761311.90 元	694335.72 元
技术背景监事占比	1133	1.00	0.10	0.17	0.05
受教育水平	1133	1.00	0.32	0.56	0.14
资产规模	1133	28.51	16.70	22.87	1.74
资产负债率	1133	1199.5%	1.23%	59.71%	51.64%

(二) 天然气上市公司

天然气上市公司描述性统计分析结果，见表 4-24。天然气上市公司的监事会特征差异较大。天然气上市公司监事会规模的平均值为 4.13，符合我国《公司法》的规定；监事会会议次数差异很大，最小值为 2，最大值为 17；监事持股比例依然为 0；前三名监事薪酬总额的差异小于整体能源上市公司，最大值为 3920000 元，而最小值为 0 元；技术背景监事占比的平均值为 0.13，说明监事会成员的技术背景程度较低；监事受教育水平的平均值为 0.58，表明监事会成员受教育程度的平均水平略微高于整体能源上市公司。

表 4-24 天然气上市公司描述性统计分析

指标	观察值	最大值	最小值	平均值	标准差
技术效率	99	1.000	0.002	0.301	0.357
监事会规模	99	7	3	4.13	1.05
监事会会议次数	99	17	2	5.23	2.45
监事持股比例	99	0	0	0	0
前三名监事薪酬总额	99	3920000 元	0 元	538121.80 元	553943.30 元

续表

指标	观察值	最大值	最小值	平均值	标准差
技术背景监事占比	99	0.29	0.10	0.13	0.04
受教育水平	99	1.00	0.39	0.58	0.13
资产规模	99	24.71	16.70	21.53	2.00
资产负债率	99	1199.50%	13.50%	94.25%	157.25%

（三）自来水上市公司

自来水上市公司描述性统计分析结果，见表4-25。自来水上市公司的监事会特征差异较大。自来水上市公司监事会规模的平均值为3.67，基本符合我国《公司法》的规定；监事会会议次数差异较大，最小值为1，而最大值为11；监事持股比例为0；前三名监事薪酬总额的差异略大于天然气上市公司，最大值为3927700元，而最小值为0元；技术背景监事占比的平均值为0.26，说明监事会成员的技术背景程度较低；监事受教育水平的平均值为0.63，说明监事会成员受教育程度的平均水平高于天然气上市公司。

表4-25　自来水上市公司描述性统计分析

指标	观察值	最大值	最小值	平均值	标准差
技术效率	121	1.000	0.005	0.161	0.183
监事会规模	121	6	2	3.67	1.08
监事会会议次数	121	11	1	4.73	1.36
监事持股比例	121	0	0	0	0
前三名监事薪酬总额	121	3927700元	0元	603278.69元	683187.79元
技术背景监事占比	121	0.50	0.18	0.26	0.11
受教育水平	121	1.00	0.51	0.63	0.17
资产规模	121	24.65	18.67	22.10	1.25
资产负债率	121	90.88%	3.79%	48.82%	15.69%

（四）电力热力上市公司

电力热力上市公司描述性统计分析结果，见表4-26。电力热力上

市公司的监事会特征差异明显。电力热力上市公司监事会规模的平均值
为 4.64，基本符合我国《公司法》的规定；监事会会议次数差异很大，
最小值为 1，最大值为 14；电力热力上市公司的监事持股比例为 0；前
三名监事薪酬总额的差异很大，最大值为 7021600 元，最小值为 0 元；
技术背景监事占比的平均值为 0.29，说明监事会成员的技术背景程度
低；监事受教育水平的平均值为 0.71，表明监事会成员受教育程度
较低。

表 4 - 26　电力热力上市公司描述性统计分析

指标	观察值	最大值	最小值	平均值	标准差
技术效率	605	1.000	0.001	0.113	0.168
监事会规模	605	9	2	4.64	1.35
监事会会议次数	605	14	1	5.31	1.83
监事持股比例	605	0	0	0	0
前三名监事薪酬总额	605	7021600 元	0 元	747800.25 元	608042.72 元
技术背景监事占比	605	0.53	0.20	0.29	0.16
受教育水平	605	1.00	0.64	0.71	0.21
资产规模	605	26.66	20.14	22.88	1.43
资产负债率	605	155.60%	1.23%	62.33%	11.67%

（五）煤炭上市公司

煤炭上市公司描述性统计分析结果，见表 4 - 27。煤炭上市公司的监
事会特征差异较小。煤炭上市公司监事会规模的平均值为 5.24，基本符合
我国《公司法》的规定，但是仍有一些煤炭上市公司未达到《公司法》的
规定，如中国神华 2014 年监事会人数为 0；监事会会议次数的平均值为
4.95，高于《公司法》规定的最低标准；监事持股比例依然为 0；煤炭上
市公司前三名监事薪酬总额的差异较大，最大值为 3343500 元，最小值为
0 元；技术背景监事占比的平均值为 0.37，说明监事会成员的技术背景程
度较高；监事受教育水平的平均值为 0.51，表明监事会成员受教育程度
最低。

表 4 - 27　煤炭上市公司描述性统计分析

指标	观察值	最大值	最小值	平均值	标准差
技术效率	253	1.000	0.001	0.072	0.149
监事会规模	253	12	0	5.24	2.19
监事会会议次数	253	10	1	4.95	1.53
监事持股比例	253	0	0	0	0
前三名监事薪酬总额	253	3343500 元	0 元	792578.72 元	707435.73 元
技术背景监事占比	253	1.00	0.33	0.37	0.19
受教育水平	253	1.00	0.38	0.51	0.13
资产规模	253	27.07	19.62	23.28	1.68
资产负债率	253	84.91%	7.77%	48.17%	116.52%

六、平稳性检验

在回归分析之前，需对数据进行单位根检验，以检验数据的平稳性。

（一）整体能源上市公司

整体能源上市公司的平稳性检验结果，见表 4 - 28。*Levin、Lin & Chut*，*Im、Pesaran and Shin W - stat*，*ADF - Fisher Chi - square* 和 *PP - Fisher Chi - square* 的伴随概率 P 值均小于 0.01；为零阶平稳序列，表明数据的平稳性良好，可以进行回归分析。

表 4 - 28　整体能源上市公司单位根检验结果

Index	Statistic	Prob.
Levin、Lin & Chut[*]	-147.694	0.0000
Im、Pesaran and Shin W - stat	-45.1354	0.0000
ADF - Fisher Chi - square	584.630	0.0000
PP - Fisher Chi - square	643.412	0.0000

（二）天然气上市公司

天然气上市公司平稳性检验结果，见表 4 - 29。*Levin、Lin & Chut*，*Im、*

Pesaran and Shin W – stat，*ADF – Fisher Chi – square* 和 *PP – Fisher Chi – square* 的伴随概率 *P* 值均小于 0.01；为零阶平稳序列，表明数据的平稳性良好，可以进行回归分析。

表 4 – 29　天然气上市公司单位根检验结果

Index	Statistic	Prob.
*Levin、Lin & Chut****	– 5.47736	0.0000
Im、Pesaran and Shin W – stat	– 2.67552	0.0000
ADF – Fisher Chi – square	40.9846	0.0000
PP – Fisher Chi – square	43.7691	0.0000

（三）自来水上市公司

自来水上市公司的平稳性检验结果，见表 4 – 30。*Levin、Lin & Chut*，*Im、Pesaran and Shin W – stat*，*ADF – Fisher Chi – square* 和 *PP – Fisher Chi – square* 的伴随概率 *P* 值均小于 0.01；为零阶平稳序列，表明数据的平稳性良好，可以进行回归分析。

表 4 – 30　自来水上市公司单位根检验结果

Index	Statistic	Prob.
*Levin、Lin & Chut****	– 5.64018	0.0000
Im、Pesaran and Shin W – stat	– 2.93794	0.0000
ADF – Fisher Chi – square	43.8753	0.0000
PP – Fisher Chi – square	45.2121	0.0000

（四）电力热力上市公司

电力热力上市公司的平稳性检验结果，见表 4 – 31。*Levin、Lin & Chut*，*Im、Pesaran and Shin W – stat*，*ADF – Fisher Chi – square* 和 *PP – Fisher Chi – square* 的伴随概率 *P* 值均小于 0.01；为零阶平稳序列，表明数据的平稳性良好，可以进行回归分析。

表 4-31　电力热力上市公司单位根检验结果

Index	Statistic	Prob.
Levin、Lin & Chut*	-86.2018	0.0000
Im、Pesaran and Shin W - stat	-18.7710	0.0000
ADF - Fisher Chi - square	249.018	0.0000
PP - Fisher Chi - square	258.994	0.0000

（五）煤炭上市公司

煤炭上市公司的平稳性检验结果，见表 4-32。Levin、Lin & Chut，Im、Pesaran and Shin W - stat，ADF - Fisher Chi - square 和 PP - Fisher Chi - square 的伴随概率 P 值均小于 0.01；为零阶平稳序列，数据的平稳性良好，因此，可以进行回归分析。

表 4-32　煤炭上市公司单位根检验结果

Index	Statistic	Prob.
Levin、Lin & Chut*	-57.7670	0.0000
Im、Pesaran and Shin W - stat	-30.7844	0.0000
ADF - Fisher Chi - square	199.740	0.0000
PP - Fisher Chi - square	230.580	0.0000

七、Hausman 检验

运用面板数据进行分析时可选择固定效应模型和随机效应模型。回归分析前，需进行 Hausman 检验，以确定具体的研究模型。

（一）整体能源上市公司

整体能源上市公司 Hausman 检验结果，见表 4-33。Hausman 检验的检验统计量为 32.895702，伴随概率 $P = 0.0001$，小于 0.1，所以拒绝原假设，应建立固定效应模型进行回归分析。

表 4 – 33　整体能源上市公司 Hausman 检验输出结果

Test Summary	Chi – Sq. Statistic	Chi – Sq. d. f	Prob.
Cross – section radom	32. 895702	8	0. 0001

（二）天然气上市公司

天然气上市公司 Hausman 检验结果，见表 4 – 34。Hausman 检验的检验统计量为 45. 909694，伴随概率 $P = 0.0000$，小于 0.1，所以拒绝原假设，应建立固定效应模型进行回归分析。

表 4 – 34　天然气上市公司 Hausman 检验输出结果

Test Summary	Chi – Sq. Statistic	Chi – Sq. d. f	Prob.
Cross – section radom	45. 909694	8	0. 0000

（三）自来水上市公司

自来水上市公司 Hausman 检验结果，见表 4 – 35。Hausman 检验的检验统计量为 23. 432963，伴随概率 $P = 0.0029$，小于 0.1，所以拒绝原假设，应建立固定效应模型进行回归分析。

表 4 – 35　自来水上市公司 Hausman 检验输出结果

Test Summary	Chi – Sq. Statistic	Chi – Sq. d. f	Prob.
Cross – section radom	23. 432963	8	0. 0029

（四）电力热力上市公司

电力热力上市公司 Hausman 检验结果，见表 4 – 36。Hausman 检验的检验统计量为 10. 456751，伴随概率 $P = 0.2344$，大于 0.1，所以接受原假设，故可建立随机效应模型进行回归分析。

表 4 – 36　电力热力上市公司 Hausman 检验输出结果

Test Summary	Chi – Sq. Statistic	Chi – Sq. d. f	Prob.
Cross – section radom	10. 456751	8	0. 2344

（五）煤炭上市公司

煤炭上市公司 Hausman 检验结果，见表 4 – 37。Hausman 检验的检验统计量为 10.512127，伴随概率 $P = 0.2309$，大于 0.1，所以接受原假设，应建立随机效应模型进行回归分析。

表 4-37　煤炭上市公司 Hausman 检验输出结果

Test Summary	Chi - Sq. Statistic	Chi - Sq. d.f	Prob.
Cross - section radom	10.512127	8	0.2309

八、回归分析

（一）整体能源上市公司

运用 Eviews 9.0 软件对整体能源上市公司进行分析后得到以下结果，见表 4-38。

表 4-38　整体能源上市公司回归结果

Variable	Coefficient	Std. Error	t - Statistic	Prob.
β_0	1.934857	0.135233	14.03753 ***	0.0000
β_1	0.008954	0.005837	2.533998 **	0.0253
β_2	-0.003106	0.003097	-1.002918	0.3161
β_3	-93.98623	51.76787	-0.815532	0.0697
β_4	2.41E-08	9.57E-09	2.521256 **	0.0118
β_5	0.009929	0.009632	1.033081	0.3029
β_6	0.007459	0.005229	2.126496 **	0.0540
β_7	-0.077182	0.005752	-13.41936 ***	0.0000
β_8	0.01319	0.010397	1.268614	0.2049

Effects Specification			
Cross - section fixed （dummy variables）			

R - squared	0.558280	Mean dependent var	0.123587
Adjusted R - squared	0.510736	S. D. dependent var	0.191928
S. E. of regression	0.134248	Schwarz criterion	-1.085424
Sum squared resid	18.41913	Akaike info criterion	-0.592371
Log likelihood	725.8889	Hannan - Quinn criter	-0.899165
F - statistic	11.74256	Durbin - Watson stat	0.882676
Prob. （F - statistic）		0.000000	

注：* 表示在 10% 水平下显著；** 表示在 5% 水平下显著；*** 表示在 1% 水平下显著。

根据表 4 – 38 中的数据可以得出以下两点结论。

（1）$\beta_1 = 0.008954$，$\beta_4 = 2.41\text{E} - 08$，$\beta_6 = 0.007459$，且均通过了显著性检验

其含义是当监事会规模、前三名监事薪酬总额、监事受教育水平每增加 1%，整体能源上市公司的技术效率将会分别提高 0.008954%、2.41E – 08%、0.007459%，表明监事会规模、前三名监事薪酬总额、监事受教育水平对整体能源上市公司技术效率均具有显著的正向影响。其原因为：第一，监事会规模的扩大可以增强监事会成员专业、技能的互补性，提高监事会的监督效率与效果，促进整体能源上市公司技术效率的提升。第二，监事薪酬水平的增加激发监事履行其职责的积极性与主动性，有利于及时发现并采取措施防范公司经营中的潜在风险，提升整体能源上市公司的技术效率。第三，整体能源上市公司监事会成员受教育水平越高，其知识储备越丰富，可以及时掌握市场变化规律并做出科学、准确地判断，促进其技术效率的提升。

（2）$\beta_2 = -0.003106$，$\beta_3 = -93.98623$，$\beta_5 = 0.009929$，但均未通过显著性检验

这说明监事会会议次数、监事持股比例、技术背景监事占比均与整体能源上市公司技术效率之间不存在显著的相关关系。其原因为：第一，整体能源上市公司大多是在出现重大风险问题时才召开监事会，或者为了达到相关政策要求才召开监事会，监事会会议质量不佳，并未发挥其应有的职能。第二，目前整体能源上市公司监事持股比例为零，未能发挥其对监事的激励作用，以及对能源上市公司技术效率的促进作用。第三，整体能源上市公司中技术背景监事占比水平整体较低且相差不大，导致其对整体能源上市公司技术效率的促进作用不明显。

综上所述，监事会规模、前三名监事薪酬总额、监事受教育水平与整体能源上市公司技术效率之间均呈现显著的正相关关系；监事会会议次数、监事持股比例、技术背景监事占比与整体能源上市公司技术效率均不存在显著的相关关系。

（二）天然气上市公司

天然气上市公司的回归分析结果，见表 4 – 39。

表 4 – 39　天然气上市公司回归结果

Variable	Coefficient	Std. Error	t – Statistic	Prob.
β_0	2.919146	0.502532	5.808871***	0.0000
β_1	0.054949	0.035136	2.563906***	0.0121
β_2	– 0.006626	0.015141	– 0.437631	0.6627
β_3	6.741798	141.0045	0.047813	0.9620
β_4	1.06E – 07	5.78E – 08	1.835084*	0.0697
β_5	0.000605	0.051325	0.011797	0.9906
β_6	0.023241	0.032584	3.321307***	0.0020
β_7	0.110449	0.019827	5.570753***	0.0000
β_8	– 0.019363	0.019125	– 1.012431	0.3140

Effects Specification

Cross – section fixed （dummy variables）

R – squared	0.659370	Mean dependent var	0.292127
Adjusted R – squared	0.596428	S. D. dependent var	0.341853
S. E. of regression	0.217170	Schwarz criterion	– 0.067688
Sum squared resid	4.338992	Akaike info criterion	0.374208
Log likelihood	21.72286	Hannan – Quinn criter	0.111547
F – statistic	10.47576	Durbin – Watson stat	0.755603
Prob. （F – statistic）		0.000000	

注：* 表示在 10% 水平下显著；** 表示在 5% 水平下显著；*** 表示在 1% 水平下显著。

根据表 4 – 39 中的数据可以得出以下两点结论。

（1）$\beta_1 = 0.054949$，$\beta_4 = 1.06E – 07$，$\beta_6 = 0.023241$，且均通过了显著性检验

其含义是当监事会规模、前三名监事薪酬总额、监事受教育水平每增加 1%，天然气上市公司技术效率将会分别提高 0.054949 个百分点、1.06E – 07 个百分点、0.023241 个百分点，说明监事会规模、前三名监事薪酬总额、监事受教育水平对天然气上市公司技术效率均具有显著的正向

促进作用。同时，监事会规模、前三名监事薪酬总额、监事受教育水平均对天然气上市公司技术效率的影响程度明显大于整体能源上市公司。

（2）$\beta_2 = -0.006626$，$\beta_3 = 6.741798$，$\beta_5 = 0.000605$，但均未通过显著性检验

这表明监事会会议次数、监事持股比例、技术背景监事占比也均与天然气上市公司技术效率之间不存在显著的相关关系。研究结果与整体能源上市公司一致。

（三）自来水上市公司

自来水上市公司的回归分析结果，见表 4-40。

表 4-40　自来水上市公司回归结果

Variable	Coefficient	Std. Error	t - Statistic	Prob.
β_0	1.884903	0.360286	5.231689 ***	0.0000
β_1	0.076252	0.041456	1.839330 *	0.0688
β_2	- 0.006738	0.008868	- 0.759823	0.4491
β_3	5121.467	3431.661	1.492416	0.1387
β_4	8.94E - 09	3.12E - 08	3.286658 ***	0.0010
β_5	0.006969	0.025327	0.275160	0.7837
β_6	0.009111	0.012562	1.825322 *	0.0693
β_7	0.05955	0.016594	3.588675 ***	0.0005
β_8	- 0.192914	0.107276	- 1.798285 *	0.0751
Effects Specification				
Cross - section fixed（dummy variables）				
R - squared	0.619773	Mean dependent var		0.158793
Adjusted R - squared	0.552674	S. D. dependent var		0.179910
S. E. of regression	0.120328	Schwarz criterion		- 1.253957
Sum squared resid	1.476843	Akaike info criterion		- 0.814949
Log likelihood	94.86442	Hannan - Quinn criter		- 1.075659
F - statistic	9.236702	Durbin - Watson stat		1.357965
Prob.（F - statistic）		0.000000		

注：* 表示在 10% 水平下显著；** 表示在 5% 水平下显著；*** 表示在 1% 水平下显著。

根据表 4-40 中的数据可以得出以下两点结论。

（1）$\beta_1 = 0.076252$，$\beta_4 = 8.94E-09$，$\beta_6 = 0.009111$，且均通过了显著性检验

其含义是当监事会规模、前三名监事薪酬总额、监事受教育水平每增加 1%，自来水上市公司技术效率将会分别提高 0.076252%、8.94E-09% 和 0.009111%。可见，监事会规模、前三名监事薪酬总额、监事受教育水平与自来水上市公司技术效率之间均具有显著的正相关关系。与整体能源上市公司及天然气上市公司相比较，监事会规模对自来水上市公司技术效率的正向促进作用最大；但前三名监事薪酬总额对自来水上市公司技术效率的正向促进作用最小；监事受教育水平对自来水上市公司技术效率的正向促进作用低于天然气上市公司，高于整体能源上市公司。

（2）$\beta_2 = -0.006738$，$\beta_3 = 5121.467$，$\beta_5 = 0.006969$，但均未通过显著性检验

这表明监事会会议次数、监事持股比例、技术背景监事占比也均与自来水上市公司技术效率之间不存在显著的相关关系。研究结果与整体能源上市公司、天然气上市公司一致。

（四）电力热力上市公司

电力热力上市公司的回归结果，见表 4-41。

表 4-41　电力热力上市公司回归结果

Variable	Coefficient	Std. Error	t - Statistic	Prob.
β_0	0.862049	0.153291	5.623591 ***	0.0000
β_1	0.005938	0.006412	1.926045 *	0.0548
β_2	-0.002859	0.003704	-0.771725	0.4406
β_3	-42.27677	48.11453	-0.878673	0.4199
β_4	3.42E-08	1.26E-08	2.709340 **	0.0069
β_5	0.008864	0.011935	0.742735	0.4579
β_6	0.010308	0.005382	1.915431 *	0.0559
β_7	-0.026403	0.006726	-3.925452 ***	0.0001
β_8	-0.261516	0.040500	-6.457220	0.0000

Effects Specification			
Cross – section random （dummy variables）			
R – squared	0. 130488	Mean dependent var	0. 044023
Adjusted R – squared	0. 118598	S. D. dependent var	0. 126016
S. E. of regression	0. 118307	Sum squared resid	8. 188031
F – statistic	10. 97393	Durbin – Watson stat	2. 811635
Prob. （F – statistic）		0. 000000	

注：* 表示在 10% 水平下显著；** 表示在 5% 水平下显著；*** 表示在 1% 水平下显著。

根据表 4 – 41 中的数据可以得出以下两点结论。

（1）$\beta_1 = 0.005938$，$\beta_4 = 3.42E - 08$，$\beta_6 = 0.010308$，且均通过了显著性检验

其含义是当监事会规模、前三名监事薪酬总额、监事受教育水平每增加 1%，电力热力上市公司技术效率将会分别提高 0.005938%、3.42E - 08%、0.010308%，说明监事会规模、前三名监事薪酬总额、监事受教育水平对电力热力上市公司技术效率均具有显著的正向影响。但与整体能源上市公司、天然气上市公司和自来水上市公司相比较，监事会规模对电力热力上市公司技术效率的正向促进作用最小；前三名监事薪酬总额对电力热力上市公司技术效率的正向促进作用高于整体能源上市公司、自来水上市公司，低于天然气上市公司；监事受教育水平对电力热力上市公司技术效率的正向促进作用高于整体能源上市公司与自来水上市公司，低于天然气上市公司。

（2）$\beta_2 = -0.002859$，$\beta_3 = -42.27677$，$\beta_5 = 0.008864$，但均未通过显著性检验

这表明监事会会议次数、监事持股比例、技术背景监事占比也均与电力热力上市公司技术效率之间不存在显著的相关关系。研究结果与整体能源上市公司、天然气上市公司、自来水上市公司一致。

（五）煤炭上市公司

煤炭上市公司的回归结果，见表 4 – 42。

表4-42　煤炭上市公司回归结果

Variable	Coefficient	Std. Error	t - Statistic	Prob.
β_0	1.536477	0.144947	10.60024 ***	0.0000
β_1	0.010960	0.004597	2.384105 **	0.0179
β_2	-0.005229	0.005364	-0.974917	0.3306
β_3	62.21963	76.68258	0.800947	0.4199
β_4	155E-08	1.19E-08	2.299648 **	0.0186
β_5	-0.018516	0.013515	-1.370070	0.1719
β_6	0.005845	0.007117	2.321307 **	0.0188
β_7	-0.055078	0.006699	-8.222406 ***	0.0000
β_8	-0.184515	0.057607	-3.203005 **	0.0015

Effects Specification

Cross - section random (dummy variables)

R - squared	0.388152	Mean dependent var	0.036042
Adjusted R - squared	0.368091	S. D. dependent var	0.122120
S. E. of regression	0.097076	Sum squared resid	2.299418
F - statistic	19.34898	Durbin - Watson stat	0.992743
Prob. (F - statistic)		0.000000	

注：* 表示在10%水平下显著；** 表示在5%水平下显著；*** 表示在1%水平下显著。

根据表4-42的数据可以得出以下两点结论。

（1）$\beta_1 = 0.01096$，$\beta_4 = 155E-08$，$\beta_6 = 0.005845$，且均通过了显著性检验

其含义是当监事会规模、前三名监事薪酬总额、监事受教育水平每增加1%，煤炭上市公司技术效率将会分别提高0.01096%、155E-08%、0.005845%，说明监事会规模、前三名监事薪酬总额、监事受教育水平对煤炭上市公司技术效率均具有显著的正向促进作用。与整体能源上市公司及其他类型能源上市公司相比较，监事会规模对煤炭上市公司技术效率的贡献程度低于天然气上市公司、自来水上市公司，高于整体能源上市公司与电力热力上市公司；前三名监事薪酬总额对煤炭上市公司技术效率的贡

献程度高于整体能源上市公司、自来水上市公司、电力热力上市公司与天然气上市公司；而监事受教育水平对煤炭上市公司技术效率的贡献程度最小。

（2）$\beta_2 = -0.005229$，$\beta_3 = 62.21963$，$\beta_5 = -0.018516$，但均未通过显著性检验

这说明监事会会议次数、监事持股比例、技术背景监事占比也均与煤炭上市公司技术效率之间不存在显著的相关关系。研究结果与整体能源上市公司、天然气上市公司、自来水上市公司、电力热力上市公司一致。

上述研究结果表明，监事会规模、前三名监事薪酬总额、监事受教育水平与整体能源上市公司及不同类型能源上市公司技术效率之间均具有显著的正相关关系，但相关系数具有明显的差异；而监事会会议次数、监事持股比例、技术背景监事占比也均与整体能源上市公司及不同类型能源上市公司技术效率之间的相关性不显著。

第三节　股权结构

一、引言

股权结构是公司治理结构的基础，公司治理结构则是股权结构的具体运行形式。不同的股权结构决定了不同的企业组织结构与不同的企业治理结构，最终决定了企业的行为、资源配置和绩效。具体而言，股权结构是公司治理机制的基础，它决定了股东结构、股权集中程度以及大股东身份，导致股东行使权力的方式和效果有较大的区别，进而对公司治理模式的形成与运作、资源配置效率、绩效及产出均有较大影响，换言之，股权结构对公司治理中的内部监督机制产生直接作用；同时，股权结构也对外部治理机制产生间接作用，进而影响公司经营模式、公司决策、资源配置及产出。因此，股权结构对上市公司技术效率的影响已成为我国学者高度关注的一个课题。

我国学者对股权结构与上市公司技术效率关系的研究结论主要集中在以下五个方面。

①股权集中度与上市公司技术效率之间存在显著的正相关关系。芮筠等（2016）以电力行业上市公司为样本，收集各样本2012—2016年的数据，实证研究股权集中度与技术效率的关系，研究结果显示：第一大股东持股比例、前五大股东持股比例均与电力行业上市公司的技术效率之间呈显著的正相关关系。孙兆斌（2006）指出，股权结构对上市公司技术效率的影响主要取决于控股股东"掏空行为"与"支持行为"的相互作用，同时，他进行实证分析后指出，控股股东的持股比例与上市公司技术效率呈显著正相关关系。魏咏梅等（2015）指出，股权集中度对风电行业上市公司技术效率产生积极影响。

②股权集中度与上市公司技术效率之间存在显著的负相关关系。蒋文定等（2013）的研究结果显示：公司股权集中度与石化行业上市公司技术效率呈显著负相关关系。

③股权结构与上市公司技术效率之间不存在显著的相关关系。毛璐、吴蓓菁（2006）指出，股权结构与制造业上市公司的技术效率之间不存在显著的相关关系。

④股权制衡度与上市公司技术效率之间存在显著的正相关关系。许陈生（2007）指出，由于股权制衡度的上升有利于防止"内部控制人"问题，提高上市公司决策的科学性与资源配置效率，因此，股权制衡度与旅游业上市公司技术效率呈显著正相关关系。

⑤股权制衡度与上市公司技术效率之间具有显著的负相关关系。尹秀珍等（2013）的实证研究结果显示：股权制衡度与生态农业上市公司技术效率之间存在显著的负相关关系，股权制衡度的上升导致生态农业上市公司技术效率的降低。蒋文定（2013）以石油上市公司为例进行研究后也得到这一结论。

可见，目前学术界对股权结构与上市公司技术效率关系的研究结论存在较大的分歧。

二、研究假设

股权集中度过高会导致第二代理问题的产生，即大股东为了谋求自身利益而侵害中小股东的利益。大股东通常基于自身利益最大化的目标进行决策，而忽略甚至损害中小股东的利益及公司利益，降低资源的利用效率与技术效率，阻碍上市公司的长期发展。因此，提出研究假设1：

H_1：股权集中度与中国能源上市公司技术效率呈负相关关系。

股权制衡通过分散股权达到对大股东的牵制和监督，有效抑制"内部人控制"现象，避免大股东损害中小股东的利益，提高决策的科学性与资源的利用效率，增加上市公司的产出，提升其技术效率。同时，股权制衡度的提高有利于激发中小股东对公司事务的参与感，增强其责任心，促进公司技术效率的提升。因此，提出研究假设2：

H_2：股权制衡度与中国能源上市公司技术效率呈正相关关系。

在我国，流通股的持有者大多是社会公众。公众投资、持股的主要目的是获得投资收益，投资期限较短。因此，流通股具有较强的流动性，流通股股东更多关注上市公司的短期经营绩效。同时，由于流通股股东的持股比例较低，掌握的投票权较少，导致其参与决策的积极性较低。因此，流通股占比较高会导致严重的"搭便车"现象，降低公司决策的科学性与合理性，阻碍其技术效率的提升。因此，提出研究假设3：

H_3：流通股占比与中国能源上市公司技术效率呈负相关关系。

三、样本的选择

为使研究结果更加准确，本部分删除数据不全和异常的上市公司、ST和PT上市公司以及上市年限较短的公司，最终选出103家中国能源行业上市公司作为研究样本，其中煤炭上市公司23家、石油上市公司5家、天然气上市公司9家、电力热力上市公司55家、自来水上市公司11家。收集各样本2007—2017年的相关数据，其中技术效率采用数据包络分析法（DEA）测度得出，其余数据均来自于国泰安数据库。

四、模型建立与变量选择

本部分以中国能源上市公司技术效率作为被解释变量，以股权集中度、股权制衡度和流通股占比为解释变量，以公司规模、资产负债率为控制变量，实证分析股权结构对中国整体能源上市公司及不同类型能源上市公司技术效率的影响程度。因此建立以下模型：

$$Y_{it} = \beta_{0it} + \beta_{1it}X_{1it} + \beta_{2it}X_{2it} + \beta_{3it}X_{3it} + \beta_{4it}X_{4it} + \beta_{5it}X_{5it} + \varepsilon_t$$

公式（4 – 3）

在公式（4 – 3）中，Y_{it} 表示 2007—2017 年各个能源上市公司第 t 年的技术效率（运用 DEA 方法测度），X_{1it} 表示各个能源上市公司的股权集中度（公司第一大股东持股比例），X_{2it} 表示各个能源上市公司的股权制衡度（第二至第十大股东持股比例之和/第一大股东持股比例），X_{3it} 表示各个能源上市公司的流通股占比（流通股份数量/已发行总股份数量），X_{4it} 表示各个能源上市公司的公司规模（总资产的自然对数），X_{5it} 表示各个能源上市公司的资产负债率。β_{1it}、β_{2it}、β_{3it}、β_{4it}、β_{5it} 均为非随机变量，即在其他变量不变的情况下，股权集中度、股权制衡度、流通股占比、公司规模和资产负债率分别变化一个单位，将会引起中国整体能源上市公司及不同类型能源上市公司技术效率变化的系数。t 为时期序号，$t = 1$，2，…，11；β_0 为截距项，β_1、β_2、β_3、β_4 和 β_5 均为待估计的参数；ε_t 为误差项。

五、描述性统计分析

（一）整体能源上市公司

整体能源上市公司的描述性统计分析结果，见表 4 – 43。2007—2017 年整体能源上市公司股权集中度的最小值为 0.02，最大值为 0.86，说明整体能源上市公司之间股权集中度的差异非常大；股权制衡度的最小值为 0.01，最大值为 5.2，平均值为 0.63，表明整体能源上市公司股权制衡度存在很大的差异，且整体能源上市公司股权制衡较弱；流通股占比的最大值为 1，最小值为 0.08，表明整体能源上市公司的流通股占比也存在很大差异。

表 4−43 整体能源上市公司描述性统计分析

指标	观察值	最大值	最小值	平均值	标准差
技术效率	1133	1.000	0.001	0.122	0.191
股权集中度	1133	0.86	0.02	0.42	0.18
股权制衡度	1133	5.20	0.01	0.63	0.68
流通股占比	1133	1.00	0.08	0.78	0.25
公司规模	1133	28.51	16.70	22.87	1.74
资产负债率	1133	1199.5%	1.23%	59.71%	51.64%

(二) 天然气上市公司

天然气上市公司的描述性统计分析结果，见表 4−44。天然气上市公司股权集中度的最小值为 0.09，最大值为 0.53，可见，其股权集中度的差异较小；股权制衡度的最小值为 0.09，最大值为 3.39，表明天然气上市公司的股权制衡度存在明显差异；流通股占比的平均值为 0.8，可见，天然气上市公司流通股占比略高于整体能源上市公司。

表 4−44 天然气上市公司描述性统计分析

指标	观察值	最大值	最小值	平均值	标准差
技术效率	99	1.000	0.002	0.301	0.357
股权集中度	99	0.53	0.09	0.28	0.14
股权制衡度	99	3.39	0.09	0.93	0.66
流通股占比	99	1.00	0.08	0.80	0.24
公司规模	99	24.71	16.70	21.53	2.00
资产负债率	99	1199.50%	13.50%	94.25%	157.25%

(三) 自来水上市公司

自来水上市公司描述性统计分析结果，见表 4−45。自来水上市公司股权集中度的最小值为 0.14，最大值为 0.7，均值为 0.43，表明自来水上市公司之间股权集中度的差距较大，且整体水平高于整体能源上市公司与天然气上市公司；股权制衡度的最小值为 0.02，最大值为 2.23，可见自来水上市公司的股权制衡度存在明显差距；流通股占比的最小值为0.23，最大值为1，平均值为0.75，可见，各个自来水上市公司之间流通股占比的差异较大，且其平均值低于整体能源上市公司与天然气上市公司。

表4-45 自来水上市公司描述性统计分析

指标	观察值	最大值	最小值	平均值	标准差
技术效率	121	1.000	0.005	0.161	0.183
股权集中度	121	0.70	0.14	0.43	0.15
股权制衡度	121	2.23	0.02	0.55	0.54
流通股占比	121	1.00	0.23	0.75	0.25
公司规模	121	24.65	18.67	22.10	1.25
资产负债率	121	90.88%	3.79%	48.82%	15.69%

（四）电力热力上市公司

电力热力上市公司描述性统计分析结果，见表4-46。电力热力上市公司股权集中度的最小值为0.02，最大值为0.85，表明其股权集中度存在非常大的差异；股权制衡度的最小值为0.02，最大值为5.2，可见，电力热力上市公司股权制衡度间的差异很大；流通股占比的最小值为0.14，最大值为1，平均值为0.79，因此，电力热力上市公司流通股占比不均衡，且整体水平低于天然气上市公司。

表4-46 电力热力上市公司描述性统计分析

指标	观察值	最大值	最小值	平均值	标准差
技术效率	605	1.000	0.001	0.113	0.168
股权集中度	605	0.85	0.02	0.39	0.17
股权制衡度	605	5.20	0.02	0.74	0.78
流通股占比	605	1.00	0.14	0.79	0.24
公司规模	605	26.66	20.14	22.88	1.43
资产负债率	605	155.60%	1.23%	62.33%	11.67%

（五）煤炭上市公司

煤炭上市公司描述性统计分析结果，见表4-47。煤炭上市公司股权集中度的最小值为0.19，最大值为0.85，标准差为0.11，平均值为0.53，因此，煤炭上市公司股权集中度的差异较大，且股权集中度偏高；股权制衡度的最小值为0.01，最大值为1.86，表明样本公司间股权制衡度的差异较大；流通股占比的平均值为0.78，说明其流通股占比整体较高。

表4－47　煤炭上市公司描述性统计分析

指标	观察值	最大值	最小值	平均值	标准差
技术效率	253	1.000	0.001	0.072	0.149
股权集中度	253	0.85	0.19	0.53	0.11
股权制衡度	253	1.86	0.01	0.34	0.32
流通股占比	253	1.00	0.085	0.78	0.28
公司规模	253	27.07	19.62	23.28	1.68
资产负债率	253	84.91%	7.77%	48.17%	116.52%

六、平稳性检验

在进行回归分析之前，必须对数据进行单位根检验，以检验数据的平稳性。

（一）整体能源上市公司

整体能源上市公司单位根检验结果，见表4－48。$Levin$、$Lin \& Chut$，Im、$Pesaran\ and\ Shin\ W-stat$，$ADF-Fisher\ Chi-square$ 和 $PP-Fisher\ Chi-square$ 的伴随概率 P 值均小于0.01；为零阶平稳序列，表明数据的平稳性良好，可以进行回归分析。

表4－48　整体能源上市公司单位根检验结果

Index	Statistic	Prob.
$Levin$，$Lin \& Chut^*$	-88.5528	0.0000
Im，$Pesaran\ and\ Shin\ W-stat$	-25.1047	0.0000
$ADF-Fisher\ Chi-square$	459.554	0.0000
$PP-Fisher\ Chi-square$	513.126	0.0000

（二）天然气上市公司

天然气上市公司单位根检验结果，见表 4 - 49。天然气上市公司单位根检验结果中 *Levin、Lin & Chut*，*Im、Pesaran and Shin W - stat*，*ADF - Fisher Chi - square* 和 *PP - Fisher Chi - square* 的伴随概率 *P* 值均小于 0.01；为零阶平稳序列，表明数据的平稳性良好，可以进行回归分析。

表 4 - 49　天然气上市公司单位根检验结果

Index	Statistic	Prob.
Levin、Lin & Chut *	- 5.47736	0.0000
Im、Pesaran and Shin W - stat	- 2.67552	0.0000
ADF - Fisher Chi - square	40.9846	0.0000
PP - Fisher Chi - square	43.7691	0.0000

（三）自来水上市公司

自来水上市公司单位根检验结果，见表 4 - 50。*Levin、Lin & Chut*，*Im、Pesaran and Shin W - stat*，*ADF - Fisher Chi - square* 和 *PP - Fisher Chi - square* 的伴随概率 *P* 值均小于 0.01；为零阶平稳序列，表明数据的平稳性良好，可以进行回归分析。

表 4 - 50　自来水上市公司单位根检验结果

Index	Statistic	Prob.
Levin、Lin & Chut *	- 5.64018	0.0000
Im、Pesaran and Shin W - stat	- 2.93794	0.0000
ADF - Fisher Chi - square	43.8753	0.0000
PP - Fisher Chi - square	45.2121	0.0000

（四）电力热力上市公司

电力热力上市公司单位根检验结果，见表 4 - 51。电力热力上市公司单位根检验结果中 *Levin、Lin & Chut*，*Im、Pesaran and Shin W - stat*，*ADF - Fisher Chi - square* 和 *PP - Fisher Chi - square* 的伴随概率 *P* 值均小于 0.01；为零阶平稳序列，表明数据的平稳性良好，可以进行回归分析。

表4-51　电力热力上市公司单位根检验结果

Index	Statistic	Prob.
Levin、Lin & Chut*	-86. 2018	0. 0000
Im、Pesaran and Shin W-stat	-18. 7710	0. 0000
ADF-Fisher Chi-square	249. 018	0. 0000
PP-Fisher Chi-square	258. 994	0. 0000

（五）煤炭上市公司

煤炭上市公司单位根检验结果，见表4-52。Levin、Lin & Chut，Im、Pesaran and Shin W-stat，ADF-Fisher Chi-square 和 PP-Fisher Chi-square 的伴随概率 P 值均小于0.01；为零阶平稳序列，表明数据的平稳性良好，可以进行回归分析。

表4-52　煤炭上市公司单位根检验结果

Index	Statistic	Prob.
Levin、Lin & Chut*	-57. 7670	0. 0000
Im、Pesaran and Shin W-stat	-30. 7844	0. 0000
ADF-Fisher Chi-square	199. 740	0. 0000
PP-Fisher Chi-square	230. 580	0. 0000

七、Hausman 检验

运用面板数据进行回归分析时可选择固定效应模型和随机效应模型。回归分析前，需对数据进行 Hausman 检验，以选择正确的分析模型。

（一）整体能源上市公司

整体能源上市公司 Hausman 检验结果，见表4-53。Hausman 检验的检验统计量为24.022497，伴随概率 P = 0.0002，小于0.1，所以拒绝原假设，应建立固定效应模型进行回归分析。

表4-53　整体能源上市公司 Hausman 检验输出结果

Test Summary	Chi-Sq. Statistic	Chi-Sq. d.f	Prob.
Cross-section radom	24. 022497	5	0. 0002

（二）天然气上市公司

天然气上市公司 Hausman 检验结果，见表 4 – 54。Hausman 检验的检验统计量为 5.415453，伴随概率 $P = 0.3673$，大于 0.1，所以接受原假设，故可建立随机效应模型进行回归分析。

表 4 – 54   天然气上市公司 Hausman 检验输出结果

Test Summary	Chi – Sq. Statistic	Chi – Sq. d. f	Prob.
Cross – section radom	5.415453	5	0.3673

（三）自来水上市公司

自来水上市公司 Hausman 检验结果，见表 4 – 55。Hausman 检验的检验统计量为 33.969371，伴随概率 $P = 0$，小于 0.1，所以拒绝原假设，故可建立固定效应模型进行回归分析。

表 4 – 55   自来水上市公司 Hausman 检验输出结果

Test Summary	Chi – Sq. Statistic	Chi – Sq. d. f	Prob.
Cross – section radom	33.969371	5	0.0000

（四）电力热力上市公司

电力热力上市公司 Hausman 检验结果，见表 4 – 56。Hausman 检验的检验统计量为 8.377352，伴随概率 $P = 0.1366$，大于 0.1，所以接受原假设，故可建立随机效应模型进行回归分析。

表 4 – 56   电力热力上市公司 Hausman 检验输出结果

Test Summary	Chi – Sq. Statistic	Chi – Sq. d. f	Prob.
Cross – section radom	8.377352	5	0.1366

（五）煤炭上市公司

煤炭上市公司 Hausman 检验结果，见表 4 – 57。Hausman 检验的检验统计量为 26.681491，伴随概率 $P = 0.0001$，小于 0.1，所以拒绝原假设，应选择固定效应模型进行回归分析。

表 4 – 57　煤炭上市公司 Hausman 检验输出结果

Test Summary	Chi – Sq. Statistic	Chi – Sq. d. f	Prob.
Cross – section radom	26. 681491	5	0. 0001

八、回归分析

（一）整体能源上市公司

整体能源上市公司的回归分析结果，见表 4 – 58。

表 4 – 58　整体能源上市公司回归结果

Variable	Coefficient	Std. Error	t – Statistic	Prob.
β_0	1. 724494	0. 124651	13. 83459 ***	0. 0000
β_1	– 0. 091046	0. 063686	– 2. 429600 **	0. 0231
β_2	0. 022928	0. 011294	2. 030129 **	0. 0426
β_3	– 0. 043679	0. 019548	– 2. 234496 **	0. 0257
β_4	– 0. 067960	0. 005693	– 11. 93641 ***	0. 0000
β_5	0. 018404	0. 010339	1. 780001 *	0. 0754

Effects Specification

Cross – section fixed （dummy variables）

R – squared	0. 555085	Mean dependent var	0. 124628
Adjusted R – squared	0. 508641	S. D. dependent var	0. 193352
S. E. of regression	0. 135534	Schwarz criterion	– 1. 068719
Sum squared resid	18. 82874	Akaike info criterion	– 0. 588998
Log likelihood	713. 4291	Hannan – Quinn criter	– 0. 887500
F – statistic	11. 95152	Durbin – Watson stat	0. 872025
Prob. （F – statistic）			0. 000000

注：* 表示在 10% 水平下显著；** 表示在 5% 水平下显著；*** 表示在 1% 水平下显著。

根据表 4 – 58 的数据可以得出以下两点结论。

（1）$\beta_2 = 0.022928$，且通过了显著性检验

其含义是当整体能源上市公司的股权制衡度每增加 1%，其技术效率将会增加 0.022928%。因此，股权制衡度与整体能源上市公司技术效率之间呈显著的正相关关系。主要原因是股权制衡度的提高可以有效避

免"内部人控制"，防止大股东对能源上市公司的"掏空"行为，提高公司决策的科学性与合理性，提高资源的利用效率，促进其技术效率的提升。

（2）$\beta_1 = -0.091046$，$\beta_3 = -0.043679$，且均通过了显著性检验

其含义是当整体能源上市公司的股权集中度、流通股占比每增加1%，其技术效率将会分别降低0.091046%、0.043679%。主要原因为：第一，股权集中度较高时，第一大股东持股比例较高，具有控股优势，致使股东大会的决策结果不合理，导致资源的利用效率较低。第二，整体能源上市公司流通股的持有者大多为散户，由于散户持股数量较少，所掌握的投票权较少，导致"用脚投票"的现象产生以及技术效率的下降。

（二）天然气上市公司

天然气上市公司的回归分析结果，见表4-59。

表4-59　天然气上市公司回归结果

Variable	Coefficient	Std. Error	t - Statistic	Prob.
β_0	3.126699	0.390650	8.003839 ***	0.0000
β_1	-0.098699	0.473547	-2.208424 **	0.0255
β_2	0.013401	0.043801	2.305951 **	0.0203
β_3	-0.266220	0.108764	-2.447685 **	0.0161
β_4	-0.121070	0.019339	-6.260548 ***	0.0000
β_5	0.022290	0.017341	1.285383	0.2015

Effects Specification				
Cross - section random （dummy variables）				

R - squared	0.443427	Mean dependent var	0.086666
Adjusted R - squared	0.416669	S. D. dependent var	0.272412
S. E. of regression	0.208057	Sum squared resid	4.501941
F - statistic	0.416669	Durbin - Watson stat	0.664461
Prob.　（F - statistic）		0.000000	

注：* 表示在10%水平下显著；** 表示在5%水平下显著；*** 表示在1%水平下显著。

根据表4-59的数据可以得出以下两点结论。

（1）$\beta_2 = 0.013401$，且通过了显著性检验

其含义是当天然气上市公司的股权制衡度每增加 1%，其技术效率将会增加 0.013401%。表明股权制衡度与天然气上市公司技术效率之间呈显著的正相关关系，但影响力度低于整体能源上市公司。

（2）$\beta_1 = -0.098699$，$\beta_3 = -0.26622$，且均通过了显著性检验

其含义是当天然气上市公司股权集中度、流通股占比每增加 1%，其技术效率将分别降低 0.098699% 和 0.26622%。可见，股权集中度、流通股占比均与天然气上市公司技术效率之间呈显著负相关关系。与整体能源上市公司相比较，股权集中度、流通股占比对天然气上市公司技术效率的负向影响力度较大。

（三）自来水上市公司

自来水上市公司的回归分析结果，见表 4－60。

表 4－60 自来水上市公司回归结果

Variable	Coefficient	Std. Error	t－Statistic	Prob.
β_0	1. 467792	0. 298092	4. 923959 ***	0. 0000
β_1	－ 0. 286812	0. 137905	－ 2. 079777 *	0. 0400
β_2	0. 030457	0. 037405	1. 984250 *	0. 0425
β_3	－ 0. 055650	0. 050481	－ 2. 102380 *	0. 0388
β_4	－ 0. 047732	0. 014769	－ 3. 231981 ***	0. 0016
β_5	－ 0. 219326	0. 098050	－ 2. 236875 **	0. 0274

Effects Specification			
Cross－section fixed（dummy variables）			
R－squared	0. 641698	Mean dependent var	0. 158793
Adjusted R－squared	0. 590512	S. D. dependent var	0. 179910
S. E. of regression	0. 115127	Schwarz criterion	－ 1. 362936
Sum squared resid	1. 391684	Akaike info criterion	－ 0. 993245
Log likelihood	98. 45763	Hannan－Quinn criter	－ 1. 212790
F－statistic	12. 53657	Durbin－Watson stat	1. 478890
Prob.（F－statistic）		0. 000000	

注：* 表示在 10% 水平下显著；** 表示在 5% 水平下显著；*** 表示在 1% 水平下显著。

根据表 4 - 60 的数据可以得出以下两点结论。

（1）$\beta_2 = 0.030457$，且通过了显著性检验

意味着自来水上市公司的股权制衡度每增加 1%，其技术效率将会增加 0.030457%，表明股权制衡度与自来水上市公司技术效率之间呈显著的正相关关系，且股权制衡度对自来水上市公司技术效率的促进作用高于整体能源上市公司与天然气上市公司。

（2）$\beta_1 = -0.286812$，$\beta_3 = -0.05565$，且均通过了显著性检验

其含义是当自来水上市公司的股权集中度、流通股占比每增加 1%，其技术效率将分别降低 0.286812% 和 0.05565%。因此，股权集中度、流通股占比均与自来水上市公司技术效率之间呈显著负相关关系。股权集中度对自来水上市公司技术效率的负向影响程度高于整体能源上市公司与天然气上市公司，但流通股占比对自来水上市公司技术效率的负向影响程度明显高于整体能源上市公司，低于天然气上市公司。

（四）电力热力上市公司

电力热力上市公司的回归分析结果，见表 4 - 61。

表 4 - 61　电力热力上市公司回归结果

Variable	Coefficient	Std. Error	t – Statistic	Prob.
β_0	0.471859	0.151044	3.123990 ***	0.0019
β_1	− 0.018565	0.069340	− 2.267744 **	0.0231
β_2	0.009097	0.011965	2.860299 ***	0.0074
β_3	− 0.017280	0.026747	− 2.646064 **	0.0185
β_4	− 0.005954	0.007069	− 0.842318	0.4000
β_5	− 0.324940	0.048726	− 6.668722 ***	0.0000
Effects Specification				
Cross – section random (dummy variables)				
R – squared	0.083542	Mean dependent var		0.045242
Adjusted R – squared	0.075749	S. D. dependent var		0.131015
S. E. of regression	0.125955	Sum squared resid		9.328377
F – statistic	0.075749	Durbin – Watson stat		0.911093
Prob. （F – statistic）		0.000000		

注：* 表示在 10% 水平下显著；** 表示在 5% 水平下显著；*** 表示在 1% 水平下显著。

根据表4-61中的数据可以得出以下两点结论。

（1）$\beta_2 = 0.009097$，且通过显著性检验

这意味着电力热力上市公司的股权制衡度每增加1%，其技术效率将会增加0.009097%，表明股权制衡度与电力热力上市公司技术效率之间呈显著的正相关关系，且股权制衡度对电力热力上市公司技术效率的促进作用低于整体能源上市公司、天然气上市公司与自来水上市公司。

（2）$\beta_1 = -0.018565$，$\beta_3 = -0.01728$，且均通过了显著性检验

其含义是当电力热力上市公司的股权集中度、流通股占比每增加1%，其技术效率将分别降低0.018565%、0.01728%。因此，股权集中度、流通股占比均与电力热力上市公司技术效率之间呈显著负相关关系。股权集中度、流通股占比对电力热力上市公司技术效率的负向影响程度低于自来水上市公司、整体能源上市公司与天然气上市公司。

（五）煤炭上市公司

煤炭上市公司的回归分析结果，见表4-62。

表4-62 煤炭上市公司回归结果

Variable	Coefficient	Std. Error	t - Statistic	Prob.
β_0	1.742398	0.179157	9.725555 ***	0.0000
β_1	-0.482311	0.121473	-3.970529 ***	0.0001
β_2	0.075903	0.035245	2.153584 **	0.0323
β_3	-0.024851	0.025113	-2.989553 ***	0.0065
β_4	-0.050018	0.008705	-5.746041 ***	0.0000
β_5	-0.436950	0.064615	-6.762310 ***	0.0000
Effects Specification				
Cross - section fixed（dummy variables）				
R - squared	0.664180	Mean dependent var		0.070672
Adjusted R - squared	0.623881	S. D. dependent var		0.144518
S. E. of regression	0.088631	Schwarz criterion		-1.904615
Sum squared resid	1.767478	Akaike info criterion		-1.513568
Log likelihood	268.9337	Hannan - Quinn criter		-1.747283
F - statistic	16.48154	Durbin - Watson stat		1.175817
Prob.（F - statistic）		0.000000		

注：* 表示在10%水平下显著；** 表示在5%水平下显著；*** 表示在1%水平下显著。

根据表 4 - 62 的数据可以得出以下两点结论。

（1）β_2 = 0.075903，且通过显著性检验

这意味着煤炭上市公司的股权制衡度每增加 1%，其技术效率将会增加 0.075903%，表明股权制衡度与煤炭上市公司技术效率之间呈显著的正相关关系，且股权制衡度对煤炭上市公司技术效率的促进作用远远高于整体能源上市公司、天然气上市公司、自来水上市公司和电力热力上市公司。

（2）β_1 = - 0.482311，β_3 = - 0.024851，且均通过显著性检验

其含义是当煤炭上市公司的股权集中度和流通股占比每增加 1%，其技术效率将分别降低 0.482311%、0.024851%。因此，股权集中度、流通股占比均与煤炭上市公司技术效率之间呈显著负相关关系。股权集中度对煤炭上市公司技术效率的负向影响程度最大；但流通股占比对煤炭上市公司技术效率的负向影响程度高于电力热力上市公司，低于整体能源上市公司、天然气上市公司和自来水上市公司。

可见，股权集中度、流通股占比均与整体能源上市公司及各类型能源上市公司技术效率之间呈显著的负相关关系，但股权集中度对煤炭上市公司技术效率的负向影响程度最大，其次为自来水上市公司，再次为天然气上市公司，对电力热力上市公司技术效率的负向影响程度最小；流通股占比对天然气上市公司技术效率的负向影响程度最大，其次为自来水上市公司，再次为整体能源上市公司，对电力热力上市公司的负向影响程度最小。股权制衡度与整体能源上市公司及各类型能源上市公司技术效率之间具有显著的正相关关系，且其对煤炭上市公司技术效率的促进作用最大，其次为自来水上市公司，再次为整体能源上市公司，对电力热力上市公司技术效率的促进作用最小。

第四节　人力资本

一、引言

1766 年，亚当·斯密（Adam Smith）在《国富论》中强调了人力资本

的重要性，认为人力资本属于社会资本。西斯蒙第（Sismondi）、大卫·李嘉图（David Ricardo）等指出，人的知识和技能不仅是财富的重要源泉，而且是一种极其重要的生产要素。继之，德国历史学家李斯特（Friedrich List）提出了"精神资本"的概念，指出"精神资本"是由智力方面的成果汇集而成，是劳动者个人所拥有的或其从社会环境、政治环境得来的精神力量与体力的总和，而每个国家现在的状况都是以前的世世代代一切发现、发明、改进和努力等积累的结果。但是人力资本的提出较晚。1906年，美国经济学家欧文·费雪在其《资本的性质和收入》一书中，首次提出了人力资本的概念。1960年，美国著名经济学舒尔茨（Theodor W Schultz）在美国经济学年会上发表了题为《人力资本的投资》的演讲，明确、详细地阐述了人力资本的概念。他指出人力资本是指人的知识、能力和健康，以科学知识和劳动技能的形式存在，是经过长期的学习和培训之后才被生产出来的；同时人力资本的使用价值不仅可以重复使用，而且通过使用可以增加其功能和效能。随着知识经济的到来，人力资本作为一种投入要素，成为推动企业技术提升与改善的主要驱动力。高素质劳动力可直接转化为高生产率，高学历增加知识溢出，从而促进技术效率的提高（邹鲜红，2010）。因此，从理论上来讲，人力资本对企业技术效率具有一定的积极作用。

实证研究表明，人力资本对技术效率具有一定的促进作用。马跃如等（2012）、刘中艳（2013）从产业视角实证验证人力资本对技术效率的促进作用。朱承亮等（2010）、颜敏等（2012）基于中国各个省份的数据，实证检验人力资本与中国区域技术效率之间的关系，结果显示：二者之间呈显著正相关关系。而基于微观视角的相关研究较少。陈关聚（2013）以中国重工业企业为研究样本，实证检验人力资本对其技术效率的影响，结果显示：增加本科和专科人数有助于提高重工业企业的技术效率，而中学及以下学历人数的增加会导致重工业企业技术效率的降低。向冰（2016）基于相关理论进行分析后指出，员工教育程度对中国能源上市公司技术效率具有积极的正向影响。刘文君、向冰（2016）运用主成分分析法进行研究后也得到同一结论。

目前，对中国能源上市公司人力资本与技术效率关系的实证研究较少，且现有研究方法不科学。因此，本部分将基于各样本 2007—2017 年的混合面板数据，运用 Eviwes 9.0 软件实证检验人力资本对中国整体能源上市公司及不同类型能源上市公司技术效率的具体影响。

二、研究假设

员工专业技术水平越高，其业务操作能力也越强，是能源上市公司高技能人才队伍的主体，熟练运用现代生产设备与技术进行生产经营管理，对提高能源上市公司产出水平、提升技术效率具有积极贡献。因此，提出研究假设 1：

H_1：具有专业技术资格员工占比与中国能源上市公司技术效率之间呈正相关关系。

高学历员工具有较高的专业理论知识、理解能力、沟通能力、执行力，对加快创新、提高技术、改善盈利能力、提升技术效率与综合竞争力，具有明显的积极贡献。因此，高学历人员已成为企业竞相争夺的重要生产要素，在一定程度上决定着企业的综合竞争力。近年来，中国能源上市公司对各类人才的要求越来越高，对高学历、高素质、眼界开阔、勇于推陈出新的高级人才的需求快速增加。教育年限影响着员工的理论知识储备、专业技术能力、综合素质与工作效率。因此，提出研究假设 2 和研究假设 3：

H_2：员工平均受教育年限与中国能源上市公司技术效率之间呈正相关关系。

H_3：高等教育员工占比与中国能源上市公司技术效率之间呈正相关关系。

接受过中等教育的人才，尤其是专科学生，虽然和高等教育员工相比较，其掌握的理论知识较少，但其具备较强的专业技能，可以在某些领域发挥关键作用，对于能源上市公司工作程序与流程的改善，以及技术效率的提升具有重要影响。因此，提出研究假设 4：

H_4：中等教育员工占比与中国能源上市公司技术效率之间呈正相关

关系。

仅接受初等教育的员工学历水平较低，专业理论知识储备较少，专业技术水平较低，应对突发问题的能力有限，只能从事一些基础性工作，在信息化时代，无法适应复杂、难度较大的工作。因此，提出研究假设5：

H_5：初等教育员工占比与中国能源上市公司技术效率之间呈负相关关系。

三、样本的选取

为使研究结果更加准确，本部分删除数据不全和异常的上市公司、ST和PT上市公司以及上市年限较短的公司，最终选出103家中国能源行业上市公司作为研究样本，其中煤炭上市公司23家、石油上市公司5家、天然气上市公司9家、电力热力上市公司55家、自来水上市公司11家。收集各样本2007—2017年的相关数据，相关数据来自国泰安数据库以及各样本公司历年年报。

四、模型建立与变量选择

国内外学者运用不同方法、不同指标测量或衡量人力资本。周延、王晓霞（2010）运用平均受教育年限测量人力资本，张海峰（2016）则以专业技术人员就业密度、大学生就业密度和技能工人就业密度三个变量衡量人力资本，唐安宝（2016）以员工受教育程度衡量企业人力资本，郑玉（2017）选取企业某种人口受教育程度来衡量人力资本水平。人力资本的能力主要包括理论知识水平和技术水平，而理论知识水平通常可以运用员工平均受教育年限衡量，为一般人力资本；技术水平可以运用具有专业技术资格员工占比这一指标衡量，为特殊人力资本。因此，本部分将人力资本划分为一般人力资本和特殊人力资本，研究人力资本对中国能源上市公司技术效率的影响。具体而言，以本科及以上员工人数占比、专科员工人数占比、高中及以下员工人数占比、员工平均受教育年限，即以高等教育员工占比、中等教育员工占比、初等教育员工占比、员工平均受教育年限衡量一般人力资本，具有专业技术资格员工占比衡量特殊人力资本。关于员工平均受教育年限的度量，本部分将员工受教育程度划分为四类，即本科及以上、专科、高中及以下、其他，且借鉴国内外学者的相关研究方法，将其平均累计受教育年限分别界定为 18 年、15 年、12 年和 6 年。具体指标见表 4 - 63。

表 4 - 63　人力资本测量方法

人力资本	衡量方法	计算方法
特殊人力资本	具有专业技术资格员工占比	具有专业技术资格人数/员工总数
一般人力资本	员工平均受教育年限	（不同学历层次劳动力人数 × 该学历受教育年限）/加总劳动力的受教育年限
	高等教育员工占比	本科及以上员工人数/员工总数
	中等教育员工占比	专科员工人数/员工总数
	初等教育员工占比	高中及以下员工人数/员工总数

由于只能获得各研究样本 2007—2017 年的相关数据，因此本部分的研究期限为 2007—2017 年。以中国能源上市公司技术效率为被解释变量，以具有专业技术资格员工占比、员工平均受教育年限、高等教育员工占比、中等教育员工占比、初等教育员工占比为解释变量，以公司规模、资产负债率为控制变量，构建回归分析模型实证分析人力资本对中国整体能源上市公司及不同类型能源上市公司技术效率的影响。因此，建立如下分析模型：

$$Y_{it} = \beta_{0it} + \beta_{1it}X_{1it} + \beta_{2it}X_{2it} + \beta_{3it}X_{3it} + \beta_{4it}X_{4it} + \beta_{5it}X_{5it} + \beta_{6it}X_{6it} + \beta_{7it}X_{7it} + \varepsilon_t$$

公式（4 - 4）

在公式（4 - 4）中，Y_{it} 表示 2007—2017 年各个能源上市公司第 t 年的技术效率，X_{1it} 表示各个能源上市公司具有专业技术资格员工占比，X_{2it} 表示各个能源上市公司的员工平均受教育年限，X_{3it} 表示各个能源上市公司高等教育员工占比，X_{4it} 表示各个能源上市公司中等教育员工占比，X_{5it} 表示各个能源上市公司初等教育员工占比，X_{6it} 表示各个能源上市公司的公司规模，X_{7it} 表示各个能源上市公司的资产负债率。β_{1it}、β_{2it}、β_{3it}、β_{4it}、β_{5it}、β_{6it}

和 β_{7it} 均为非随机变量，即在其他变量不变的情况下，具有专业技术资格员工占比、员工平均受教育年限、高等教育员工占比、中等教育员工占比、初等教育员工占比、公司规模、资产负债率分别变化一个单位，将会引起中国整体能源上市公司及不同类型能源上市公司技术效率变化的系数。t 为时期序号，$t = 1$，2，$\cdots$，11；β_0 为截距项，β_1、β_2、β_3、β_4、β_5、β_6 和 β_7 均为待估计的参数；ε_t 为误差项。

五、描述性统计分析

（一）整体能源上市公司

整体能源上市公司描述性统计分析结果，见表 4 - 64。2007—2017 年整体能源上市公司的人力资本相差较大。具有专业技术资格员工占比的平均值为 0.81，说明员工的专业技术水平较高；员工平均受教育年限的最大值为 18，最小值为 12，表明整体能源上市公司员工平均受教育年限的差距较大；接受高等教育员工占比的平均值为 0.23，中等教育员工占比的平均值为 0.26，可见，整体能源上市公司员工的教育水平较低；初等教育员工占比的最大值为 0.92，最小值为 0，表明整体能源上市公司初等教育员工占比的差距很大。

表 4 - 64　整体能源上市公司描述性统计分析

指标	观察值	最大值	最小值	平均值	标准差
技术效率	1133	1.000	0.001	0.122	0.191
具有专业技术资格员工占比	1133	1.00	0.20	0.81	0.21
员工平均受教育年限	1133	18.00	12.00	14.18	1.16
高等教育员工占比	1133	0.68	0.13	0.23	0.19
中等教育员工占比	1133	0.77	0.00	0.26	0.15
初等教育员工占比	1133	0.92	0.00	0.51	0.33
公司规模	1133	28.51	16.70	22.87	1.74
资产负债率	1133	1199.5%	1.23%	59.71%	51.64%

（二）天然气上市公司

天然气上市公司的描述性统计分析结果，见表4－65。天然气上市公司具有专业技术资格员工占比的最大值为1，最小值为0.33，平均值为0.53，表明天然气上市公司具有专业技术资格员工较少，且各个样本公司之间的差距较大；员工平均受教育年限的最大值为16.66，最小值为12.32，表明各个样本之间的差距小于整体能源上市公司；高等教育员工占比的最大值为0.65，最小值为0.16，平均值为0.21，可见，天然气上市公司高等教育员工少于整体能源上市公司，且各个样本公司之间的差距较大；中等教育员工占比的平均值为0.22，表明其中等教育员工占比较低；初等教育员工占比的平均值为0.56，说明天然气上市公司从业人员的教育水平较低。

表4－65　天然气上市公司描述性统计分析

指标	观察值	最大值	最小值	平均值	标准差
技术效率	99	1.000	0.002	0.301	0.357
具有专业技术资格员工占比	99	1.00	0.33	0.53	0.27
员工平均受教育年限	99	16.66	12.32	13.95	1.25
高等教育员工占比	99	0.65	0.16	0.21	0.18
中等教育员工占比	99	0.42	0.05	0.22	0.09
初等教育员工占比	99	0.92	0.06	0.56	0.24
公司规模	99	24.71	16.70	21.53	2.00
资产负债率	99	1199.50%	13.50%	94.25%	157.25%

（三）自来水上市公司

自来水上市公司的描述性统计分析结果，见表4－66。自来水上市公司具有专业技术资格员工占比的最大值为1，最小值为0.20，平均值为0.93，表明自来水上市公司具有专业技术资格员工很多，但各个样本公司之间的差距较大；员工平均受教育年限的最大值为16.93，最小值为12.82，表明各个样本之间的差距较小；高等教育员工占比的最大值为0.64，最小值为0.22，平均值为0.31，可见，自来水上市公司高等教育员工较多，且各个样本公司之间的差距较大；中等教育员工占比的平均值为0.29，表明其中等教育员工占比较低；初等教育员工占比的平均值为0.4，说明自来水上市公司从业人员的教育水平略高于天然气上市公司。

表4-66　自来水上市公司描述性统计分析

指标	观察值	最大值	最小值	平均值	标准差
技术效率	121	1.000	0.005	0.161	0.183
具有专业技术资格员工占比	121	1.00	0.20	0.93	0.05
员工平均受教育年限	121	16.93	12.82	14.72	0.88
高等教育员工占比	121	0.64	0.22	0.31	0.14
中等教育员工占比	121	0.66	0.00	0.29	0.08
初等教育员工占比	121	0.80	0.00	0.40	0.16
公司规模	121	24.65	18.67	22.10	1.25
资产负债率	121	90.88%	3.79%	48.82%	15.69%

（四）电力热力上市公司

电力热力上市公司描述性统计分析结果，见表4-67。电力热力上市公司具有专业技术资格员工占比的最大值为1，最小值为0.33，平均值为0.84，表明与其他类型能源上市公司相比较，电力热力上市公司具有专业技术资格的员工较多，但各个样本公司之间的差距依然较大；员工平均受教育年限的最大值为18，最小值为12，表明各个样本之间的差距大于天然气上市公司与自来水上市公司；高等教育员工占比的最大值为0.68，最小值为0.19，平均值为0.27，可见，电力热力上市公司高等教育员工较少，且各个样本公司之间的差距较大；中等教育员工占比的平均值为0.3，表明其中等教育员工占比较低；初等教育员工占比的平均值为0.43，说明其从业人员的教育水平较低。

表4-67　电力热力上市公司描述性统计分析

指标	观察值	最大值	最小值	平均值	标准差
技术效率	605	1.000	0.001	0.113	0.168
具有专业技术资格员工占比	605	1.00	0.33	0.84	0.19

续表

指标	观察值	最大值	最小值	平均值	标准差
员工平均受教育年限	605	18.00	12.00	14.53	1.08
高等教育员工占比	605	0.68	0.19	0.27	0.17
中等教育员工占比	605	0.77	0.15	0.30	0.11
初等教育员工占比	605	0.68	0.00	0.43	0.21
公司规模	605	26.66	20.14	22.88	1.43
资产负债率	605	155.60%	1.23%	62.33%	11.67%

(五) 煤炭上市公司

煤炭上市公司描述性统计分析结果,见表4-68。煤炭上市公司具有专业技术资格员工占比的最大值为1,最小值为0.33,平均值为0.81,表明其具有专业技术资格的员工较多,且各个样本公司之间的差距依然较大;员工平均受教育年限的最大值为16.73,最小值为12,表明各个样本的员工平均受教育年限依然存在明显的差距;高等教育员工占比的最大值为0.61,最小值为0.13,平均值为0.21,可见,煤炭上市公司的高等教育员工较少,且各个样本公司之间的差距较大;中等教育员工占比的平均值为0.18,表明其中等教育员工占比非常低;初等教育员工占比的平均值为0.71,可见,与其他类型能源上市公司相比较,煤炭上市公司从业人员的教育水平最低。

表4-68 煤炭上市公司描述性统计分析

指标	观察值	最大值	最小值	平均值	标准差
技术效率	253	1.000	0.001	0.072	0.149
具有专业技术资格员工占比	253	1.00	0.33	0.81	0.20
员工平均受教育年限	253	16.73	12.00	13.23	0.87
高等教育员工占比	253	0.61	0.13	0.21	0.15
中等教育员工占比	253	0.72	0.00	0.18	0.11
初等教育员工占比	253	0.92	0.00	0.71	0.19
公司规模	253	27.07	19.62	23.28	1.68
资产负债率	253	84.91%	7.77%	48.17%	116.52%

六、平稳性检验

在回归分析之前，需对数据进行单位根检验，以检验数据的平稳性。

（一）整体能源上市公司

整体能源上市公司的单位根检验结果，见表 4 – 69。Levin、Lin & Chut，Im、Pesaran and Shin W – stat，ADF – Fisher Chi – square 和 PP – Fisher Chi – square 的伴随概率 P 值均小于 0.01；为零阶平稳序列，表明数据的平稳性良好，可以进行回归分析。

表 4 – 69　整体能源上市公司单位根检验结果

Index	Statistic	Prob.
Levin、Lin & Chut*	– 140. 896	0. 0000
Im、Pesaran and Shin W – stat	– 42. 3720	0. 0000
ADF – Fisher Chi – square	422. 979	0. 0000
PP – Fisher Chi – square	460. 394	0. 0000

（二）天然气上市公司

天然气上市公司单位根检验结果，见表 4 – 70。Levin、Lin & Chut，Im、Pesaran and Shin W – stat，ADF – Fisher Chi – square 和 PP – Fisher Chi – square 的伴随概率 P 值均小于 0.01；为零阶平稳序列，表明数据的平稳性良好，可以进行回归分析。

表 4 – 70　天然气上市公司单位根检验结果

Index	Statistic	Prob.
Levin、Lin & Chut*	– 11. 8581	0. 0000
Im、Pesaran and Shin W – stat	– 5. 38497	0. 0000
ADF – Fisher Chi – square	47. 8098	0. 0000
PP – Fisher Chi – square	58. 8289	0. 0000

（三）自来水上市公司

自来水上市公司单位根检验结果，见表 4 – 71。Levin、Lin & Chut，Im、Pesaran and Shin W – stat，ADF – Fisher Chi – square 和 PP – Fisher Chi – square

的伴随概率 P 值均小于 0.01；为零阶平稳序列，表明数据的平稳性良好，可以进行回归分析。

表 4-71　自来水上市公司单位根检验结果

Index	Statistic	Prob.
Levin、Lin & Chut*	-5.11661	0.0000
Im、Pesaran and Shin W-stat	-2.55972	0.0052
ADF-Fisher Chi-square	35.5724	0.0080
PP-Fisher Chi-square	35.2223	0.0089

（四）电力热力上市公司

电力热力上市公司单位根检验结果，见表 4-72。Levin、Lin & Chut，Im、Pesaran and Shin W-stat，ADF-Fisher Chi-square 和 PP-Fisher Chi-square 的伴随概率 P 值均小于 0.01；为零阶平稳序列，表明数据的平稳性良好，可以进行回归分析。

表 4-72　电力热力上市公司单位根检验结果

Index	Statistic	Prob.
Levin、Lin & Chut*	-87.1298	0.0000
Im、Pesaran and Shin W-stat	-20.5942	0.0000
ADF-Fisher Chi-square	205.233	0.0000
PP-Fisher Chi-square	223.277	0.0000

（五）煤炭上市公司

煤炭上市公司单位根检验结果，见表 4-73。Levin，Lin & Chut、Im、Pesaran and Shin W-stat、ADF-Fisher Chi-square 和 PP-Fisher Chi-square 的伴随概率 P 值均小于 0.01；为零阶平稳序列，表明数据的平稳性良好，可以进行回归分析。

表 4-73　煤炭上市公司单位根检验结果

Index	Statistic	Prob.
Levin、Lin & Chut*	-52.4609	0.0000
Im、Pesaran and Shin W-stat	-28.0332	0.0000
ADF-Fisher Chi-square	180.945	0.0000
PP-Fisher Chi-square	197.750	0.0000

七、Hausman 检验

运用面板数据进行分析时可选择固定效应模型和随机效应模型。回归分析前，需进行 Hausman 检验，以确定研究的模型。

（一）整体能源上市公司

整体能源上市公司 Hausman 检验结果，见表 4 - 74。Hausman 检验的检验统计量为 51.94328，伴随概率 $P = 0$，小于 0.1，所以拒绝原假设，应选择固定效应模型进行回归分析。

表 4 - 74　整体能源上市公司 Hausman 检验输出结果

Test Summary	Chi - Sq. Statistic	Chi - Sq. d. f	Prob.
Cross - section radom	51.943280	7	0.0000

（二）天然气上市公司

天然气上市公司 Hausman 检验结果，见表 4 - 75。Hausman 检验的检验统计量为 69.459101，伴随概率 $P = 0.15234$，大于 0.1，所以接受原假设，应选择随机效应模型进行回归分析。

表 4 - 75　天然气上市公司 Hausman 检验输出结果

Test Summary	Chi - Sq. Statistic	Chi - Sq. d. f	Prob.
Cross - section radom	69.459101	7	0.15234

（三）自来水上市公司

自来水上市公司 Hausman 检验结果，见表 4 - 76。Hausman 检验的检验统计量为 23.765225，伴随概率 $P = 0.0013$，小于 0.1，所以拒绝原假设，应选择固定效应模型进行回归分析。

表 4 - 76　自来水上市公司 Hausman 检验输出结果

Test Summary	Chi - Sq. Statistic	Chi - Sq. d. f	Prob.
Cross - section radom	23.765225	7	0.0013

（四）电力热力上市公司

电力热力上市公司 Hausman 检验结果，见表 4 – 77。Hausman 检验的检验统计量为 6.196719，伴随概率 $P = 0.5170$，大于 0.1，所以接受原假设，应选择随机效应模型进行回归分析。

表 4 – 77 电力热力上市公司 **Hausman** 检验输出结果

Test Summary	Chi – Sq. Statistic	Chi – Sq. d.f	Prob.
Cross – section radom	6.196719	7	0.5170

（五）煤炭上市公司

煤炭上市公司 Hausman 检验结果，见表 4 – 78。Hausman 检验的检验统计量为 10.801605，伴随概率 $P = 0.1475$，大于 0.1，所以接受原假设，应选择随机效应模型进行回归分析。

表 4 – 78 煤炭上市公司 **Hausman** 检验输出结果

Test Summary	Chi – Sq. Statistic	Chi – Sq. d.f	Prob.
Cross – section radom	10.801605	7	0.1475

八、回归分析

（一）整体能源上市公司

整体能源上市公司的回归分析结果，见表 4 – 79。

表 4 – 79 整体能源上市公司回归结果

Variable	Coefficient	Std. Error	t – Statistic	Prob.
β_0	0.213830	0.657819	0.325060	0.7452
β_1	0.002681	0.020994	2.127726 **	0.0586
β_2	0.127738	0.047074	2.713535 ***	0.0068
β_3	0.199084	0.183496	1.084953	0.2782
β_4	0.211032	0.060707	3.476214 ***	0.0005
β_5	0.015975	0.094388	1.692434 *	0.0909
β_6	– 0.083334	0.005462	– 15.25636 ***	0.0000
β_7	0.018866	0.008927	2.113266 **	0.0349

Effects Specification			
Cross – section fixed（dummy variables）			
R – squared	0. 634015	Mean dependent var	0. 119329
Adjusted R – squared	0. 594607	S. D. dependent var	0. 183309
S. E. of regression	0. 116714	Schwarz criterion	– 1. 365204
Sum squared resid	11. 89205	Akaike info criterion	– 0. 886746
Log likelihood	755. 7587	Hannan – Quinn criter	– 1. 183070
F – statistic	16. 08873	Durbin – Watson stat	1. 177617
Prob. （F – statistic）		0. 000000	

注：* 代表在 10% 水平下显著；** 代表在 5% 水平下显著；*** 代表在 1% 水平下显著。

根据表 4 – 79 的数据可以得出以下三点结论。

（1）$\beta_1 = 0.002681$，$\beta_2 = 0.127738$，$\beta_4 = 0.211032$，且均通过了显著性检验

其含义是当具有专业技术资格员工占比、员工平均受教育年限、中等教育员工占比每增加 1%，整体能源上市公司技术效率将会分别增加 0.002681%、0.127738%、0.211032%。可见，具有专业技术资格员工占比、员工平均受教育年限、中等教育员工占比均对整体能源上市公司技术效率具有显著的正向促进作用。主要原因是：第一，具有专业技术资格员工的专业技术水平较高，业务能力较强，不仅可以不断优化业务流程，而且工作效率较高，有利于促进整体能源上市公司技术效率的提升。第二，员工受教育时间越长，其理论知识储备越丰富，可以准确把握市场规律并做出合理的决策判断，为整体能源上市公司创造更多的价值。第三，拥有中等教育学历的员工具有较强的技术能力，其业务操作能力较强，工作效率较高，促进整体能源上市公司产出的增加。

（2）$\beta_5 = 0.015975$，且通过了显著性检验

其含义是当初等教育员工占比每增加 1%，整体能源上市公司的技术效率将会增加 0.015975%。因此，初等教育员工占比与整体能源上市公司技术效率之间存在显著的正相关关系，但其对整体能源上市公司技术效率的促进程度低于中等教育员工占比。主要原因是：第一，目前，整体能源

上市公司，如煤炭上市公司中部分业务的技术含量较低，依然需要低学历人员。第二，具有初等教育水平的员工专业理论知识不足，专业技术水平较低，其业务操作水平较低，只能胜任技术含量低、程序化操作的工作，且其工作效率较低，对整体能源上市公司技术效率的贡献度较低。

（3）$\beta_3 = 0.199084$，但未通过显著性检验

这表明高等教育员工占比与整体能源上市公司技术效率之间不存在显著的相关关系。导致该结果的主要原因是整体能源上市公司现有人员的结构不合理，接受过高等教育的人员数量太少，对整体能源上市公司技术效率的贡献未显现。

（二）天然气上市公司

天然气上市公司的回归分析结果，见表4－80。

表4－80　天然气上市公司回归结果

Variable	Coefficient	Std. Error	t – Statistic	Prob.
β_0	– 1.128686	1.448400	– 0.779264	0.4395
β_1	0.078486	0.103309	1.759715 *	0.0794
β_2	0.086092	0.103472	1.775822 *	0.0778
β_3	0.282936	0.371078	0.762471	0.4494
β_4	0.033262	0.159182	2.208956 **	0.0573
β_5	0.011929	0.201667	1.791546 *	0.0799
β_6	– 0.032592	0.012865	– 2.533477 **	0.0143
β_7	– 0.411188	0.099603	– 4.128251 ***	0.0001
Effects Specification				
Cross – section random（dummy variables）				
R – squared	0.367981	Mean dependent var		0.033434
Adjusted R – squared	0.343673	S. D. dependent var		0.125129
S. E. of regression	0.101372	Sum squared resid		3.092216
F – statistic	15.13802	Durbin – Watson stat		1.042159
Prob.（F – statistic）		0.000000		

注：* 代表在10%水平下显著；** 代表在5%水平下显著；*** 代表在1%水平下显著。

根据表4－80的数据可以得出以下两点结论。

（1）$\beta_1 = 0.078486$，$\beta_2 = 0.086092$，$\beta_4 = 0.033262$，$\beta_5 = 0.011929$，且均通过了显著性检验

其含义是当具有专业技术资格员工占比、员工平均受教育年限、中等教育员工占比、初等教育员工占比每增加1%，天然气上市公司技术效率将会分别增加0.078486%、0.086092%、0.033262%、0.011929%。可见，具有专业技术资格员工占比、员工平均受教育年限、中等教育员工占比、初等教育员工占比均对天然气上市公司技术效率具有显著的正向促进作用。但与整体能源上市公司相比较，具有专业技术资格员工占比对天然气上市公司技术效率的促进作用较大，员工平均受教育年限、中等教育员工占比、初等教育员工占比对天然气上市公司技术效率的促进作用较小。

（2）$\beta_3 = 0.282936$，但未通过显著性检验

这表明高等教育员工占比与天然气上市公司技术效率之间不存在显著的相关关系。该结论与整体能源上市公司一致。

（三）自来水上市公司

自来水上市公司的回归分析结果，见表4-81。

表4-81　自来水上市公司回归结果

Variable	Coefficient	Std. Error	t - Statistic	Prob.
β_0	109. 1662	501. 7515	0. 217570	0. 8283
β_1	0. 041178	0. 046198	1. 891337 *	0. 0675
β_2	7. 337009	34. 48717	2. 212746 **	0. 0461
β_3	25. 19316	119. 0275	0. 211658	0. 8328
β_4	3. 224787	15. 73496	2. 204944 **	0. 0459
β_5	0. 189952	87. 96209	1. 715948 *	0. 0775
β_6	- 0. 090217	0. 012403	- 7. 273906 ***	0. 0000
β_7	- 0. 154919	0. 110257	- 1. 405070	0. 1634

Effects Specification			
Cross – section fixed (dummy variables)			
R – squared	0. 414727	Mean dependent var	0. 115652
Adjusted R – squared	0. 369706	S. D. dependent var	0. 162411
S. E. of regression	0. 128940	Schwarz criterion	1. 512915
Sum squared resid	9. 885219	Akaike info criterion	– 0. 755206
Log likelihood	508. 0103	Hannan – Quinn criter	– 1. 155528
F – statistic	9. 211859	Durbin – Watson stat	1. 197001
Prob. (F – statistic)		0. 000000	

注: * 代表在10% 水平下显著; ** 代表在5% 水平下显著; *** 代表在1% 水平下显著。

根据表4 – 81 的数据可以得出以下两点结论。

(1) $\beta_1 = 0.041178$, $\beta_2 = 7.337009$, $\beta_4 = 3.224787$, $\beta_5 = 0.189952$, 且均通过了显著性检验

其含义是当具有专业技术资格员工占比、员工平均受教育年限、中等教育员工占比、初等教育员工占比每增加1%, 自来水上市公司技术效率将会分别增加0.041178%、7.337009%、3.224787%、0.189952%。可见, 具有专业技术资格员工占比、员工平均受教育年限、中等教育员工占比、初等教育员工占比均对自来水上市公司技术效率具有显著的正向促进作用。但与整体能源上市公司、天然气上市公司相比较, 具有专业技术资格员工占比对自来水上市公司技术效率的促进作用高于整体能源上市公司, 低于天然气上市公司; 员工平均受教育年限、中等教育员工占比、初等教育员工占比对自来水上市公司技术效率的促进作用远远高于整体能源上市公司与天然气上市公司。

(2) $\beta_3 = 25.19316$, 但未通过显著性检验

这表明高等教育员工占比与自来水上市公司技术效率之间不存在显著的相关关系。该结论与整体能源上市公司、天然气上市公司一致。

(四) 电力热力上市公司

电力热力上市公司的回归分析结果, 见表4 – 82。

表 4 – 82　电力热力上市公司回归结果

Variable	Coefficient	Std. Error	t – Statistic	Prob.
β_0	– 0. 562036	0. 707938	– 0. 793906	0. 4276
β_1	0. 013786	0. 016853	1. 818030*	0. 0782
β_2	0. 127940	0. 052186	2. 451636**	0. 0145
β_3	– 0. 201048	0. 237711	– 0. 845767	0. 3981
β_4	0. 219060	0. 109519	2. 000197*	0. 0460
β_5	0. 015306	0. 100318	1. 725756*	0. 0771
β_6	– 0. 045816	0. 005934	– 7. 720822***	0. 0000
β_7	– 0. 131256	0. 032133	– 4. 084781***	0. 0001

Effects Specification

Cross – section random（dummy variables）

R – squared	0. 263532	Mean dependent var	0. 047715
Adjusted R – squared	0. 253618	S. D. dependent var	0. 116240
S. E. of regression	0. 100424	Sum squared resid	3. 182056
F – statistic	26. 58177	Durbin – Watson stat	1. 242677
Prob.（F – statistic）		0. 000000	

注：* 代表在 10% 水平下显著；** 代表在 5% 水平下显著；*** 代表在 1% 水平下显著。

根据表 4 – 82 的数据可以得出以下两点结论。

（1）β_1 = 0. 013786，β_2 = 0. 12794，β_4 = 0. 21906，β_5 = 0. 015306，且均通过了显著性检验

其含义是当具有专业技术资格员工占比、员工平均受教育年限、中等教育员工占比、初等教育员工占比每增加 1%，电力热力上市公司的技术效率将会分别增加 0. 013786%、0. 12794%、0. 21906%、0. 015306%。可见，具有专业技术资格员工占比、员工平均受教育年限、中等教育员工占比、初等教育员工占比均对电力热力上市公司技术效率具有显著的正向促进作用。具有专业技术资格员工占比对电力热力上市公司技术效率的促进作用高于整体能源上市公司，但低于天然气上市公司与自来水上市公司；员工平均受教育年限、中等教育员工占比对电力热力上市公司技术效率的促进作用高于整体能源上市公司、天然气上市公司，但低于自来水上市公司；初等教育员工占

比对电力热力上市公司技术效率的促进作用高于天然气上市公司，但低于整体能源上市公司、自来水上市公司。

（2）$\beta_3 = -0.201048$，但未通过显著性检验

这表明高等教育员工占比与电力热力上市公司技术效率之间不存在显著的相关关系。该结论与整体能源上市公司、天然气上市公司和自来水上市公司一致。

（五）煤炭上市公司

煤炭上市公司的回归分析结果，见表4-83。

表4-83　煤炭上市公司回归结果

Variable	Coefficient	Std. Error	t - Statistic	Prob.
β_0	3.922866	6.392506	0.613666	0.5401
β_1	0.032133	0.028940	2.110327 **	0.0582
β_2	0.187466	0.479836	2.390688 **	0.0261
β_3	1.093926	2.259330	0.484182	0.6288
β_4	0.228850	0.846985	1.870194 *	0.0597
β_5	1.938424	0.665915	2.577014 **	0.0172
β_6	-0.046997	0.006780	-6.931902 ***	0.0000
β_7	-0.324824	0.059939	-5.419249 ***	0.0000
Effects Specification				
Cross - section random（dummy variables）				
R - squared	0.414866	Mean dependent var		0.039748
Adjusted R - squared	0.395546	S. D. dependent var		0.130795
S. E. of regression	0.101689	Sum squared resid		2.050172
F - statistic	21.47290	Durbin - Watson stat		1.085027
Prob.（F - statistic）		0.000000		

注：* 代表在10%水平下显著；** 代表在5%水平下显著；*** 代表在1%水平下显著。

根据表4-83的数据可以得出以下两点结论。

（1）$\beta_1 = 0.032133$，$\beta_2 = 0.187466$，$\beta_4 = 0.22885$，$\beta_5 = 1.938424$，且均通过了显著性检验

其含义是当具有专业技术资格员工占比、员工平均受教育年限、中等

教育员工占比、初等教育员工占比每增加1%，煤炭上市公司技术效率将会分别增加0.032133%、0.187466%、0.22885%、1.938424%。可见，具有专业技术资格员工占比、员工平均受教育年限、中等教育员工占比、初等教育员工占比均对煤炭上市公司技术效率具有显著的正向促进作用。具有专业技术资格员工占比对煤炭上市公司技术效率的促进作用高于整体能源上市公司与电力热力上市公司，但低于天然气上市公司与自来水上市公司；员工平均受教育年限对煤炭上市公司技术效率的促进作用高于整体能源上市公司、天然气上市公司与电力热力上市公司，但低于自来水上市公司；中等教育员工占比对煤炭上市公司技术效率的促进作用高于整体能源上市公司、天然气上市公司与电力热力上市公司，但低于自来水上市公司；初等教育员工占比对煤炭上市公司技术效率的促进作用远远高于整体能源上市公司、天然气上市公司、自来水上市公司与电力热力上市公司。

（2）$\beta_3 = 1.093926$，但未通过显著性检验

这表明高等教育员工占比与煤炭上市公司技术效率之间不存在显著的相关关系。该结论与整体能源上市公司、天然气上市公司、自来水上市公司和电力热力上市公司一致。

综上所述，具有专业技术资格员工占比、员工平均受教育年限、中等教育员工占比、初等教育员工占比对整体能源上市公司及各类型能源上市公司技术效率具有显著的正向促进作用，但影响程度具有明显的差异；高等教育员工占比对整体能源上市公司及各类型能源上市公司技术效率的影响不显著。

第五节　董事会特征

一、文献综述

随着技术效率理论的诞生，国外学者对董事会特征与企业技术效率的关系进行研究。Bozec 和 Dia（2007）收集加拿大 14 家国有企业 1976—

2001 年的相关数据，以董事会规模、独立董事占比、两职合一衡量董事会特征，建立数理模型进行实证研究，结果显示：董事会规模、独立董事占比、两职合一与国有企业技术效率之间均不存在显著的相关关系。Tana 等（2008）收集英国 18 家银行 2001—2006 年的相关数据，以董事会规模衡量董事会特征，建立数学模型进行实证检验，结果显示：董事会规模与银行技术效率之间存在显著的正相关关系。

近年来，国内学者们也对董事会特征与企业技术效率的关系进行研究。王晓东、赵勃升（2008）以 13 家煤炭上市公司为样本，选取董事会规模、独立董事占比两个指标衡量董事会特征，收集各样本 2004—2006 年的数据进行实证研究，结果显示：董事会规模、独立董事占比与煤炭上市公司技术效率之间均不存在显著的相关关系。张宗益、熊浩（2008）以中国 153 家高新技术上市公司为研究样本，以董事会规模、独立董事占比、两职合一衡量董事会特征，收集各样本 2002—2005 年的相关数据实证检验董事会特征对其技术效率的影响，结果显示：董事会规模与高新技术上市公司技术效率之间呈倒 U 形曲线关系，独立董事占比与高新技术上市公司技术效率之间呈显著的负相关关系，两职合一与高新技术上市公司技术效率之间呈显著的正相关关系。任志刚、丁国荣（2010）以中国制造业上市公司为样本，选取董事会规模、独立董事占比、两职合一三个指标衡量董事会特征，收集各样本 2001—2007 年的相关数据，实证分析董事会特征与技术效率的关系，结果显示：董事会规模、独立董事占比、两职合一对中国制造业上市公司的技术效率均具有显著的正向促进作用。李国龙、张英杰（2010）以 25 家煤炭上市公司为样本，收集各样本 2008 年的相关数据，以独立董事占比、董事薪酬两个指标衡量董事会特征，建立数理模型分析董事会特征与煤炭上市公司技术效率的关系，实证结果显示：独立董事占比对煤炭上市公司技术效率具有显著的正向促进作用，而董事薪酬对煤炭上市公司技术效率具有显著的负向影响。臧良震（2012）收集中国 18 家农林上市公司 2008—2010 年的相关数据，以董事会规模、独立董事占比、两职合一、前三名董事的薪酬总额四个指标衡量董事会特征，建立模型进行实证分析，结果显示：董事会规模、前三名董事的薪酬总额对农林上市公司技术效率具有显著的负向影响，两职合一对农林上市公司技术效率具有显著的正向促进作用，而独立董事占比与农林上市公司技术效率之间不存在显著的相关关系。

上述学者从不同的维度实证检验了董事会特征对企业技术效率的影响，其研究方法及结论具有一定的借鉴意义，但还存在以下两点不足。

①解释变量的选取不全面。现有研究主要选取独立董事占比、董事会规模、两职合一三个指标衡量企业董事会特征，而忽略董事会激励特征、董事会成员特征等因素对企业技术效率的影响。

②研究期限较短，结论的准确性有待提高。因此，本部分以沪深 A 股 103 家中国能源上市公司为研究样本，收集各样本 2007—2017 年的相关数据，运用 Eviews 9.0 软件实证检验董事会特征对中国整体能源上市公司及不同类型能源上市公司技术效率的影响。

二、研究假设

董事会规模通常运用董事会人数来表示。当董事会人数越多时，董事会成员中具有不同职业背景、专业理论知识、专业技术的人就越多，职业背景、专业理论知识、专业技术的互补性越强，越有利于促进能源上市公司技术效率的提升。因此，提出研究假设 1：

H_1：董事会规模与中国能源上市公司技术效率之间呈显著的正相关关系。

独立董事具有一定的独立性，决策时不受股东的干预与控制，根据能源上市公司面临的内外部环境公平、客观分析相关问题后提出建议与意见，决策的客观性较强。同时独立董事是来自于社会各行各业的高级专业人员，拥有不同的职业背景、专业知识和技术背景，专业知识、技术背景的互补性较强，在一定程度上有利于促进能源上市公司技术效率的提升。因此，提出研究假设 2：

H_2：独立董事占比与中国能源上市公司技术效率之间呈显著的正相关关系。

董事长兼任 CEO 时会削弱董事会对 CEO 的监控与约束，降低公司决策的科学性，并影响其技术效率的提升。同时，两职合一导致高管团队的权利过度集中，使其在管理过程中以权谋私，为了增加自身利益而损害能源上市公司的利益，阻碍其健康发展。最后，两职合一导致经理职务过多，在时间、精力的约束下，其工作效率较低，不利于能源上市公司技术效率的提升。因此，提出研究假设3：

H_3：两职合一与中国能源上市公司技术效率之间呈显著的负相关关系。

能源上市公司对董事实行股票激励和薪酬激励，可以激发其工作积极性与主动性，使董事全心全意服务于公司，认真履行其职责，不断促进能源上市公司技术效率的提升。同时，股票激励可以有效协调董事、股东和公司之间的利益冲突。因此，提出研究假设4和研究假设5：

H_4：前三名董事的薪酬总额与中国能源上市公司技术效率之间呈显著的正相关关系。

H_5：董事持股比例与中国能源上市公司技术效率之间呈显著的正相关关系。

根据行为经济学理论，虽然人在做出经济决策时并非是完全理性的，但是女性在做出决策时，多数采用相对稳健的策略，有利于降低企业经营过程中的潜在风险，且女性比较敏感，能够及时感知、发现经营过程中所出现的问题，并提出相应的解决对策，对于促进能源上市公司技术效率的提升具有重要作用。因此，提出研究假设6：

H_6：女性董事占比与中国能源上市公司技术效率之间呈显著的正相关关系。

受教育水平影响着每个人的理论知识水平、思维方式、决策方法等，受教育水平高的人可以创造更多的物质财富。董事作为能源上市公司的决策者和管理层，其受教育水平越高，分析问题的能力则越强。因此，提出研究假设7：

H_7：董事受教育水平与中国能源上市公司技术效率之间呈显著的正相关关系。

董事通过董事会会议行使权利和履行职责，董事会会议的召开次数可以在一定程度上反映董事职责的履行程度。同时，董事通过召开董事会会议了解、监督能源上市公司的生产经营与运作，并对生产经营过程中产生的相关问题提出科学的建议，从而促进能源上市公司技术效率的提升。因此，提出研究假设 8：

H_8：董事会会议次数与中国能源上市公司技术效率之间呈显著的正相关关系。

一般来说，年轻董事比年长董事更具备创新和冒险精神，其思维活跃，勇于创新，善于及时抓住企业的发展机会；年长董事有较弱的风险承受能力，他们更加重视企业的稳定健康发展，主张采取保守的经营战略，阻碍能源上市公司的科技创新、技术进步、技术效率提升与长期发展。因此，年轻董事的加入更有利于能源上市公司技术效率的提升。因此，提出研究假设 9：

H_9：董事平均年龄与中国能源上市公司技术效率之间呈显著的负相关关系。

董事的认知、偏好和看待问题的角度取决于其技术背景。因此，具有技术背景的董事，尤其是具有研发背景的董事更重视企业技术效率的提升，他们能够及时、准确的识别与掌握企业的发展机会，从而促进能源上市公司技术效率的提升。因此，提出研究假设 10：

H_{10}：拥有技术背景的董事占比与中国能源上市公司技术效率之间呈显著的正相关关系。

三、样本选取

为了提高研究结果的准确性，本部分删除数据不全和异常的上市公司、ST 和 PT 上市公司以及上市年限较短的公司，最终选出 103 家能源上市公司作为研究样本，其中煤炭上市公司 23 家、石油上市公司 5 家、天然气上市公司 9 家、电力热力上市公司 55 家、自来水上市公司 11 家。收集各样本 2007—2017 年的相关数据，相关数据来自于 Wind 资讯、巨潮资讯网和国泰安数据库。

四、模型建立与变量选择

本部分以中国能源上市公司技术效率为被解释变量，以董事会规模、独立董事占比、两职合一、前三名董事的薪酬总额、董事持股比例、女性董事占比、董事受教育水平、董事会会议次数、董事平均年龄、拥有技术背景的董事占比为解释变量，公司规模和资产负债率为控制变量，实证分析董事会特征对中国整体能源上市公司及不同类型能源上市公司技术效率的影响。因此建立以下模型：

$$Y_{it} = \beta_{0it} + \beta_{1it}X_{1it} + \beta_{2it}X_{2it} + \beta_{3it}X_{3it} + \beta_{4it}X_{4it} + \beta_{5it}X_{5it}$$

$$+ \beta_{6it}X_{6it} + \beta_{7it}X_{7it} + \beta_{8it}X_{8it} + \beta_{9it}X_{9it} + \beta_{10it}X_{10it} \qquad 公式（4-5）$$

$$+ \beta_{11it}X_{11it} + \beta_{12it}X_{12it} + \varepsilon_t$$

公式（4-5）中，Y_{it} 表示 2007—2017 年各个能源上市公司第 t 年的技术效率，X_{1it} 表示各个能源上市公司的董事会规模，X_{2it} 表示各个能源上市公司的独立董事占比，X_{3it} 表示各个能源上市公司的董事长与总经理是否两职合一（两职合一时其值为 1；两职分离时其值为 0），X_{4it} 表示各个能源上市公司前三名董事的薪酬总额，X_{5it} 表示各个能源上市公司的董事持股比例，X_{6it} 表示各个能源上市公司的女性董事占比（女性董事人数占董事会总人数的比重），X_{7it} 表示各个能源上市公司的董事受教育水平（具有研究生及以上学历的董事占比），X_{8it} 表示各个能源上市公司的董事会会议次数，X_{9it} 表示各个能源上市公司的董事平均年龄，X_{10it} 表示各个能源上市公司拥有技术背景的董事占比，X_{11it} 表示各个能源上市公司的公司规模，X_{12it} 表示各个能源上市公司的资产负债率。β_{1it}、β_{2it}、β_{3it}、β_{4it}、β_{5it}、β_{6it}、β_{7it}、β_{8it}、β_{9it}、β_{10it}、β_{11it} 和 β_{12it} 均为非随机变量，其含义为在其他变量不变的情况下，董事会规模、独立董事占比、两职合一、前三名董事的薪酬总额、董事持股比例、女性董事占比、董事受教育水平、董事会会议次数、董事平均年龄、拥有技术背景的董事占比、公司规模和资产负债率分别变化一个单位，将会引起中国整体能源上市公司及不同类型能源上市公司技术效率变化的系数。t 为时期序号，$t=1，2，\cdots，11$；β_0 为截距项，

β_1、β_2、β_3、β_4、β_5、β_6、β_7、β_8、β_9、β_{10}、β_{11} 和 β_{12} 均为待估计参数；ε_t 为误差项。

五、描述性统计分析

（一）整体能源上市公司

整体能源上市公司的描述性统计分析结果，见表4－84。整体能源上市公司的董事会特征存在较大差异。董事会规模的平均值为10.0134，且独立董事的比例达到1/3以上，基本符合我国《公司法》的规定；董事长与总经理两职合一的平均值为0.0926，说明整体能源上市公司基本上都是实行两职分离的领导权结构；前三名董事薪酬总额的平均值为1121078元，董事持股比例的平均值为0.0009，表明其薪酬激励较好，但股权激励的实施力度太小；整体能源上市公司的女性董事占比很小，平均值为0.1084；董事受教育水平的平均值为0.4300，说明具有研究生及以上学历的董事较少；董事会会议次数的平均值为9.3837次，基本符合我国《公司法》的要求；董事平均年龄的最大值为62.5833，平均值为51.3291，说明整体能源上市公司董事的年龄较大；拥有技术背景董事占比的平均值为0.1947，表明整体能源上市公司的董事会中具有技术背景的董事较少。

表4－84　整体能源上市公司描述性统计分析

指标	观察值	最大值	最小值	平均值	标准差
技术效率	1133	1.000	0.001	0.122	0.191
董事会规模	1133	18.0000	0.0000	10.0134	2.6157
独立董事占比	1133	0.7143	0.0000	0.3638	0.0545
董事长与总经理两职合一	1133	1.0000	0.0000	0.0926	0.2900
前三名董事的薪酬总额	1133	10340000元	0元	1121078元	944522元
董事持股比例	1133	0.1327	0.0000	0.0009	0.0069
女性董事占比	1133	0.5000	0.0000	0.1084	0.1041
董事受教育水平	1133	1.0000	0.1300	0.4300	0.2590
董事会会议次数	1133	32.0000	3.0000	9.3837	3.6738

续表

指标	观察值	最大值	最小值	平均值	标准差
董事平均年龄	1133	62.5833	34.5018	51.3291	4.4288
拥有技术背景的董事占比	1133	0.6250	0.0385	0.1947	0.1210
公司规模	1133	28.51	16.70	22.87	1.74
资产负债率	1133	1199.5%	1.23%	59.71%	51.64%

（二）天然气上市公司

天然气上市公司的描述性统计分析结果，见表4-85。中国天然气上市公司的董事会特征也存在较大差异。董事会规模的平均值为9.9524，且独立董事的比例达到1/3以上，基本符合我国《公司法》的规定；董事长与总经理两职合一的平均值为0.0926，可见，大多数天然气上市公司实行两职分离的领导权结构；前三名董事薪酬总额的平均值为1469893元，董事持股比例的平均值为0.0059，因此，天然气上市公司的薪酬激励好于整体能源上市公司，但股权激励有待加强；女性董事占比较小，平均值仅为0.1368；董事受教育水平的平均值为0.4305，说明天然气上市公司具有研究生及以上学历的董事占比略微高于整体能源上市公司；董事会会议次数的平均值为8.7130次，基本符合《公司法》的要求；董事平均年龄的最大值为56.8889，平均值为49.3167，说明天然气上市公司董事年龄依然较大，但低于整体能源上市公司；技术背景董事占比的平均值为0.1471，表明天然气上市公司具有技术背景的董事占比低于整体能源上市公司。

表4-85　天然气上市公司描述性统计分析

指标	观察值	最大值	最小值	平均值	标准差
技术效率	99	1.000	0.002	0.301	0.357
董事会规模	99	15.0000	5.0000	9.9524	2.0066
独立董事占比	99	0.6000	0.0000	0.3601	0.0606
董事长与总经理两职合一	99	1.0000	0.0000	0.0926	0.2912
前三名董事的薪酬总额	99	10340000元	0元	1469893元	1524901元
董事持股比例	99	0.1327	0.0000	0.0059	0.0201

续表

指标	观察值	最大值	最小值	平均值	标准差
女性董事占比	99	0.4500	0.0000	0.1368	0.1168
董事受教育水平	99	0.9100	0.1700	0.4305	0.2404
董事会会议次数	99	30.0000	4.0000	8.7130	4.0304
董事平均年龄	99	56.8889	34.5018	49.3167	8.1019
拥有技术背景的董事占比	99	0.3636	0.0385	0.1471	0.0855
公司规模	99	24.71	16.70	21.53	2.00
资产负债率	99	1199.50%	13.50%	94.25%	157.25%

（三）自来水上市公司

自来水上市公司的描述性统计分析结果，见表4-86。自来水上市公司董事会规模的平均值为9.0331，且独立董事的比例达到1/3以上，基本符合我国《公司法》的规定；董事长与总经理两职合一的平均值为0.1913，表明大多数自来水上市公司实行两职分离的领导权结构；前三名董事薪酬总额的平均值为1276504元，董事持股比例的平均值为0.000038，因此，自来水上市公司的薪酬激励、股权激励的实施情况有待改善；女性董事占比较小，平均值为0.195；董事受教育水平的平均值为0.4271，表明其学历水平较低；董事会会议次数的平均值为11.1983次，基本符合《公司法》的规定；董事平均年龄的最大值为56.3636，平均值为49.709，说明自来水上市公司的董事年龄较大；技术背景董事占比的平均值为0.1253，表明自来水上市公司技术背景董事占比最低。

表4-86　自来水上市公司描述性统计分析

指标	观察值	最大值	最小值	平均值	标准差
技术效率	121	1.000	0.005	0.161	0.183
董事会规模	121	13.0000	6.0000	9.0331	1.0242
独立董事占比	121	0.5000	0.3077	0.3539	0.0373
董事长与总经理两职合一	121	1.0000	0.0000	0.1913	0.3950
前三名董事的薪酬总额	121	4222600元	0元	1276504元	908387元

续表

指标	观察值	最大值	最小值	平均值	标准差
董事持股比例	121	0.0006	0.0000	0.000038	0.0001
女性董事占比	121	0.5000	0.0000	0.1950	0.1304
董事受教育水平	121	0.9100	0.1600	0.4271	0.2548
董事会会议次数	121	28.0000	3.0000	11.1983	4.2163
董事平均年龄	121	56.3636	42.7778	49.7090	2.7243
拥有技术背景的董事占比	121	0.3000	0.0500	0.1253	0.0531
公司规模	121	24.65	18.67	22.10	1.25
资产负债率	121	90.88%	3.79%	48.82%	15.69%

（四）电力热力上市公司

中国电力热力上市公司的描述性统计分析结果，见表4-87。电力热力上市公司董事会规模的平均值为10.3413，且独立董事的比例达到1/3以上，基本符合《公司法》的规定；董事长与总经理两职合一的平均值为0.0978，说明多数电力热力上市公司实行两职分离的领导权结构；前三名董事薪酬总额的平均值为966089元，董事持股比例的平均值为0.0004，因此，电力热力上市公司的薪酬激励、股权激励的实施情况有待改善；女性董事占比较小，平均值为0.1133；董事受教育水平的平均值为0.4196，可见，电力热力上市公司董事的学历水平最低；董事会会议次数的平均值为9.4731次，基本符合《公司法》的规定；董事平均年龄的最大值为60.9167，最小值为39.7778，说明电力热力上市公司董事的年龄差异较大；拥有技术背景董事占比的平均值为0.1895，表明电力热力上市公司技术背景董事占比略低于整体能源上市公司。

表4-87　电力热力上市公司描述性统计分析

指标	观察值	最大值	最小值	平均值	标准差
技术效率	605	1.000	0.001	0.113	0.168
董事会规模	605	18.0000	0.0000	10.3413	2.4978
独立董事占比	605	0.6667	0.2308	0.3645	0.0539

指标	观察值	最大值	最小值	平均值	标准差
董事长与总经理两职合一	605	1.0000	0.0000	0.0978	0.2973
前三名董事的薪酬总额	605	5845800 元	0 元	966089 元	709181 元
董事持股比例	605	0.0554	0.0000	0.0004	0.0031
女性董事占比	605	0.5000	0.0000	0.1133	0.0948
董事受教育水平	605	1.0000	0.1500	0.4196	0.2709
董事会会议次数	605	23.0000	3.0000	9.4731	3.2821
董事平均年龄	605	60.9167	39.7778	51.1606	3.7538
拥有技术背景的董事占比	605	0.5625	0.0476	0.1895	0.1133
公司规模	605	26.66	20.14	22.88	1.43
资产负债率	605	155.60%	1.23%	62.33%	11.67%

（五）煤炭上市公司

煤炭上市公司的描述性统计分析结果，见表4-88。煤炭上市公司董事会规模的平均值为9.6719，且独立董事的比例达到1/3以上，基本符合《公司法》的规定；董事长与总经理两职合一的平均值为0.0395，说明多数煤炭上市公司实行两职分离的领导权结构；前三名董事薪酬总额的平均值为1056154元，董事持股比例的平均值为0.0003，因此，煤炭上市公司的薪酬激励较好，但股权激励的实施情况有待改善；女性董事占比最小，平均值仅为0.0627；董事受教育水平的平均值为0.44，说明煤炭上市公司董事受教育水平相对较高；董事会会议次数的平均值为8.3399次，基本符合《公司法》的规定；董事平均年龄的最大值为62.5833，平均值为52.7775，说明煤炭上市公司董事年龄偏大；技术背景董事占比的平均值为0.2403，表明煤炭上市公司具有技术背景的董事占比最高。

表4-88 煤炭上市公司描述性统计分析

指标	观察值	最大值	最小值	平均值	标准差
技术效率	253	1.000	0.001	0.072	0.149
董事会规模	253	18.0000	2.0000	9.6719	3.3486

续表

指标	观察值	最大值	最小值	平均值	标准差
独立董事占比	253	0.7143	0.2857	0.3686	0.0613
董事长与总经理两职合一	253	1.0000	0.0000	0.0395	0.1952
前三名董事的薪酬总额	253	8280000 元	0 元	1056154 元	924527 元
董事持股比例	253	0.0220	0.0000	0.0003	0.0026
女性董事占比	253	0.3800	0.0000	0.0627	0.0730
董事受教育水平	253	1.0000	0.1300	0.4400	0.2330
董事会会议次数	253	24.0000	3.0000	8.3399	3.3563
董事平均年龄	253	62.5833	43.2727	52.7775	3.6436
拥有技术背景的董事占比	253	0.6250	0.0556	0.2403	0.1411
公司规模	253	27.07	19.62	23.28	1.68
资产负债率	253	84.91%	7.77%	48.17%	116.52%

六、平稳性检验

（一）整体能源上市公司

回归分析前，需对数据进行单位根检验，以检验数据是否平稳。

整体能源上市公司单位根检验结果，见表 4 – 89。*Levin*、*Lin & Chut*，*Im*、*Pesaran and Shin W – stat*，*ADF – Fisher Chi – square* 和 *PP – Fisher Chi – square* 的伴随概率 P 值均小于 0.01。因此，该序列通过了平稳性检验，可以进行回归分析。

表 4 – 89　整体能源上市公司单位根检验

Index	Statistic	Prob.
Levin、*Lin & Chut**	– 102.635	0.0000
Im、*Pesaran and Shin W – stat*	– 32.5179	0.0000
ADF – Fisher Chi – square	496.360	0.0000
PP – Fisher Chi – square	547.628	0.0000

(二) 天然气上市公司

天然气上市公司单位根检验结果，见表 4 – 90。$Levin$、Lin & $Chut$，Im、$Pesaran$ and $Shin$ $W - stat$，$ADF - Fisher$ $Chi - square$ 和 $PP - Fisher$ $Chi - square$ 的伴随概率 P 值均小于 0.01。因此，该序列通过了平稳性检验，可以对天然气上市公司进行回归分析。

表 4 – 90　天然气上市公司单位根检验

Index	Statistic	Prob.
$Levin$、Lin & $Chut^*$	– 13.1680	0.0000
Im、$Pesaran$ and $Shin$ $W - stat$	– 5.91607	0.0000
$ADF - Fisher$ $Chi - square$	70.1847	0.0000
$PP - Fisher$ $Chi - square$	81.5296	0.0000

(三) 自来水上市公司

自来水上市公司单位根检验结果，见表 4 – 91。$Levin$、Lin & $Chut$，Im、$Pesaran$ and $Shin$ $W - stat$，$ADF - Fisher$ $Chi - square$ 和 $PP - Fisher$ $Chi - square$ 的伴随概率 P 值均小于 0.01。因此，该序列通过了平稳性检验，可以对自来水上市公司进行回归分析。

表 4 – 91　自来水上市公司单位根检验

Index	Statistic	Prob.
$Levin$、Lin & $Chut^*$	– 18.3330	0.0000
Im、$Pesaran$ and $Shin$ $W - stat$	– 9.25638	0.0000
$ADF - Fisher$ $Chi - square$	112.355	0.0000
$PP - Fisher$ $Chi - square$	159.395	0.0000

(四) 电力热力上市公司

电力热力上市公司单位根检验结果，见表 4 – 92。$Levin$、Lin & $Chut$，Im、$Pesaran$ and $Shin$ $W - stat$，$ADF - Fisher$ $Chi - square$ 和 $PP - Fisher$ $Chi - square$ 的伴随概率 P 值均小于 0.01。因此，该序列通过了平稳性检验，可以对其进行回归分析。

表 4 - 92　电力热力上市公司单位根检验

Index	Statistic	Prob.
Levin、Lin & Chut*	- 86. 6796	0. 0000
Im、Pesaran and Shin W - stat	- 18. 7748	0. 0000
ADF - Fisher Chi - square	230. 439	0. 0000
PP - Fisher Chi - square	243. 235	0. 0000

（五）煤炭上市公司

煤炭上市公司单位根检验结果，见表 4 - 93。Levin、Lin & Chut，Im、Pesaran and Shin W - stat，ADF - Fisher Chi - square 和 PP - Fisher Chi - square 的伴随概率 P 值均小于 0.01。因此，该序列通过了平稳性检验，可以进行回归分析。

表 4 - 93　煤炭上市公司单位根检验

Index	Statistic	Prob.
Levin、Lin & Chut*	- 57. 7670	0. 0000
Im、Pesaran and Shin W - stat	- 30. 7844	0. 0000
ADF - Fisher Chi - square	199. 740	0. 0000
PP - Fisher Chi - square	230. 580	0. 0000

七、Hausman 检验

（一）整体能源上市公司

运用面板数据进行分析时可选择固定效应模型和随机效应模型。回归分析前，需进行 Hausman 检验，以选择正确的实证分析模型。整体能源上市公司 Hausman 检验结果，见表 4 - 94。Hausman 检验的统计量为 26.934367，P 值为 0.0079，小于 0.1，所以拒绝原假设，可建立固定效应模型进行回归分析。

表4-94　整体能源上市公司 Hausman 检验输出结果

Test Summary	Chi – Sq. Statistic	Chi – Sq. d. f	Prob.
Cross – section radom	26. 934367	12	0. 0079

（二）天然气上市公司

天然气上市公司 Hausman 检验结果，见表4-95。Hausman 检验的统计量为10.209188，P 值为0.4018，大于0.1，所以接受原假设，可建立随机效应模型进行回归分析。

表4-95　天然气上市公司 Hausman 检验输出结果

Test Summary	Chi – Sq. Statistic	Chi – Sq. d. f	Prob.
Cross – section radom	10. 209188	12	0. 4018

（三）自来水上市公司

自来水上市公司 Hausman 检验结果，见表4-96。Hausman 检验的统计量为21.801192，P 值为0.1692，大于0.1，所以接受原假设，可建立随机效应模型进行回归分析。

表4-96　自来水上市公司 Hausman 检验输出结果

Test Summary	Chi – Sq. Statistic	Chi – Sq. d. f	Prob.
Cross – section radom	21. 801192	12	0. 1692

（四）电力热力上市公司

电力热力上市公司 Hausman 检验结果，见表4-97。Hausman 检验的统计量为12.658587，P 值为0.3943，大于0.1，所以接受原假设，可建立随机效应模型进行回归分析。

表4-97　电力热力上市公司 Hausman 检验输出结果

Test Summary	Chi – Sq. Statistic	Chi – Sq. d. f	Prob.
Cross – section radom	12. 658587	12	0. 3943

（五）煤炭上市公司

煤炭上市公司 Hausman 检验结果，见表4-98。Hausman 检验的统计量为 15.76548，P 值为 0.2022，大于 0.1，所以接受原假设，可建立随机效应模型进行回归分析。

表 4 - 98　煤炭上市公司 Hausman 检验输出结果

Test Summary	Chi – Sq. Statistic	Chi – Sq. d. f	Prob.
Cross – section radom	15.765480	12	0.2022

八、回归分析

（一）整体能源上市公司

运用 Eviews 9.0 对整体能源上市公司进行回归分析，得到如下结果，见表 4 - 99。

表 4 - 99　整体能源上市公司回归结果

Variable	Coefficient	Std. Error	t – Statistic	Prob.
β_0	1.208678	0.203721	5.933007 ***	0.0000
β_1	– 0.001250	0.002353	– 0.531080	0.5956
β_2	– 0.156397	0.108359	– 1.443319	0.1494
β_3	– 0.091530	0.021385	– 3.427972 ***	0.0005
β_4	6.78E – 09	6.65E – 09	1.019446	0.3084
β_5	2.429544	0.712962	3.407675 ***	0.0007
β_6	– 0.066211	0.080282	– 0.824726	0.4098
β_7	0.020022	0.006757	2.962921 ***	0.0032
β_8	0.005222	0.001540	3.390274 ***	0.0007
β_9	0.003366	0.002487	1.353270	0.1765
β_{10}	0.055708	0.061897	0.900015	0.3685
β_{11}	– 0.044112	0.008101	– 5.445507 ***	0.0000
β_{12}	– 0.265868	0.041899	– 6.345433 ***	0.0000

续表

Effects Specification			
Cross – section fixed（dummy variables）			
R – squared	0. 627374	Mean dependent var	0. 092963
Adjusted R – squared	0. 559568	S. D. dependent var	0. 152563
S. E. of regression	0. 101249	Schwarz criterion	− 0. 890003
Sum squared resid	6. 253306	Akaike info criterion	− 1. 600788
Log likelihood	689. 8846	Hannan – Quinn criter	− 1. 326422
F – statistic	9. 252509	Durbin – Watson stat	1. 451497
Prob.（F – statistic）		0. 000000	

注：* 表示在 10% 水平下显著；** 表示在 5% 水平下显著；*** 表示在 1% 水平下显著。

根据表 4 − 99 的数据可以得到以下三点结论。

（1）β_5 = 2.429544，β_7 = 0.020022，β_8 = 0.005222，且均通过了显著性检验

其含义是当董事持股比例、董事受教育水平、董事会会议次数每增加 1%，中国整体能源上市公司的技术效率将会分别增加 2.429544%、0.020022%、0.005222%。可见，董事持股比例、董事受教育水平和董事会会议次数与整体能源上市公司技术效率之间均存在显著的正相关关系。即假设 5、假设 7、假设 8 都成立。其原因为：第一，有效的股权激励可以激发董事参与公司事务的主动性，充分发挥董事会的监督职能，促进整体能源上市公司技术效率的提升。第二，高学历的董事能够运用其所掌握的专业理论知识、特殊职业技能和丰富工作经验，综合、准确地分析能源上市公司生产经营过程中出现的问题。第三，董事通过董事会会议履行其职责，参与公司技术战略的制定，董事会会议次数的增加表明董事积极参与公司技术战略的制定及相关问题的决策，促进整体能源上市公司技术效率的提升。

（2）β_3 = − 0.09153，且通过了显著性检验

其含义为当整体能源上市公司实行两职合一的领导权结构时，其技术效率将会降低 0.09153%。因此，两职合一与整体能源上市公司技术效率之间呈显著的负相关关系。假设 3 成立。

（3）$\beta_1 = -0.00125$，$\beta_2 = -0.156397$，$\beta_4 = 6.78E - 09$，$\beta_6 = -0.066211$，$\beta_9 = 0.003366$，$\beta_{10} = 0.055708$，但均未通过显著性检验

这表明董事会规模、独立董事占比、前三名董事的薪酬总额、女性董事占比、董事平均年龄、拥有技术背景的董事占比与中国整体能源上市公司技术效率之间均不存在显著的相关关系。假设1、假设2、假设4、假设6、假设9、假设10均不成立，其原因为：第一，虽然整体能源上市公司的董事会规模符合《公司法》的规定，但由于董事会成员专业、年龄等结构不合理，且整体能源上市公司缺乏有效的约束与激励机制，部分董事玩忽职守，导致董事会规模对其技术效率的影响不显著。第二，目前，多数整体能源上市公司独立董事并未真正发挥其监督职能，独立性较差，导致其监督与决策职能不到位。第三，国内外相关理论研究和实证研究表明，薪酬激励的效果有限，且其效果随着实施时间的延续而减弱，整体能源上市公司实施薪酬激励的时间较长，导致其激励效果不佳，对技术效率的影响不显著。第四，整体能源上市公司女性董事太少，导致其对整体能源上市公司技术效率的影响不显著。第五，目前整体能源上市公司董事年龄差异太大，且部分董事责任心不强，对公司的贡献不突出，导致董事平均年龄对整体能源上市公司技术效率的影响不显著。第六，整体能源上市公司拥有技术背景的董事占比普遍偏低，导致其对整体能源上市公司技术效率的影响不显著。

（二）天然气上市公司

运用 Eviews 9.0 对天然气上市公司进行回归分析，得到如下结果，见表4-100。

表4-100 天然气上市公司回归结果

Variable	Coefficient	Std. Error	t - Statistic	Prob.
β_0	1.905651	0.842382	2.262217 **	0.0304
β_1	0.018825	0.026317	0.715310	0.4794
β_2	-0.476365	0.418568	-1.138083	0.2633
β_3	-0.227955	0.095289	-2.392233 **	0.0226
β_4	1.36E - 08	1.22E - 08	1.115883	0.2725

Variable	Coefficient	Std. Error	$t - Statistic$	Prob.
β_5	0.930385	1.774980	2.524167 **	0.0177
β_6	0.066236	0.250886	0.264009	0.7934
β_7	0.021296	0.049773	2.417875 **	0.0215
β_8	0.010833	0.003993	2.712641 **	0.0105
β_9	− 0.003554	0.009467	− 0.375422	0.7097
β_{10}	0.362483	0.290090	1.249552	0.2203
β_{11}	− 0.094463	0.033825	− 2.787443 **	0.0087
β_{12}	− 0.157353	0.258295	− 0.609202	0.5466
Effects Specification				
Cross − section random （dummy variables）				
R − squared	0.893719	Mean dependent var	0.033688	
Adjusted R − squared	0.780353	S. D. dependent var	0.053459	
S. E. of regression	0.025055	Sum squared resid	0.009416	
Sum squared resid	0.009416	Akaike info criterion	− 4.230712	
Prob. （F − statistic）		0.000119		

注：* 表示在 10% 水平下显著；** 表示在 5% 水平下显著；*** 表示在 1% 水平下显著。

根据表 4 - 100 的数据可以得出以下三点结论。

（1）β_5 = 0.930385，β_7 = 0.021296，β_8 = 0.010833，且均通过了显著性检验

其含义是当董事持股比例、董事受教育水平、董事会会议次数每增加 1%，天然气上市公司的技术效率将会分别增加 0.930385%、0.021296%、0.010833%。可见，董事持股比例、董事受教育水平、董事会会议次数与天然气上市公司技术效率之间均存在显著的正相关关系。但董事持股比例对天然气上市公司技术效率的促进力度小于整体能源上市公司，董事受教育水平、董事会会议次数对天然气上市公司技术效率的促进力度大于整体能源上市公司。

（2）β_3 = − 0.227955，且通过了显著性检验

其含义为当天然气上市公司实行两职合一的领导权结构时，其技术效率将会降低 0.227955%。因此，两职合一与天然气上市公司技术效率之间呈显著的负相关关系，且影响程度远远高于整体能源上市公司。

（3）β_1 = 0.018825，β_2 = − 0.476365，β_4 = 1.36E − 08，β_6 = 0.066236，β_9 = − 0.003554，β_{10} = 0.362483，但均未通过显著性检验

因此，董事会规模、独立董事占比、前三名董事的薪酬总额、女性董事占比、董事平均年龄、拥有技术背景的董事占比与天然气上市公司技术效率之间均不存在显著的相关关系。这一结果与整体能源上市公司一致。

（三）自来水上市公司

运用 Eviews 9.0 对中国自来水上市公司进行回归分析，得到如下结果，见表 4 − 101。

表 4 − 101　自来水上市公司回归结果

Variable	Coefficient	Std. Error	t − Statistic	Prob.
β_0	0.727597	0.955640	0.761371	0.4507
β_1	− 0.022991	0.028897	− 0.795631	0.4307
β_2	0.225794	0.791819	0.285159	0.7769
β_3	− 0.044418	0.052030	− 1.853699 *	0.0761
β_4	4.17E − 10	3.63E − 08	0.011484	0.9909
β_5	4.721936	3.589216	2.837530 ***	0.0098
β_6	0.279656	0.260104	1.075169	0.2884
β_7	0.060932	0.025055	2.431984 **	0.0194
β_8	0.009175	0.004490	2.043191 *	0.0473
β_9	0.000840	0.008069	0.104119	0.9176
β_{10}	0.065438	0.403482	0.162183	0.8719
β_{11}	− 0.017874	0.029116	− 0.613887	0.5426
β_{12}	− 0.639087	0.161026	− 3.968855 ***	0.0003

Effects Specification

Cross − section random（dummy variables）

R − squared	0.712223	Mean dependent var	0.130077
Adjusted R − squared	0.561483	S. D. dependent var	0.148554
S. E. of regression	0.098374	Sum squared resid	0.406449
F − statistic	4.724844	Durbin − Watson stat	2.634153
Prob.（F − statistic）			0.000008

注：* 表示在 10% 水平下显著；** 表示在 5% 水平下显著；*** 表示在 1% 水平下显著。

根据表 4 – 101 的数据可以得出以下三点结论。

（1）$\beta_5 = 4.721936$，$\beta_7 = 0.060932$，$\beta_8 = 0.009175$，且均通过了显著性检验

其含义是当董事持股比例、董事受教育水平、董事会会议次数每增加1%，自来水上市公司的技术效率将会分别增加 4.721936% 、0.060932% 、0.009175% 。可见，董事持股比例、董事受教育水平和董事会会议次数与自来水上市公司技术效率之间均存在显著的正相关关系。董事持股比例、董事受教育水平对自来水上市公司技术效率的促进力度均大于整体能源上市公司与天然气上市公司，但董事会会议次数对自来水上市公司技术效率的促进力度大于整体能源上市公司，小于天然气上市公司。

（2）$\beta_3 = -0.044418$，且通过了显著性检验

其含义为当自来水上市公司实行两职合一的领导权结构时，其技术效率将会降低 0.044418% 。因此，两职合一与自来水上市公司技术效率之间呈显著的负相关关系，且影响程度低于整体能源上市公司与天然气上市公司。

（3）$\beta_1 = -0.022991$，$\beta_2 = 0.225794$，$\beta_4 = 4.17E - 10$，$\beta_6 = 0.279656$，$\beta_9 = 0.00084$，$\beta_{10} = 0.065438$，但均未通过显著性检验

可见，董事会规模、独立董事占比、前三名董事的薪酬总额、女性董事占比、董事平均年龄、拥有技术背景的董事占比与自来水上市公司技术效率之间均不存在显著的相关关系。这一结果与整体能源上市公司、天然气上市公司一致。

（四）电力热力上市公司

运用 Eviews 9.0 对中国电力热力上市公司进行回归分析，得到如下结果，见表 4 – 102。

表 4 – 102　电力热力上市公司回归结果

Variable	Coefficient	Std. Error	t – Statistic	Prob.
β_0	1.273670	0.267700	4.757818 ***	0.0000
β_1	– 0.003267	0.004078	– 0.801072	0.4236
β_2	0.295806	0.179187	0.650825	0.4997
β_3	– 0.045169	0.032138	– 2.305480 **	0.0238

续表

Variable	Coefficient	Std. Error	t − Statistic	Prob.
β_4	8. 99E − 09	1. 32E − 08	0. 683517	0. 4947
β_5	1. 585293	2. 011721	1. 788028 *	0. 0812
β_6	− 0. 023001	0. 110043	− 0. 209017	0. 8346
β_7	0. 031512	0. 007408	4. 253865 ***	0. 0000
β_8	0. 001121	0. 002432	1. 860800 *	0. 0769
β_9	− 0. 003001	0. 003329	− 0. 901334	0. 3680
β_{10}	0. 046389	0. 090814	0. 510811	0. 6098
β_{11}	− 0. 022350	0. 010663	− 2. 096075 **	0. 0368
β_{12}	− 0. 225993	0. 056553	− 3. 996123 ***	0. 0001

Effects Specification

Cross − section random (dummy variables)

R − squared	0. 143041	Mean dependent var	0. 037673
Adjusted R − squared	0. 113659	S. D. dependent var	0. 120009
S. E. of regression	0. 111545	Sum squared resid	4. 354763
F − statistic	4. 868393	Durbin − Watson stat	1. 174371
Prob. （F − statistic）			0. 000000

注：* 表示在 10% 水平下显著；** 表示在 5% 水平下显著；*** 表示在 1% 水平下显著。

根据表 4 − 102 的数据可以得出以下三点结论。

（1）β_5 = 1. 585293，β_7 = 0. 031512，β_8 = 0. 001121，且均通过了显著性检验

其含义是当董事持股比例、董事受教育水平、董事会会议次数每增加 1%，电力热力上市公司的技术效率将会分别增加 1. 585293%、0. 031512%、0. 001121%。可见，董事持股比例、董事受教育水平、董事会会议次数与电力热力上市公司技术效率之间均存在显著的正相关关系。董事持股比例对电力热力上市公司技术效率的促进力度小于整体能源上市公司与自来水上市公司，大于天然气上市公司；董事受教育水平对电力热力上市公司技术效率的促进力度大于整体能源上市公司与天然气上市公司，小于自来水上市公司；董事会会议次数对电力热力上市公司技术效率的促进力度低于整体能源上市

公司、天然气上市公司与自来水上市公司。

（2）$\beta_3 = -0.045169$，且通过显著性检验

其含义为当电力热力上市公司实行两职合一的领导权结构时，其技术效率将会降低 0.045169%。因此，两职合一与电力热力上市公司技术效率之间呈显著的负相关关系，且影响程度高于自来水上市公司，低于整体能源上市公司与天然气上市公司。

（3）$\beta_1 = -0.003267$，$\beta_2 = 0.295806$，$\beta_4 = 8.99E-09$，$\beta_6 = -0.023001$，$\beta_9 = -0.003001$，$\beta_{10} = 0.046389$，但均未通过显著性检验

因此，董事会规模、独立董事占比、前三名董事的薪酬总额、女性董事占比、董事平均年龄、拥有技术背景的董事占比与电力热力上市公司技术效率之间均不存在显著的相关关系。这一结果与整体能源上市公司、天然气上市公司、自来水上市公司一致。

（五）煤炭上市公司

运用 Eviews 9.0 对中国煤炭上市公司进行回归分析，得到如下结果，见表 4 - 103。

表 4 - 103　煤炭上市公司回归结果

Variable	Coefficient	Std. Error	t - Statistic	Prob.
β_0	0.802764	0.168919	4.752366 ***	0.0000
β_1	- 0.001395	0.002026	- 0.688333	0.4920
β_2	- 0.072377	0.109314	- 0.662100	0.5087
β_3	- 0.051720	0.030681	- 1.685748 *	0.0934
β_4	4.29E - 09	7.80E - 09	0.550786	0.5824
β_5	14.44541	3.024258	4.776513 ***	0.0000
β_6	- 0.089671	0.094609	- 0.947798	0.3444
β_7	0.013464	0.006293	2.139403 **	0.0336
β_8	0.004940	0.002278	2.168709 **	0.0313
β_9	- 0.007314	0.002815	- 0.597699	0.5101
β_{10}	- 0.066355	0.055321	- 1.199463	0.2318
β_{11}	- 0.044890	0.007107	- 6.316292 ***	0.0000
β_{12}	- 0.104446	0.050585	- 2.064761 *	0.0402

续表

Effects Specification			
Cross – section random （dummy variables）			
R – squared	0. 460887	*Mean dependent var*	0. 037881
Adjusted R – squared	0. 428214	*S. D. dependent var*	0. 109188
S. E. of regression	0. 082535	*Sum squared resid*	1. 348770
F – statistic	14. 10585	*Durbin – Watson stat*	1. 265769
Prob. （*F – statistic*）		0. 000000	

注：* 表示在 10% 水平下显著；** 表示在 5% 水平下显著；*** 表示在 1% 水平下显著。

根据表 4 - 103 的数据可以得出以下三点结论。

（1） β_5 = 14. 44541，β_7 = 0. 013464，β_8 = 0. 00494，且均通过了显著性检验

其含义是当董事持股比例、董事受教育水平、董事会会议次数每增加 1%，煤炭上市公司的技术效率将会分别增加 14. 44541%、0. 013464%、0. 00494%。可见，董事持股比例、董事受教育水平、董事会会议次数与煤炭上市公司技术效率之间均存在显著的正相关关系。董事持股比例对煤炭上市公司技术效率的促进力度最大，远远超过整体能源上市公司、自来水上市公司、天然气上市公司与电力热力上市公司；董事受教育水平对煤炭上市公司技术效率的促进力度最小，低于整体能源上市公司、天然气上市公司、自来水上市公司与电力热力上市公司；董事会会议次数对煤炭上市公司技术效率的促进力度高于电力热力上市公司，低于整体能源上市公司、天然气上市公司与自来水上市公司。

（2） β_3 = - 0. 05172，且通过了显著性检验

其含义为当煤炭上市公司实行两职合一的领导权结构时，其技术效率将会降低 0. 05172%。因此，两职合一与煤炭上市公司技术效率之间呈显著的负相关关系，且影响程度高于自来水上市公司与电力热力上市公司，低于整体能源上市公司与天然气上市公司。

（3） β_1 = - 0. 001395，β_2 = - 0. 072377，β_4 = 4. 29E - 09，β_6 = - 0. 089671，β_9 = - 0. 007314，β_{10} = - 0. 066355，均未通过显著性检验

因此，董事会规模、独立董事占比、前三名董事的薪酬总额、女性董

事占比、董事平均年龄、拥有技术背景的董事占比与煤炭上市公司技术效率之间均不存在显著的相关关系。这一结果与整体能源上市公司、天然气上市公司、自来水上市公司与电力热力上市公司一致。

可见，董事持股比例、董事受教育水平和董事会会议次数与整体能源上市公司及不同类型能源上市公司技术效率之间均存在显著的正相关关系，但影响力度不同，董事持股比例对煤炭上市公司技术效率的促进力度最大，董事受教育水平对自来水上市公司技术效率的促进力度最大，董事会会议次数对天然气上市公司技术效率的促进力度最大；两职合一与整体能源上市公司及不同类型能源上市公司技术效率之间呈显著的负相关关系，且其对天然气上市公司技术效率的负向影响程度最大；而董事会规模、独立董事占比、前三名董事的薪酬总额、女性董事占比、董事平均年龄、拥有技术背景的董事占比与整体能源上市公司及不同类型能源上市公司技术效率之间均不存在显著的相关关系。

第六节　资本结构

一、文献综述

近年来，国内外学者对资本结构与企业财务绩效之间的关系进行大量研究。Hall、Hutchinson 和 Michaelas（2000）的研究结果显示：短期资产负债率与公司财务绩效呈负相关关系，长期资本化比率与公司财务绩效不相关。Durnev 和 Kim（2005）构建实证模型进行分析后指出，增加股权融资能够提升公司财务绩效。Berger 和 Patti（2006）选取美国的商业银行为研究样本，进行实证研究后指出，资本结构对商业银行财务绩效具有显著的正向影响。Warr（2012）等通过实证研究，得出公司的债务占比小于最佳负债占比时，增加负债比例会提高企业财务绩效的这一结论。Cole（2015）以美国能源、医疗等行业上市公司为样本，构建模型进行实证分析后指出，资产负债率与企业财务绩效之间呈负相关关系，负债融资会降低企业的财务绩效。王棣华（2015）选取我国制造业 773 家上市公司为样本，收集各样本 2010—2014 年的数据进行实证研究，结果显示：资本结构、有息债务及银行借款均与制造业上市公司财务绩效之间负相关，无息债务与制造业上市公司财务绩效之间呈正相关关系。王译、徐焕章（2017）对制造业上市公司的财务数据进行研究后指出，资产负债率与财务绩效之间存在显著负相关关系，长期负债率与财务绩效之间存在显著正相关关系，而流动负债率对财务绩效的影响不显著。马跃、陈敏（2019）选取广西壮族自治区 27 家上市公司为研究样本，以资产负债率和有息负债率衡量各样本的资本结构，进行实证分析后指出，资产负债率和有息负债率对财务绩效产生负向影响。刘国栋、李娟（2019）以电器类上市公司为例，运用资产负债率、流动负债率、长期负债率衡量资本结构，实证研究资本结构对上市公司财务绩效的影响，结果显示：电器类上市公司资产负债率、流动负债率、长期负债率与财务绩效之间呈显著的负相关关系。

目前，国内外学者对资本结构与企业技术效率之间关系的研究较少。贺小荣、姜沣珊（2018）选择中国 29 家旅游上市公司为研究样本，收集各样本 2012—2015 年的相关数据，构建 DEA - Tobit 两阶段模型进行实证分析，结果显示：资产负债率对旅游上市公司技术效率具有显著的正向影响。

可见，国内外学者对资本结构与企业技术效率关系的研究较少，且现有研究解释变量的衡量指标不全面。因此，本部分基于 Panel Data 建立回归分析模型，以资产负债率、银行借款融资率、商业信用融资率、股权融资率、盈余融资率衡量资本结构作为解释变量，以技术效率作为被解释变量，以公司规模为控制变量，实证分析资本结构对中国整体能源上市公司及不同类型能源上市公司技术效率的影响。

二、研究假设

虽然理论研究表明，资产负债率与企业产出之间呈倒 U 形关系，但由于多数中国能源上市公司的资产负债率较低，位于 U 形的左侧（韩剑尘、夏涛，2016），此时提高能源上市公司的资产负债率，不仅有利于增加其资金、提高财务杠杆效应、增加产出、增强盈利能力，而且有利于促进其技术效率的提升。因此，提出研究假设1：

H_1：资产负债率与中国能源上市公司技术效率之间呈正相关关系。

能源行业作为国民经济的重要支柱之一，其生产经营过程中资金投入量较大，银行借款融资对其而言无疑是较佳的融资方式。但银行借款是有息负债，上市公司将面临还本付息的压力及潜在财务风险。因此，提出研究假设2：

H_2：银行借款率与中国能源上市公司技术效率之间呈负相关关系。

虽然商业信用融资的期限较短，而且与特定商业行为紧密相关，具有额度小和分散的特点。但是商业信用融资具有在其商业信用期间不用支付利息、资金成本低的优势，因此，商业信用融资可以降低能源上市公司的融资成本，有利于促进其技术效率的提升。基于此，提出研究假设3：

H_3：商业信用融资率与中国能源上市公司技术效率之间呈正相关关系。

股权融资不仅会降低能源上市公司的股权集中度与控制权，防止"一股独大"所造成的负面影响，提高能源上市公司各项经营决策的科学性、合理性及其管理效率，而且股权融资具有融资成本低、筹资风险小的优势，有利于促进能源上市公司技术效率的提升。因此，提出研究假设4：

H_4：股权融资率与中国能源上市公司技术效率之间呈正相关关系。

新优序融资理论表明，企业融资方式首先选择内源融资，即盈余融资。因为内源融资避免股权融资带来的控股权稀释风险以及债权融资带来的债务风险。当企业留存收益较多时，可以通过内源融资（盈余融资）的方式获取资金，不仅可以满足自身资金需求，而且降低了各项交易成本和代理成本，有利于加快其技术效率的提升。因此，提出研究假设5：

H_5：内源融资率与中国能源上市公司技术效率之间呈正相关关系。

三、样本选取

为使研究结果更加准确，本部分删除数据不全和异常的上市公司、ST和PT上市公司以及上市年限较短的公司，最终选出103家能源上市公司作为研究样本，其中煤炭上市公司 23 家、石油上市公司 5 家、天然气上市公司 9 家、电力热力上市公司 55 家、自来水上市公司 11 家。收集各样本 2007—2017 年的相关数据，相关数据来自于 Wind 资讯、巨潮资讯网和国泰安数据库。

四、模型建立与变量选择

本部分以中国能源上市公司技术效率为被解释变量，以资产负债率、银行借款融资率、商业信用融资率、股权融资率、盈余融资率为解释变量，以公司规模为控制变量，实证分析资本结构对中国整体能源上市公司及不同类型能源上市公司技术效率的影响。因此，建立如下模型：

$$Y_{it} = \beta_{0it} + \beta_{1it}X_{1it} + \beta_{2it}X_{2it} + \beta_{3it}X_{3it} + \beta_{4it}X_{4it} + \beta_{5it}X_{5it} + \beta_{6it}X_{6it} + \varepsilon_t$$

公式（4 - 6）

公式（4 - 6）中，Y_{it} 表示 2007—2017 年各个能源上市公司第 t 年的技术效率，X_{1it} 表示各个能源上市公司资产负债率，X_{2it} 表示各个能源上市公司银行借款融资率，X_{3it} 表示各个能源上市公司商业信用融资率，X_{4it} 表示各个能源上市公司股权融资率，X_{5it} 表示各个能源上市公司盈余融资率，X_{6it} 表示各个能源上市公司的公司规模。β_{1it}、β_{2it}、β_{3it}、β_{4it}、β_{5it} 和 β_{6it} 均为非随机变量，其含义是在其他变量均不变的情况下，资产负债率、银行借款融资率、商业信用融资率、股权融资率、盈余融资、公司规模分别变化一个单位时所引起中国整体能源上市公司及不同类型能源上市公司技术效率的变化。t 为时期序号，$t = 1$，2，…，11；β_0 为截距项，β_1、β_2、β_3、β_4、β_5 和 β_6 均为待估计参数；ε_t 为误差项。

五、描述性统计分析

（一）整体能源上市公司

整体能源上市公司的描述性统计分析结果，见表 4 - 104。整体能源上市公司资产负债率的最大值为 1199.5%，表明部分整体能源上市公司的资产负债率大于 1，公司财务风险非常大；银行借款融资率的最大值为

71.22%，最小值为0.81%，表明整体能源上市公司之间银行借款融资率的差距较大；商业信用融资率的最大值为50.27%，最小值为0，可见，整体能源上市公司商业信用融资率存在明显差异；股权融资率的平均值为43.92%，整体能源上市公司股权融资率很高；盈余融资率的平均值为9.37%，可见，整体能源上市公司的盈余融资率较低，但高于其他类型能源上市公司。

表4-104　整体能源上市公司描述性统计分析

指标	观察值	最大值	最小值	平均值	标准差
技术效率	1133	1.000	0.001	0.122	0.191
资产负债率	1133	1199.5%	1.23%	59.71%	51.64%
银行借款融资率	1133	71.22%	0.81%	18.71%	19.98%
商业信用融资率	1133	50.27%	0.00%	5.66%	12.19%
股权融资率	1133	93.86%	1.05%	43.92%	86.61%
盈余融资率	1133	20.33%	0.00%	9.37%	10.81%
公司规模	1133	28.51	16.70	22.87	1.74

（二）天然气上市公司

中国天然气上市公司的描述性统计分析结果，见表4-105。中国天然气上市公司的资本结构存在较大差异。天然气上市公司资产负债率的平均值为94.25%，超过70%的警戒线，表明其资产负债率不合理，财务风险较大；银行借款融资率的最大值为40.01%，最小值为1.12%，表明天然气上市公司之间银行借款融资率的差距小于整体能源上市公司；商业信用融资率的最大值为20.58%，最小值为0，可见，天然气上市公司商业信用融资率存在明显差异；股权融资率的最大值为13.48%，最小值为9.21%，与其他变量相比较，天然气上市公司之间股权融资率的差异较小；盈余融资率的最大值为19.18%，最小值为0，可见，天然气上市公司之间的盈余融资率不均衡。

表4－105　天然气上市公司描述性统计分析

指标	观察值	最大值	最小值	平均值	标准差
技术效率	99	1.000	0.002	0.301	0.357
资产负债率	99	1199.50%	13.50%	94.25%	157.25%
银行借款融资率	99	40.01%	1.12%	27.40%	31.97%
商业信用融资率	99	20.58%	0.00%	12.13%	8.73%
股权融资率	99	13.48%	9.21%	9.04%	2.17%
盈余融资率	99	19.18%	0.00%	1.06%	13.41%
公司规模	99	24.71	16.70	21.53	2.00

（三）自来水上市公司

中国自来水上市公司的描述性统计分析结果，见表4－106。中国自来水上市公司的资产结构存在明显的差异。自来水上市公司资产负债率的最大值为90.88%，表明部分自来水上市公司的资产负债率已超过70%的警戒线，资产负债率不合理，财务风险较大；银行借款融资率的最大值为50.12%，最小值为2.61%，表明自来水上市公司之间银行借款融资率的差距大于天然气上市公司；商业信用融资率的最大值为21.09%，最小值为0，可见，自来水上市公司之间的商业信用融资率也存在明显差异；股权融资率的最大值为21.80%，最小值为5.11%，因此，自来水上市公司之间股权融资率也存在一定的差异；盈余融资率的平均值为3.18%，可见，自来水上市公司的盈余融资率很低。

表4－106　自来水上市公司描述性统计分析

指标	观察值	最大值	最小值	平均值	标准差
技术效率	121	1.000	0.005	0.161	0.183
资产负债率	121	90.88%	3.79%	48.82%	15.69%
银行借款融资率	121	50.12%	2.61%	19.77%	11.84%
商业信用融资率	121	21.09%	0.00%	7.97%	14.91%
股权融资率	121	21.80%	5.11%	9.88%	7.95%
盈余融资	121	16.33%	0.00%	3.18%	7.32%
公司规模	121	24.65	18.67	22.10	1.25

（四）电力热力上市公司

电力热力上市公司的描述性统计分析结果，见表4-107。目前，电力热力上市公司的资本结构存在较大差异。电力热力上市公司资产负债率的最大值为155.6%，说明部分电力热力上市公司资产负债率已超过70%的警戒线，资产负债结构不合理，面临很大的财务风险；银行借款融资率的平均值为36.84%，表明电力热力上市公司的银行借款融资率很高；商业信用融资率的最大值为36.66%，最小值为0，因此，电力热力上市公司商业信用融资率存在明显差异；股权融资率的最大值为81.38%，最小值为1.05%，可见，电力热力上市公司之间的股权融资率不均衡；盈余融资率的平均值为5.72%，说明电力热力上市公司的盈余融资率低于整体能源上市公司。

表4-107 电力热力上市公司描述性统计分析

指标	观察值	最大值	最小值	平均值	标准差
技术效率	605	1.000	0.001	0.113	0.168
资产负债率	605	155.60%	1.23%	62.33%	11.67%
银行借款融资率	605	71.03%	0.81%	36.84%	18.39%
商业信用融资率	605	36.66%	0.00%	9.57%	10.01%
股权融资率	605	81.38%	1.05%	27.96%	28.50%
盈余融资	605	16.48%	0.00%	5.72%	11.69%
公司规模	605	26.66	20.14	22.88	1.43

（五）煤炭上市公司

煤炭上市公司的描述性统计分析结果见表4-108。煤炭上市公司的资产结构也存在较大差异。煤炭上市公司资产负债率的最大值为84.91%，说明部分煤炭上市公司资产负债率已超过70%的警戒线，资产负债结构不合理，面临一定程度的财务风险；银行借款融资率的最大值为70.92%，最小值为5.09%，表明煤炭上市公司之间的银行借款融资率差距较大；商业信用融资率的最大值为6.31%，最小值为0，因此，煤炭上市公司商业信用融资率存在明显差异；股权融资率的最大值为 87.59%，最小值为 6.93%，可见，煤炭上市公司之间的股权融资率不均衡；盈余融资率的平均值为 7.22%，说明煤炭上市公司的盈余融资率低于整体能源上市公司，高于天然气上市公司、自来水上市公司与电力热力上市公司。

表 4 - 108　煤炭上市公司描述性统计分析

指标	观察值	最大值	最小值	平均值	标准差
技术效率	253	1.000	0.001	0.072	0.149
资产负债率	253	84.91%	7.77%	48.17%	116.52%
银行借款融资率	253	70.92%	5.09%	43.15%	19.09%
商业信用融资率	253	6.31%	0.00%	2.12%	3.67%
股权融资率	253	87.59%	6.93%	39.25%	38.16%
盈余融资	253	11.26%	0.00%	7.22%	8.31%
公司规模	253	27.07	19.62	23.28	1.68

六、平稳性检验

（一）整体能源上市公司

回归分析前，需先对数据进行单位根检验，以检验数据是否平稳。

整体能源上市公司单位根检验结果，见表 4 - 109。$Levin$、Lin & $Chut$，Im、$Pesaran$ and $Shin$ $W - stat$，$ADF - Fisher$ $Chi - square$ 和 $PP - Fisher$ $Chi - square$ 的伴随概率 P 值均小于 0.01；为零阶平稳序列，表明数据的平稳性良好，可以进行回归分析。

表 4 - 109　整体能源上市公司单位根检验

Index	Statistic	Prob.
$Levin$、Lin & $Chut^*$	− 101.931	0.0000
Im、$Pesaran$ and $Shin$ $W - stat$	− 32.6603	0.0000
$ADF - Fisher$ $Chi - square$	486.846	0.0000
$PP - Fisher$ $Chi - square$	535.569	0.0000

（二）天然气上市公司

天然气上市公司单位根检验结果，见表 4 – 110。*Levin、Lin & Chut*，*Im、Pesaran and Shin W – stat*，*ADF – Fisher Chi – square* 和 *PP – Fisher Chi – square* 的伴随概率 *P* 值均小于 0.01；为零阶平稳序列，表明数据的平稳性良好，可以进行回归分析。

表 4 – 110　天然气上市公司单位根检验

Index	Statistic	Prob.
Levin、Lin & Chut *	– 12.3785	0.0000
Im、Pesaran and Shin W – stat	– 5.39378	0.0000
ADF – Fisher Chi – square	60.7613	0.0000
PP – Fisher Chi – square	71.7928	0.0000

（三）自来水上市公司

自来水上市公司单位根检验结果，见表 4 – 111。*Levin、Lin & Chut*，*Im、Pesaran and Shin W – stat*，*ADF – Fisher Chi – square* 和 *PP – Fisher Chi – square* 的伴随概率 *P* 值均小于 0.01；为零阶平稳序列，表明数据的平稳性良好，可以进行回归分析。

表 4 – 111　自来水上市公司单位根检验

Index	Statistic	Prob.
Levin、Lin & Chut *	– 5.64018	0.0000
Im、Pesaran and Shin W – stat	– 2.93794	0.0017
ADF – Fisher Chi – square	43.8753	0.0037
PP – Fisher Chi – square	45.2121	0.0025

（四）电力热力上市公司

电力热力上市公司单位根检验结果，见表 4 – 112。*Levin、Lin & Chut*，*Im、Pesaran and Shin W – stat*，*ADF – Fisher Chi – square* 和 *PP – Fisher Chi – squar* 的伴随概率 *P* 值均小于 0.01；为零阶平稳序列，表明数据的平稳性良好，可以进行回归分析。

表 4 – 112　电力热力上市公司单位根检验

Index	Statistic	Prob.
Levin、Lin & Chut*	− 23. 3784	0. 0000
Im、Pesaran and Shin W – stat	− 7. 63089	0. 0000
ADF – Fisher Chi – square	216. 921	0. 0000
PP – Fisher Chi – square	223. 928	0. 0000

（五）煤炭上市公司

煤炭上市公司单位根检验结果，见表 4 – 113。Levin、Lin & Chut，Im、Pesaran and Shin W – stat，ADF – Fisher Chi – square 和 PP – Fisher Chi – square 的伴随概率 P 值均小于 0.01；为零阶平稳序列，表明数据的平稳性良好，可以进行回归分析。

表 4 – 113　煤炭上市公司单位根检验

Index	Statistic	Prob.
Levin、Lin & Chut*	− 57. 7670	0. 0000
Im、Pesaran and Shin W – stat	− 30. 7844	0. 0000
ADF – Fisher Chi – square	199. 740	0. 0000
PP – Fisher Chi – square	230. 580	0. 0000

七、Hausman 检验

（一）整体能源上市公司

运用面板数据进行分析时可选择固定效应模型和随机效应模型。回归分析前，需进行 Hausman 检验，以选择正确的实证分析模型。整体能源上市公司 Hausman 检验结果，见表 4 – 114。Hausman 检验的统计量为 27. 995832，伴随概率为 0. 0001，小于 0.1。因此，拒绝原假设，可建立固定效应模型进行回归分析。

表 4 – 114　整体能源上市公司 Hausman 检验输出结果

Test Summary	Chi – Sq. Statistic	Chi – Sq. d. f	Prob.
Cross – section radom	27. 995832	6	0. 0001

（二）天然气上市公司

天然气上市公司 Hausman 检验结果，见表 4 – 115。Hausman 检验的统计量为 5.637331，伴随概率为 0.4650，大于 0.1。因此，接受原假设，可建立随机效应模型进行回归分析。

表 4 – 115　天然气上市公司 Hausman 检验输出结果

Test Summary	Chi – Sq. Statistic	Chi – Sq. d. f	Prob.
Cross – section radom	5.637331	6	0.4650

（三）自来水上市公司

自来水上市公司 Hausman 检验结果，见表 4 – 116。Hausman 检验的统计量为 5.331145，伴随概率为 0.5021，大于 0.1。因此，接受原假设，可构建随机效应模型进行回归分析。

表 4 – 116　自来水上市公司 Hausman 检验输出结果

Test Summary	Chi – Sq. Statistic	Chi – Sq. d. f	Prob.
Cross – section radom	5.331145	6	0.5021

（四）电力热力上市公司

电力热力上市公司 Hausman 检验结果，见表 4 – 117。Hausman 检验的统计量为 15.129233，伴随概率为 0.0193，小于 0.1。因此，拒绝原假设，可构建固定效应模型进行回归分析。

表 4 – 117　电力热力上市公司 Hausman 检验输出结果

Test Summary	Chi – Sq. Statistic	Chi – Sq. d. f	Prob.
Cross – section radom	15.129233	6	0.0193

（五）煤炭上市公司

煤炭上市公司 Hausman 检验结果，见表 4 – 118。Hausman 检验的统计量为 13.897856，伴随概率为 0.0308，小于 0.1。因此，拒绝原假设，可建立固定效应模型进行回归分析。

表 4 - 118　煤炭上市公司 **Hausman** 检验输出结果

Test Summary	Chi - Sq. Statistic	Chi - Sq. d. f	Prob.
Cross - section radom	13. 897856	6	0. 0308

八、回归分析

(一) 整体能源上市公司

运用 Eviews 9. 0 对 103 家中国能源上市公司进行回归分析，得到如下结果，见表 4 - 119。

表 4 - 119　整体能源上市公司回归结果

Variable	Coefficient	Std. Error	t - Statistic	Prob.
β_0	1. 566458	0. 182341	8. 590805 ***	0. 0000
β_1	− 0. 002245	0. 116724	− 2. 019232 **	0. 0537
β_2	− 0. 108090	0. 036241	− 2. 982558 ***	0. 0029
β_3	0. 366499	0. 074575	4. 914513 ***	0. 0000
β_4	0. 029021	0. 118116	2. 245696 **	0. 0368
β_5	− 0. 006846	0. 117618	− 0. 058202	0. 9536
β_6	− 0. 060754	0. 005952	− 10. 20757 ***	0. 0000

Effects Specification

Cross - section fixed （dummy variables）

R - squared	0. 591214	Mean dependent var	0. 117948
Adjusted R - squared	0. 548032	S. D. dependent var	0. 188955
S. E. of regression	0. 127032	Schwarz criterion	− 1. 197360
Sum squared resid	16. 04024	Akaike info criterion	− 0. 715247
Log likelihood	764. 5482	Hannan −Quinn criter	− 1. 014973
F - statistic	13. 69131	Durbin − Watson stat	0. 832488
Prob. （F - statistic）			0. 000000

注：* 表示在 10% 水平下显著；** 表示在 5% 水平下显著；*** 表示在 1% 水平下显著。

根据表 4 - 119 的数据可以得出以下三点结论。

（1）$\beta_1 = -0.002245$，$\beta_2 = -0.10809$，且均通过显著性检验

其含义是当资产负债率、银行借款融资率每增加1%，整体能源上市公司的技术效率将会分别降低0.002245%和0.10809%。可见，资产负债率、银行借款融资率均与整体能源上市公司技术效率之间具有显著的负相关关系。其原因是：第一，整体能源上市公司的资产负债率较高，部分整体能源上市公司的资产负债率已经远远超过70%的警戒线，使整体能源上市公司面临非常大的财务风险。第二，整体能源上市公司过于依赖银行借款融资，导致融资成本与财务风险增加，整体能源上市公司面临还本付息的压力较大，因此其经营理念比较保守，通常会选择风险较小、收益较低的项目进行投资，阻碍其技术效率的提升。

（2）$\beta_3 = 0.366499$，$\beta_4 = 0.029021$，且均通过显著性检验

其含义是当商业信用融资率、股权融资率每增加1%，整体能源上市公司的技术效率将会分别增加0.366499%和0.029021%。可见，商业信用融资率、股权融资率均与整体能源上市公司技术效率之间具有显著的正相关关系。其原因是：第一，商业信用具有融资成本低、风险小的优势，且流动性较强，是整体能源上市公司重要的融资渠道之一，利用商业信用融资可以促进公司之间的经济联系，加快资金循环周转，缓解公司的资金压力，对于提高公司的技术效率具有积极作用。第二，通过股权融资引入不同投资者，公司治理结构得以不断完善，不仅可以避免因股权集中而带来的决策失误，而且高股权融资率可以在一定程度上反映投资者对整体能源上市公司的未来预期较好，形成示范效应，从而对技术效率的提升产生积极的影响。

（3）$\beta_5 = -0.006846$，但未通过显著性检验

表明盈余融资率与整体能源上市公司技术效率之间不存在显著的相关关系。究其原因，主要是：尽管盈余融资具有成本低、速度快等优点，但是对于规模较大的能源上市公司来说，其盈利能力较弱，导致盈余融资率的平均值仅为9.37%，盈余融资数量较少，对其技术效率的贡献不明显。因此，盈余融资率与整体能源上市公司技术效率之间不存在显著的相关关系。

（二）天然气上市公司

运用 Eviews 9.0 对中国天然气上市公司进行回归分析，得到如下结果，见表4-120。

表4-120　天然气上市公司回归结果

Variable	Coefficient	Std. Error	t - Statistic	Prob.
β_0	3.424393	0.563140	6.080890 ***	0.0000
β_1	-0.914883	0.330593	-3.767401 ***	0.0000
β_2	-0.121060	0.080294	-1.807708 *	0.0738
β_3	0.352614	0.304178	2.798153 **	0.0063
β_4	0.921080	0.338535	2.720787 **	0.0078
β_5	-0.937646	0.335094	-1.159236	0.2494
β_6	-0.106113	0.019485	-5.445903 ***	0.0000

Effects Specification

Cross - section random （dummy variables）

R - squared	0.482672	Mean dependent var	0.112448
Adjusted R - squared	0.448934	S. D. dependent var	0.274829
S. E. of regression	0.204016	Sum squared resid	3.829288
F - statistic	14.30617	Durbin - Watson stat	0.607839
Prob. （F - statistic）			0.000000

注：* 代表在10% 水平下显著；** 代表在5% 水平下显著；*** 代表在1% 水平下显著。

根据表4-120 的数据可以得出以下三点结论。

（1）$\beta_1 = -0.914883$，$\beta_2 = -0.12106$，且均通过显著性检验

其含义是当资产负债率、银行借款融资率每增加1%，天然气上市公司的技术效率将会分别降低0.914883% 和0.12106%。可见，资产负债率、银行借款融资率均与天然气上市公司技术效率之间具有显著的负相关关系，且资产负债率、银行借款融资率对天然气上市公司技术效率的负向影响程度高于整体能源上市公司。

（2）$\beta_3 = 0.352614$，$\beta_4 = 0.92108$，且均通过显著性检验

其含义是当商业信用融资率、股权融资率每增加1%，天然气上市公

司的技术效率将会分别增加 0.352614% 和 0.92108% 。可见，商业信用融资率、股权融资率均与天然气上市公司技术效率之间具有显著的正相关关系。其中，商业信用融资率对天然气上市公司技术效率的促进力度小于整体能源上市公司，但股权融资率对天然气上市公司技术效率的促进力度远远大于整体能源上市公司。

（3） $\beta_5 = -0.937646$ ，但未通过显著性检验

表明盈余融资率与天然气上市公司技术效率之间不存在显著的相关关系。该结论与整体能源上市公司相同。

（三）自来水上市公司

运用 Eviews 9.0 对中国自来水上市公司进行回归分析，得到如下结果，见表 4 - 121。

表 4 - 121　自来水上市公司回归结果

Variable	Coefficient	Std. Error	t - Statistic	Prob.
β_0	1.206464	0.627249	1.923422 *	0.0569
β_1	- 0.565516	0.409789	- 3.380018 ***	0.0009
β_2	- 0.192524	0.151325	- 2.272255 **	0.0359
β_3	0.528824	0.326229	1.921019 *	0.0578
β_4	0.584914	0.431816	2.354543 **	0.0322
β_5	0.582792	0.423568	1.375912	0.1715
β_6	- 0.068692	0.018115	- 3.791993 ***	0.0002

Effects Specification				
Cross - section random （dummy variables）				
R - squared	0.311798	Mean dependent var		0.064562
Adjusted R - squared	0.275577	S. D. dependent var		0.138677
S. E. of regression	0.118032	Sum squared resid		1.705012
F - statistic	8.608185	Durbin - Watson stat		1.186314
Prob. （F - statistic）				0.000000

注：* 代表在 10% 水平下显著；** 代表在 5% 水平下显著；*** 代表在 1% 水平下显著。

根据表 4 - 121 的数据可以得出以下三点结论。

（1）$\beta_1 = -0.565516$，$\beta_2 = -0.192524$，且均通过显著性检验

其含义是当资产负债率、银行借款融资率每增加1%，自来水上市公司的技术效率将会分别降低0.565516%和0.192524%。可见，资产负债率、银行借款融资率均与自来水上市公司技术效率之间具有显著的负相关关系，且资产负债率对自来水上市公司技术效率的负向影响力度高于整体能源上市公司，低于天然气上市公司；银行借款融资率对自来水上市公司技术效率的负向影响程度高于整体能源上市公司、天然气上市公司。

（2）$\beta_3 = 0.528824$，$\beta_4 = 0.584914$，且均通过显著性检验

其含义是当商业信用融资率、股权融资率每增加1%，自来水上市公司的技术效率将会分别增加0.528824%和0.584914%。可见，商业信用融资率、股权融资率均与自来水上市公司技术效率之间具有显著的正相关关系。其中，商业信用融资率对自来水上市公司技术效率的促进力度高于整体能源上市公司与天然气上市公司，但股权融资率对自来水上市公司技术效率的促进力度高于整体能源上市公司，低于天然气上市公司。

（3）$\beta_5 = 0.582792$，但未通过显著性检验

表明盈余融资率与自来水上市公司技术效率之间不存在显著的相关关系。该结论与整体能源上市公司、天然气上市公司相同。

（四）电力热力上市公司

运用 Eviews 9.0 对中国电力热力上市公司进行回归分析，得到如下结果，见表4－122。

表4－122　电力热力上市公司回归结果

Variable	Coefficient	Std. Error	t – Statistic	Prob.
β_0	0.136764	0.297225	0.460138	0.6456
β_1	− 0.102235	0.222472	− 3.459540 ***	0.0008
β_2	− 0.094546	0.081194	− 2.164445 **	0.0448
β_3	0.155998	0.123233	3.265875 ***	0.0017

续表

Variable	Coefficient	Std. Error	t – Statistic	Prob.
β_4	0.306244	0.196876	2.555516 **	0.0194
β_5	0.132426	0.210047	0.630459	0.5287
β_6	– 0.001309	0.010515	– 0.124522	0.9010

Effects Specification

Cross – section fixed （dummy variables）

R – squared	0.486746	Mean dependent var	0.115897
Adjusted R – squared	0.429935	S. D. dependent var	0.157684
S. E. of regression	0.119055	Schwarz criterion	– 1.322752
Sum squared resid	7.427260	Akaike info criterion	– 0.880688
Log likelihood	444.5821	Hannan – Quinn criter	– 1.150444
F – statistic	8.567874	Durbin – Watson stat	0.971627
Prob. （F – statistic）		0.000000	

注：* 代表在 10% 水平下显著；** 代表在 5% 水平下显著；*** 代表在 1% 水平下显著。

根据表 4 - 122 的数据可以得出以下三点结论。

（1）β_1 = - 0.102235，β_2 = - 0.094546，且均通过显著性检验

其含义是当资产负债率、银行借款融资率每增加 1%，电力热力上市公司的技术效率将会分别降低 0.102235% 和 0.094546%。可见，资产负债率、银行借款融资率均与电力热力上市公司技术效率之间具有显著的负相关关系，且资产负债率对电力热力上市公司技术效率的负向影响力度高于整体能源上市公司，低于天然气上市公司、自来水上市公司；银行借款融资率对电力热力上市公司技术效率的负向影响程度低于整体能源上市公司、天然气上市公司与自来水上市公司。

（2）β_3 = 0.155998，β_4 = 0.306244，且均通过显著性检验

其含义是当商业信用融资率、股权融资率每增加 1%，电力热力上市公司的技术效率将会分别增加 0.155998% 和 0.306244%。可见，商业信用融资率、股权融资率均与电力热力上市公司技术效率之间具有显著的正相关关系。其中，商业信用融资率对电力热力上市公司技术效率的促进力度

低于整体能源上市公司、天然气上市公司与自来水上市公司，但股权融资率对电力热力上市公司技术效率的促进力度高于整体能源上市公司，低于天然气上市公司、自来水上市公司。

（3）β_5 =0.132426，但未通过显著性检验

这表明盈余融资率与电力热力上市公司技术效率之间不存在显著的相关关系。该结论与整体能源上市公司、天然气上市公司、自来水上市公司均相同。

（五）煤炭上市公司

运用 Eviews 9.0 对中国煤炭上市公司进行回归分析，得到如下结果，见表4－123。

表4－123　煤炭上市公司回归结果

Variable	Coefficient	Std. Error	t – Statistic	Prob.
β_0	1. 076082	0. 283983	3. 789242 ***	0. 0002
β_1	− 0. 219905	0. 183473	− 3. 198565 ***	0. 0022
β_2	− 0. 067133	0. 098111	− 2. 684256 **	0. 0175
β_3	0. 206961	0. 158496	2. 305779 **	0. 0341
β_4	0. 297925	0. 177071	2. 182515 **	0. 0375
β_5	− 0. 284803	0. 178009	− 1. 599933	0. 1110
β_6	− 0. 037540	0. 009330	− 4. 023546 ***	0. 0001

Effects Specification

Cross – section fixed （dummy variables）

R – squared	0. 671742	Mean dependent var	0. 070672
Adjusted R – squared	0. 630710	S. D. dependent var	0. 144518
S. E. of regression	0. 087823	Schwarz criterion	− 1. 919485
Sum squared resid	1. 727678	Akaike info criterion	− 1. 514472
Log likelihood	271. 8148	Hannan – Quinn criter	− 1. 756535
F – statistic	16. 37106	Durbin – Watson stat	1. 098208
Prob. （F – statistic）		0. 000000	

注：* 代表在10% 水平下显著；** 代表在5% 水平下显著；*** 代表在1% 水平下显著。

根据表 4 - 123 的数据可以得出以下三点结论。

（1）$\beta_1 = -0.219905$，$\beta_2 = -0.067133$，且均通过显著性检验

其含义是当资产负债率、银行借款融资率每增加 1%，煤炭上市公司的技术效率将会分别降低 0.219905% 和 0.067133%。可见，资产负债率、银行借款融资率均与煤炭上市公司技术效率之间具有显著的负相关关系，且资产负债率对煤炭上市公司技术效率的负向影响力度高于整体能源上市公司与电力热力上市公司，低于天然气上市公司、自来水上市公司；银行借款融资率对煤炭上市公司技术效率的负向影响程度低于整体能源上市公司、天然气上市公司、自来水上市公司与电力热力上市公司。

（2）$\beta_3 = 0.206961$，$\beta_4 = 0.297925$，且均通过显著性检验

其含义是当商业信用融资率、股权融资率每增加 1%，煤炭上市公司的技术效率将会分别增加 0.206961% 和 0.297925%。可见，商业信用融资率、股权融资率均与煤炭上市公司技术效率之间具有显著的正相关关系。其中，商业信用融资率对煤炭上市公司技术效率的促进力度高于电力热力上市公司，低于整体能源上市公司、自来水上市公司与天然气上市公司；股权融资率对煤炭上市公司技术效率的促进力度高于整体能源上市公司，低于天然气上市公司、自来水上市公司与电力热力上市公司。

（3）$\beta_5 = -0.284803$，但未通过显著性检验

这表明盈余融资率与煤炭上市公司技术效率之间不存在显著的相关关系。该结论与整体能源上市公司、天然气上市公司、自来水上市公司与电力热力上市公司相同。

综上所述，资产负债率、银行借款融资率均与整体能源上市公司及不同类型能源上市公司技术效率之间具有显著的负相关关系，且资产负债率对天然气上市公司技术效率的负向影响程度最大，银行借款融资率对自来水上市公司技术效率的负向影响程度最大；商业信用融资率、股权融资率均与整体能源上市公司及不同类型能源上市公司技术效率之间具有显著的正相关关系，且商业信用融资率对自来水上市公司技术效率的正向促进作

用最大，股权融资率对天然气上市公司技术效率的促进作用最大；而盈余融资率对整体能源上市公司及不同类型能源上市公司技术效率的影响不显著。

第七节　高管团队特征

一、引言

随着中国经济的不断发展，人们生活水平、社会工业化水平的不断提高，全社会能源消费总量稳步提升。2009 年全社会能源消费总量为 336126 万吨标准煤，2018 年全社会能源消费总量为 464000 万吨标准煤，较 2009 年上涨 38.04% 。可见，全社会能源消费总量稳步提高，并一直处于较高水平，这与能源上市公司的较快发展密切相关。能源行业是提供电力、石油、天然气、煤炭等能源的基础性行业，也是影响人们生活水平、社会工业化水平的关键性行业。近年来，中国能源行业上市公司不断发展，经营规模不断扩大，但也存在高管团队不健全等相关问题，导致其经营决策出现非理性行为，不仅阻碍着其技术效率的提升，而且在一定程度上影响着其健康、较快发展与可持续发展。因此，如何进一步优化高管团队，提高能源上市公司技术效率，已成为中国学者所高度关注的一个重要课题。

二、研究假设

高管团队规模通常用高管团队人数来衡量。在市场竞争加剧、商业环境瞬息万变的背景下，高管团队必须重视并采取措施提高决策的高效性。高管团队规模越大，其专业知识背景、技术背景、可获取的资源、人际关系的互补性则越强，有利于及时感知内外部经营环境的变化，综合运用多门学科理论知识与先进技术进行决策，提高决策的效果与质量，抓住发展机会，规避潜在经营风险，提高资源的利用效率，促进能源上市公司技术效率的提升。因此，提出研究假设 1：

H_1：高管团队规模与中国能源上市公司技术效率呈正相关关系。

各个经济主体之间具有一定的利益冲突。股东追求公司价值最大化，高管团队追求薪酬的增加、声誉的改善、在职消费攀升以及工作环境的优化。可见，股东与高管团队具有各自的利益诉求。在现代企业制度下，能源上市公司激励机制的健全可以有效协调股东与高管团队之间的利益冲突，具体而言，建立并实施高管团队股票激励制度，使高管持有公司股票，兼具管理者与股东身份，拥有公司剩余价值索取权，致力于能源上市公司的长期发展，从而促进能源上市公司技术效率的提升。因此，提出研究假设2：

H_2：高管团队持股与中国能源上市公司技术效率呈正相关关系。

高管团队的年龄可以反映出其成员的经历、对事物的认知能力、工作经历、风险承受能力等。年龄较大的成员相较年龄较小的成员，其风险承受能力较弱，在进行决策与战略选择时会更加保守，倾向于追求能源上市公司的稳定发展。因此，高管团队平均年龄较大，导致能源上市公司的经营风格更保守，经营战略缺乏变革性，不仅难以适应内外部经营环境的变化，而且公司的劳动生产率较低，现有投入条件下的产出较少。而平均年龄较小的高管团队，其风险承受能力较强，具有较强的创新精神，重视能源上市公司技术创新的发展，促进其技术水平的提升与产出的增加。因此，提出研究假设3：

H_3：高管团队平均年龄与中国能源上市公司技术效率呈负相关关系。

男性管理者和女性管理者具有不同的管理风格，女性管理者相比男性管理者往往更加冷静。已有研究发现，在多种决策环境下，女性管理者比男性管理者更加谨慎、稳健，且女性管理者对风险的感知力较强，其谨慎稳健的管理风格使管理层在面对突发问题时更加理性与谨慎，对问题进行全面分析后做出正确的决策，可以有效防范或降低能源上市公司的经营风险。因此，提出研究假设4：

H_4：女性经理占比与中国能源上市公司技术效率呈正相关关系。

高管团队成员任职时间越长，其不仅对能源上市公司的文化、实际运营状况、竞争优势越了如指掌，而且工作经验越丰富，越具有较强的专业技术能力，熟悉业务流程，在管理过程中能管控关键节点且能降低决策失误率与经营风险。同时，高管团队成员平均任期越长，越有利于实现成员之间的有效沟通、协调与合作，提高管理效果与质量，促进能源上市公司技术效率的提升。因此，提出研究假设5：

H_5：高管团队成员平均任期与中国能源上市公司技术效率呈正相关关系。

在现代企业制度下，能源上市公司的所有权与经营权分离，经理人受股东委托掌握公司经营权。由于信息不对称导致逆向选择与道德风险，经理人以权谋私，追求自身利益最大化而损害股东利益。基于公司治理理论，科学、健全的高管薪酬激励机制有利于激发高管团队的工作积极性，降低能源上市公司的代理风险与代理成本。因此，提出研究假设6：

H_6：高管团队前三名成员薪酬总额与中国能源上市公司技术效率呈正相关关系。

根据高阶理论、社会资本理论和资源依赖理论，高管团队的社会背景对于能源上市公司而言是一种特殊的重要资源。高管团队运用自己在社会网络中的地位来获取能源上市公司所需的资源，缓解资源依赖对能源上市公司的束缚，增强其竞争优势，提升其技术效率。同时，具有良好社会背景的高管团队能够及时把握政策导向和市场信号，做出正确的决策，提高能源上市公司的资源利用率。因此，提出研究假设7：

H_7：高管团队社会背景与中国能源上市公司技术效率呈正相关关系。

一个人的价值观及思维方式受其教育背景的影响，学历水平越高，其在复杂环境下的适应能力及处理问题的能力也越强。拥有良好教育背景的管理层通常具有丰富的专业理论知识，可以及时识别能源上市公司的发展机遇与威胁，并据此及时调整能源上市公司的发展战略，促进其盈利能力的改善与技术效率的提升。因此，提出研究假设8：

H_8：高管团队教育背景与中国能源上市公司技术效率呈正相关关系。

三、样本选择与数据来源

本部分选取沪深 A 股能源行业上市公司为研究样本，剔除 ST 和 PT 公司、数据缺失和数据异常公司，最终选出 103 家能源上市公司作为研究样本，其中煤炭上市公司 23 家、石油上市公司 5 家、天然气上市公司 9 家、电力热力上市公司 55 家、自来水上市公司 11 家。收集各研究样本 2007—2017 年的相关数据，数据均来源于国泰安数据库、万得数据库、巨潮资讯网以及其他各类财经网站。

四、模型建立与变量选择

根据高管团队的内涵与职能，本部分选取高管团队规模、高管团队持股比例、高管团队平均年龄、高管团队女性占比、高管团队平均任期、高管团队前三名成员薪酬总额、高管团队社会背景、高管团队教育背景为解释变量，技术效率为被解释变量，公司规模、资产负债率为控制变量，实证分析高管团队特征对中国整体能源上市公司及不同类型能源上市公司技术效率的影响。因此建立以下模型：

$$Y_{it} = \beta_{0it} + \beta_{1it}X_{1it} + \beta_{2it}X_{2it} + \beta_{3it}X_{3it} + \beta_{4it}X_{4it} + \beta_{5it}X_{5it} + \beta_{6it}X_{6it}$$
$$+ \beta_{7it}X_{7it} + \beta_{8it}X_{8it} + \beta_{9it}X_{9it} + \beta_{10it}X_{10it} + \varepsilon_t$$

公式（4－7）

公式（4－7）中，Y_{it} 表示 2007—2017 年各个能源上市公司第 t 年的技术效率，X_{1it} 表示各个能源上市公司的高管团队规模（高管团队人数），X_{2it} 表示各个能源上市公司高管团队持股比例，X_{3it} 表示各个能源上市公司的高管团队平均年龄，X_{4it} 表示各个能源上市公司高管团队女性占比，X_{5it} 表示各个能源上市公司高管团队平均任期（高管团队成员平均任期月数），X_{6it} 表示各个能源上市公司的高管团队前三名成员的薪酬总额，X_{7it} 表示各个能源上市公司高管团队社会背景（政协委员或人大委员占比），X_{8it} 表示各个能源上市公司高管团队教育背景（高管团队成员具有硕士研究生及以上学历的人员占比），X_{9it} 表示各个能源上市公司的公司规模，X_{10it} 表示各个能源上市公司的资产负债率。β_{1it}、β_{2it}、β_{3it}、β_{4it}、β_{5it}、β_{6it}、β_{7it}、β_{8it}、β_{9it}、β_{10it} 均为非随机变量，其含义为在其他变量不变的情况下，高管团队规模、高管团队持股比例、高管团队平均年龄、高管团队女性占比、高管团队平均任期、高管团队前三名成员薪酬总额、高管团队社会背景、高管团队教育背景、公司规模和资产负债率分别变化一个单位，将会引起中国整体能源上市公司及不同类型能源上市公司技术效率变化的系数。t 为时期序号，$t = 1$，2，$\cdots$，11；β_0 为截距项，β_1、β_2、β_3、β_4、β_5、β_6、β_7、β_8、β_9、β_{10} 均为待估计参数；ε_t 为误差项。

五、描述性统计分析

（一）整体能源上市公司

表 4 - 124 为整体能源上市公司的描述性统计分析结果。整体能源上市公司高管团队规模的最大值为 17，最小值为 1，平均值为 6.74，表明各样本公司的高管团队规模存在极大差异；高管团队持股比例、高管团队平均年龄与高管团队平均任期的最大值分别为 13.27%、58.45、95.11，最小值分别为 0、37.33、1，平均值分别为 0.07%、49.8、32.78，表明各样本公司的高管团队持股比例、高管团队平均年龄、高管团队平均任期均存在较大差异；高管团队女性占比的最大值为 0.47，最小值为 0，平均值为 0.13，表明各样本公司高管团队女性占比的差异很大；高管团队前三名成员薪酬总额的最大值为 9010000 元，最小值为 143400 元，平均值为 1357686 元，表明整体能源上市公司之间高管团队前三名成员薪酬总额的差距极大；高管团队社会背景的最大值为 0.75，最小值为 0，平均值为 0.07，表明各样本公司之间高管团队社会背景存在很大差异；高管团队教育背景的最大值为 0.45，最小值为 0，平均值为 0.33，表明各样本公司之间高管团队教育背景存在一定差异，且其教育背景有待提升。

表 4 - 124　整体能源上市公司描述性统计分析

指标	观察值	最大值	最小值	平均值	标准差
技术效率	1133	1.000	0.001	0.122	0.191
高管团队规模	1133	17	1	6.74	2.35
高管团队持股比例	1133	13.27%	0	0.07%	0.7%
高管团队平均年龄	1133	58.45	37.33	49.80	3.27
高管团队女性占比	1133	0.47	0	0.13	0.08

指标	观察值	最大值	最小值	平均值	标准差
高管团队平均任期	1133	95.11	1	32.78	16.84
高管团队前三名成员薪酬总额	1133	9010000 元	143400 元	1357686 元	815447.7 元
高管团队社会背景	1133	0.75	0	0.07	0.12
高管团队教育背景	1133	0.45	0	0.33	0.54
公司规模	1133	28.51	16.70	22.87	1.74
资产负债率	1133	1199.5%	1.23%	59.71%	51.64%

(二) 天然气上市公司

表 4 - 125 为天然气上市公司的描述性统计分析结果。高管团队规模的最大值为 11，最小值为 2，平均值为 5.7676，表明各个天然气上市公司的高管团队规模存在较大差异。高管团队持股比例、高管团队平均年龄与高管团队平均任期的最大值分别为 13.27%、55.857 与 95.111，最小值分别为 0、37.333 与 1，平均值分别为 0.5435%、48.733 与 34.964，表明各样本公司在高管团队持股比例、高管团队平均年龄、高管团队平均任期方面均存在不同程度的差异；高管团队女性占比的最大值为 0.3684，最小值为 0.0303，平均值为 0.1252，表明各个天然气上市公司高管团队女性占比存在较大差异；高管团队前三名成员薪酬总额的最大值为 8430000 元，最小值为 150000 元，平均值为 1244985 元，表明各个天然气上市公司的高管团队前三名成员薪酬总额差距很大；高管团队社会背景的最大值为 0.5，最小值为 0，平均值为 0.054，表明各样本公司高管团队的社会背景存在较大差异；高管团队教育背景的最大值为 0.43，最小值为 0.2，平均值为 0.34，表明各样本公司高管团队的教育背景也存在一定的差异。

表 4 - 125　天然气上市公司描述性统计分析

指标	观察值	最大值	最小值	平均值	标准差
技术效率	99	1.000	0.002	0.301	0.357
高管团队规模	99	11	2	5.7676	1.5174
高管团队持股比例	99	13.27%	0	0.5435%	2.0586%

续表

指标	观察值	最大值	最小值	平均值	标准差
高管团队平均年龄	99	55.857	37.333	48.733	3.8925
高管团队女性占比	99	0.3684	0.0303	0.1252	0.0879
高管团队平均任期	99	95.111	1	34.964	20.348
高管团队前三名成员薪酬总额	99	8430000元	150000元	1244985元	1153891元
高管团队社会背景	99	0.50	0	0.054	0.0957
高管团队教育背景	99	0.43	0.20	0.34	0.5272
公司规模	99	24.71	16.70	21.53	2.00
资产负债率	99	1199.50%	13.50%	94.25%	157.25%

（三）自来水上市公司

自来水上市公司的描述性统计分析结果，见表4－126。自来水上市公司高管团队规模的最大值为2，最小值为1，平均值为1.9454，表明各样本公司的高管团队规模存在较小的差异。高管团队持股比例、高管团队平均年龄与高管团队平均任期的最大值分别为0.01%、57.692与73.762，最小值分别为0、45.923与5，平均值分别为0.0002%、52.286与34.646，可见，各样本公司之间的高管团队持股比例、高管团队平均年龄、高管团队平均任期均存在明显的差异；高管团队女性占比的最大值为0.3333，最小值为0，平均值为0.1032，表明各样本公司高管团队女性占比小于天然气上市公司；高管团队前三名成员薪酬总额的最大值为4393700元，最小值为222700元，平均值为2025136元，表明各样本公司的高管团队前三名成员薪酬总额差距较大；高管团队社会背景的最大值为0.4，最小值为0，平均值为0.0627，表明各样本公司间高管团队社会背景存在较小的差异；高管团队教育背景的最大值为0.43，最小值为0.28，平均值为0.36，表明各样本公司之间高管团队的教育背景存在一定差异。

表4-126　自来水上市公司描述性统计分析

指标	观察值	最大值	最小值	平均值	标准差
技术效率	121	1.000	0.005	0.161	0.183
高管团队规模	121	2	1	1.9454	0.2292
高管团队持股比例	121	0.010%	0	0.0002%	0.0003%
高管团队平均年龄	121	57.692	45.923	52.286	3.5329
高管团队女性占比	121	0.3333	0	0.1032	0.0857
高管团队平均任期	121	73.762	5	34.646	18.008
高管团队前三名成员薪酬总额	121	4393700元	222700元	2025136元	1024327元
高管团队社会背景	121	0.40	0	0.0627	0.1086
高管团队教育背景	121	0.43	0.28	0.36	2.6306
公司规模	121	24.65	18.67	22.10	1.25
资产负债率	121	90.88%	3.79%	48.82%	15.69%

（四）电力热力上市公司

表4-127为电力热力上市公司的描述性统计分析结果。高管团队规模的最大值为17，最小值为1，平均值为6.9424，表明各个电力热力上市公司的高管团队规模存在极大差异。高管团队持股比例、高管团队平均年龄与高管团队平均任期的最大值分别为0.0132%、56.269与82.091，最小值分别为0、40.066与1，平均值分别为0.0002%、49.687与32.875，表明各个电力热力上市公司的高管团队持股比例、高管团队平均年龄、高管团队平均任期均存在较大的差异；高管团队女性占比的最大值为0.4667，最小值为0.025，平均值为0.134，表明各样本公司高管团队女性占比具有明显的差异；高管团队前三名成员薪酬总额的最大值为4148200元，最小值为143400元，平均值为1342087元，表明各个电力热力上市公司之间的高管团队前三名成员薪酬总额差距较大；高管团队社会背景的最大值为0.75，最小值为0，平均值为0.0561，表明各样本公司的高管团队社会背景存在很大差异；高管团队教育背景的最大值为0.45，最小值为0，平均值为0.33，表明各个电力热力上市公司的高管团队教育背景存在一定程度

的差异。

表 4-127　电力热力上市公司描述性统计分析

指标	观察值	最大值	最小值	平均值	标准差
技术效率	605	1.000	0.001	0.113	0.168
高管团队规模	605	17	1	6.9424	2.4958
高管团队持股比例	605	0.0132%	0	0.0002%	0.0009%
高管团队平均年龄	605	56.269	40.066	49.687	2.9665
高管团队女性占比	605	0.4667	0.025	0.134	0.0824
高管团队平均任期	605	82.091	1	32.875	16.717
高管团队前三名成员薪酬总额	605	4148200元	143400元	1342087元	654531元
高管团队社会背景	605	0.75	0	0.0561	0.1044
高管团队教育背景	605	0.45	0	0.33	0.5497
公司规模	605	26.66	20.14	22.88	1.43
资产负债率	605	155.60%	1.23%	62.33%	11.67%

（五）煤炭上市公司

表 4-128 为煤炭上市公司的描述性统计分析结果。煤炭上市公司高管团队规模的最大值为 14，最小值为 3，平均值为 6.9762，表明各样本公司的高管团队规模存在明显的差异。高管团队持股比例、高管团队平均年龄与高管团队平均任期的最大值分别为 2.2%、58.454 与 93.12，最小值分别为 0、38 与 1，平均值分别为 0.0326%、50.95 与 32.561，表明各个煤炭上市公司在高管团队持股比例、高管团队平均年龄、高管团队平均任期方面存在较大差异；高管团队女性占比的最大值为 0.4615，最小值为 0，平均值为 0.1283，表明各样本公司高管团队女性占比略微小于整体能源上市公司；高管团队前三名成员薪酬总额的最大值为 9010000 元，最小值为 180000 元，平均值为 1516879 元，表明各个煤炭上市公司之间的高管团队前三名成员薪酬总额差距极大；高管团队社会背景的最大值为 0.75，最小值为 0，平均值为 0.0779，表明各个煤炭上市公司的高管团队社会背景存在很大差异；高管团队教育背景的最大值为 0.45，最小值为 0.2，平均值

为 0.34，表明各个煤炭上市公司的高管团队教育背景存在一定差异。

表 4 - 128　煤炭上市公司描述性统计分析

指标	观察值	最大值	最小值	平均值	标准差
技术效率	253	1.000	0.001	0.072	0.149
高管团队规模	253	14	3	6.9762	2.0058
高管团队持股比例	253	2.2%	0	0.0326%	0.2557%
高管团队平均年龄	253	58.454	38	50.95	3.0066
高管团队女性占比	253	0.4615	0	0.1283	0.0901
高管团队平均任期	253	93.12	1	32.561	16.469
高管团队前三名成员薪酬总额	253	9010000 元	180000 元	1516879 元	873763 元
高管团队社会背景	253	0.75	0	0.0779	0.1486
高管团队教育背景	253	0.45	0.20	0.34	0.4533
公司规模	253	27.07	19.62	23.28	1.68
资产负债率	253	84.91%	7.77%	48.17%	116.52%

六、平稳性检验

(一) 整体能源上市公司

在进行回归分析之前，需要对数据进行单位根检验，以检验数据的平稳性。

整体能源上市公司的单位根检验结果，见表 4 - 129。Levin、Lin & Chut，Im、Pesaran and Shin W - stat，ADF - Fisher Chi - square 和 PP - Fisher Chi - square 的伴随概率 P 值均小于 0.01；为零阶平稳序列，表明数据的平稳性良好，可以进行回归分析。

表 4 - 129　整体能源上市公司单位根检验

Index	Statistic	Prob.
Levin、Lin & Chut*	- 154.729	0.0000
Im、Pesaran and Shin W - stat	- 13.8503	0.0000
ADF - Fisher Chi - square	2337.10	0.0000
PP - Fisher Chi - square	2938.23	0.0000

（二）天然气上市公司

天然气上市公司的单位根检验结果，见表 4 - 130。$Levin$、Lin & $Chut$，Im、$Pesaran$ and $Shin$ $W - stat$，$ADF - Fisher$ $Chi - square$ 和 $PP - Fisher$ $Chi - square$ 的伴随概率 P 值均小于 0.01；为一阶平稳序列，表明数据的平稳性良好，可以进行回归分析。

表 4 - 130　天然气上市公司单位根检验

Index	Statistic	Prob.
$Levin$、Lin & $Chut$ *	- 12.3785	0.0000
Im、$Pesaran$ and $Shin$ $W - stat$	- 5.39378	0.0000
$ADF - Fisher$ $Chi - square$	60.7613	0.0000
$PP - Fisher$ $Chi - square$	71.7928	0.0000

（三）自来水上市公司

自来水上市公司单位根检验结果，见表 4 - 131。$Levin$、Lin & $Chut$，Im、$Pesaran$ and $Shin$ $W - stat$，$ADF - Fisher$ $Chi - square$ 和 $PP - Fisher$ $Chi - square$ 的伴随概率 P 值均小于 0.01；为零阶平稳序列，表明数据的平稳性良好，可以进行回归分析。

表 4 - 131　自来水上市公司单位根检验

Index	Statistic	Prob.
$Levin$、Lin & $Chut$ *	- 137.484	0.0000
Im、$Pesaran$ and $Shin$ $W - stat$	- 67.5690	0.0000
$ADF - Fisher$ $Chi - square$	51.0116	0.0000
$PP - Fisher$ $Chi - square$	64.8570	0.0000

（四）电力热力上市公司

电力热力上市公司单位根检验结果，见表 4 - 132。$Levin$、Lin & $Chut$，Im、$Pesaran$ and $Shin$ $W - stat$，$ADF - Fisher$ $Chi - square$ 和 $PP - Fisher$ $Chi - square$ 的伴随概率 P 值均小于 0.01；为零阶平稳序列，表明数据的平稳性良好，可以进行回归分析。

表 4 - 132　电力热力上市公司单位根检验

Index	Statistic	Prob.
Levin、Lin & Chut*	- 86.6317	0.0000
Im、Pesaran and Shin W - stat	- 19.5605	0.0000
ADF - Fisher Chi - square	231.661	0.0000
PP - Fisher Chi - square	240.651	0.0000

(五) 煤炭上市公司

煤炭上市公司单位根检验结果，见表 4 - 133。Levin、Lin & Chut, Im、Pesaran and Shin W - stat, ADF - Fisher Chi - square 和 PP - Fisher Chi - square 的伴随概率 P 值均小于 0.01；为零阶平稳序列，表明数据的平稳性良好，可以进行回归分析。

表 4 - 133　煤炭上市公司单位根检验

Index	Statistic	Prob.
Levin、Lin & Chut*	- 57.7670	0.0000
Im、Pesaran and Shin W - stat	- 30.7844	0.0000
ADF - Fisher Chi - square	199.740	0.0000
PP - Fisher Chi - square	230.580	0.0000

七、Hausman 检验

(一) 整体能源上市公司

运用面板数据进行回归分析时可选择随机效应模型和固定效应模型。在进行回归分析之前，需对数据进行模型设定检验，即进行 Hausman 检验，以选择正确的分析模型。

整体能源上市公司 Hausman 检验结果，见表 4 - 134。由于 Hausman 检验的检验统计量为 79.181669，伴随概率 $P = 0$，小于 0.1，所以拒绝原假设，应建立固定效应模型进行回归分析。

表4-134　整体能源上市公司 **Hausman** 检验

Test Summary	*Chi - Sq. Statistic*	*Chi - Sq. d. f*	*Prob.*
Cross - section radom	79. 181669	11	0. 0000

（二）天然气上市公司

天然气上市公司 Hausman 检验结果，见表4-135。Hausman 检验的检验统计量为9.909123，伴随概率 $P=0.0194$，小于0.1，所以拒绝原假设，应选择固定效应模型进行回归分析。

表4-135　天然气上市公司 **Hausman** 检验输出结果

Test Summary	*Chi - Sq. Statistic*	*Chi - Sq. d. f*	*Prob.*
Cross - section radom	9. 909123	3	0. 0194

（三）自来水上市公司

自来水上市公司 Hausman 检验结果，见表4-136。Hausman 检验的检验统计量为2.461495，伴随概率 $P=0.4823$，大于0.1，所以接受原假设，故可建立随机效应模型进行回归分析。

表4-136　自来水上市公司 **Hausman** 检验输出结果

Test Summary	*Chi - Sq. Statistic*	*Chi - Sq. d. f*	*Prob.*
Cross - section radom	2. 461495	11	0. 4823

（四）电力热力上市公司

电力热力上市公司 Hausman 检验结果，见表4-137。由于 Hausman 检验的检验统计量为14.732007，伴随概率为 $P=0.1951$，大于0.1，所以接受原假设，应建立随机效应模型进行回归分析。

表4-137　电力热力上市公司 **Hausman** 检验输出结果

Test Summary	*Chi - Sq. Statistic*	*Chi - Sq. d. f*	*Prob.*
Cross - section random	14. 732007	11	0. 1951

（五）煤炭上市公司

煤炭上市公司 Hausman 检验结果，见表4-138。由于 Hausman 检验的检验统计量为 48.634535，伴随概率为 $P=0$，小于 0.1，所以拒绝原假设，应建立固定效应模型进行回归分析。

表 4-138 煤炭上市公司 Hausman 检验输出结果

Test Summary	Chi – SqStatistic	Chi – Sq. d. f.	Prob.
Cross – section random	48.634535	11	0.0000

八、回归分析

（一）整体能源上市公司

运用 Eviews 9.0 对 103 家中国能源上市公司进行回归分析，得到如下结果，见表 4-139。

表 4-139 整体能源上市公司回归结果

Variable	Coefficient	Std. Error	t – Statistic	Prob.
β_0	1.517201	0.109452	13.86182 ***	0.0000
β_1	− 0.007078	0.002273	− 3.113765 ***	0.0019
β_2	0.590532	0.765122	0.771815	0.4404
β_3	− 0.001635	0.002178	− 2.750765 ***	0.0098
β_4	0.192864	0.062924	3.065058 ***	0.0022
β_5	0.000834	0.000329	2.534092 **	0.0114
β_6	3.00E − 08	8.00E − 09	3.605118 ***	0.0003
β_7	0.106841	0.042206	2.531396 **	0.0115
β_8	0.004075	0.010610	0.384057	0.7010
β_9	− 0.056587	0.004363	− 12.96922 ***	0.0000
β_{10}	0.066696	0.009960	6.696252 ***	0.0000

Effects Specification

Cross – section fixed （dummy variables）

R – squared	0.618003	Mean dependent var	0.119252
Adjusted R – squared	0.610064	S. D. dependent var	0.194670
S. E. of regression	0.161697	Schwarz criterion	− 0.793719

续表

Sum squared resid	24.70804	Akaike info criterion	-0.732731
Log likelihood	391.7947	Hannan - Quinn criter	-0.770490
F - statistic	10.05783	Durbin - Watson stat	1.764351
Prob. （F - statistic）			0.000000

注：* 表示在 10% 水平下显著；** 表示在 5% 水平下显著；*** 表示在 1% 水平下显著。

根据表 4 - 139 的数据可以得出以下三点结论。

（1）$\beta_1 = -0.007078$，$\beta_3 = -0.001635$，且均通过显著性检验

其含义是当高管团队规模每增加 1%，整体能源上市公司的技术效率将会降低 0.007078%；当高管团队成员平均年龄每增加 1%，中国整体能源上市公司的技术效率将会降低 0.001635%。因此，高管团队规模、高管团队成员平均年龄对整体能源上市公司技术效率具有显著的负向影响。其原因是：第一，较大的高管团队规模会加大高管团队成员之间的沟通与协调难度，导致高管团队决策效率较低，无法及时应对突发问题，致使整体能源上市公司技术效率降低。第二，高管团队成员平均年龄较大会阻碍整体能源上市公司创新的发展与技术水平的提高，导致其技术效率的降低。

（2）$\beta_4 = 0.192864$，$\beta_5 = 0.000834$，$\beta_6 = 3.00E - 08$，$\beta_7 = 0.106841$，且均通过显著性检验

其含义是当高管团队女性成员占比每增加 1%，整体能源上市公司技术效率将会增加 0.192864%；当高管团队平均任期每增加 1%，整体能源上市公司技术效率将会增加 0.000834%；当高管团队前三名成员的薪酬总额每增加 1%，整体能源上市公司技术效率将会增加 3.00E - 08%；当高管团队社会背景每增加 1%，整体能源上市公司技术效率将会增加 0.106841%。究其原因，主要是：第一，由于女性的性格敏感、谨慎，易于感知环境变化，并理性、全面分析突发问题，决策的科学性较强，从而促进整体能源上市公司技术效率的提升。第二，高管团队任期越长，高管团队成员之间的沟通效率越高，有利于实现团队成员的有效协调与合作，提高团队工作效率与整体能源上市公司的管理效率，促进公司技术效率的提升。第三，

基于委托—代理理论，健全的激励机制可以有效协调高管团队、股东与公司利益冲突，降低委托—代理成本，且较高的薪酬激励可以激发高管团队的工作积极性，提高整体能源上市公司的技术效率。第四，高管团队社会背景有利于增加整体能源上市公司所拥有的资源与发展机会，促进其技术效率的提升。

（3）$\beta_2 = 0.590532$，$\beta_8 = 0.004075$，但均未通过显著性检验

因此，高管团队持股比例、高管团队教育背景与整体能源上市公司技术效率之间不存在显著的相关关系。其原因是整体能源上市公司高管团队持股比例较低，高管团队教育背景水平不高，且高管团队成员已取得的硕士学历多以 MBA、EMBA 教育为主，对其所从业领域缺乏针对性与有效性研究，导致高管团队持股比例、高管团队教育背景对整体能源上市公司技术效率的影响不显著。

（二）天然气上市公司

采用 Eviews 9.0 对中国天然气上市公司进行回归分析，得到如下结果，见表 4 – 140。

表 4 – 140　天然气上市公司回归结果

Variable	Coefficient	Std. Error	t – Statistic	Prob.
β_0	2.580557	1.058797	2.437254**	0.0170
β_1	– 0.020696	0.020054	– 2.031997**	0.0532
β_2	0.011942	0.015353	0.777812	0.4390
β_3	– 0.005908	0.019144	– 2.308607**	0.0361
β_4	0.156492	0.408403	2.383180**	0.0336
β_5	0.001479	0.001462	3.011213***	0.0025
β_6	4.27E – 08	2.86E – 08	2.493135**	0.0322
β_7	0.208004	0.281547	2.738790**	0.0121
β_8	0.132148	0.103316	1.279064	0.2046
β_9	– 0.095214	0.020664	– 4.607717***	0.0000
β_{10}	0.030640	0.019318	1.586100	0.1167

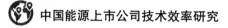

续表

Effects Specification			
Cross – section fixed（dummy variables）			
R – squared	0. 699137	Mean dependent var	0. 298788
Adjusted R – squared	0. 626777	S. D. dependent var	0. 345427
S. E. of regression	0. 211028	Schwarz criterion	– 0. 095281
Sum squared resid	26. 90225	Akaike info criterion	0. 428986
Log likelihood	391. 7947	Hannan – Quinn criter	0. 763398
F – statistic	12. 51810	Durbin – Watson stat	2. 110652
Prob.（F – statistic）		0. 000000	

注：* 代表在 10% 水平下显著；** 代表在 5% 水平下显著；*** 代表在 1% 水平下显著。

根据表 4 – 140 的数据可以得出以下三点结论。

（1）$\beta_1 = -0.020696$，$\beta_3 = -0.005908$，且均通过显著性检验

其含义是当高管团队规模每增加 1%，天然气上市公司的技术效率将会降低 0.020696%；当高管团队成员平均年龄每增加 1%，天然气上市公司的技术效率将会降低 0.005908%。因此，高管团队规模、高管团队成员平均年龄均对天然气上市公司的技术效率具有显著的负向影响，且高管团队规模、高管团队成员平均年龄对天然气上市公司技术效率的负向影响力度大于整体能源上市公司。

（2）$\beta_4 = 0.156492$，$\beta_5 = 0.001479$，$\beta_6 = 4.27E - 08$，$\beta_7 = 0.208004$，且均通过显著性检验

其含义是当高管团队女性成员占比每增加 1%，天然气上市公司技术效率将会增加 0.156492%；当高管团队平均任期每增加 1%，天然气上市公司技术效率将会增加 0.001479%；当高管团队前三名成员薪酬总额每增加 1%，天然气上市公司技术效率将会增加 4.27E – 08%；当高管团队社会背景每增加 1%，天然气上市公司技术效率将会增加 0.208004%。可见，高管团队女性成员占比、高管团队平均任期、高管团队前三名成员薪酬总额、高管团队社会背景均与天然气上市公司技术效率之间具有显著的正相关关系。高管团队女性成员占比对天然气上市公司技术效率的贡献程度低于整体能源上市公司，但高管团队平均任期、高管团队前三名成员薪酬总

额、高管团队社会背景对天然气上市公司技术效率的贡献程度均高于整体能源上市公司。

（3）$\beta_2 = 0.011942$，$\beta_8 = 0.132148$，但均未通过显著性检验

由此可见，高管团队持股比例、高管团队教育背景与天然气上市公司技术效率之间均不存在显著的相关关系。该结果与整体能源上市公司一致。

（三）自来水上市公司

采用 Eviews 9.0 对中国自来水上市公司进行回归分析，得到如下结果，见表4-141。

表4-141　自来水上市公司回归结果

Variable	Coefficient	Std. Error	t - Statistic	Prob.
β_0	0.341145	0.930290	0.366709	0.7158
β_1	-0.019279	0.010728	-1.797095 *	0.0801
β_2	5.832910	11.01072	0.928916	0.3534
β_3	-0.027489	0.012783	-2.150480 **	0.0478
β_4	0.301495	0.304310	3.112546 ***	0.0035
β_5	0.000408	0.001190	2.342780 **	0.0357
β_6	2.93E - 08	2.34E - 08	2.252760 **	0.0518
β_7	0.103499	0.140949	1.734299 *	0.0922
β_8	-0.190353	0.061157	-0.990750	0.3279
β_9	-0.030878	0.049607	-0.622455	0.5373
β_{10}	-0.509576	0.192902	-2.641631 **	0.0118

Effects Specification

Cross - section random （dummy variables）

R - squared	0.766100	Mean dependent var	0.275013
Adjusted R - squared	0.676138	S. D. dependent var	0.299656
S. E. of regression	0.086682	Sum squared resid	28.58223
F - statistic	18.51585	Durbin - Watson stat	1.932580
Prob. （F - statistic）		0.000000	

注：* 代表在10% 水平下显著；** 代表在5% 水平下显著；*** 代表在1% 水平下显著。

根据表4-141的数据可以得出以下三点结论。

（1）$\beta_1 = -0.019279$，$\beta_3 = -0.027489$，且均通过显著性检验

其含义是当高管团队规模每增加 1%，自来水上市公司的技术效率将会降低 0.019279%；当高管团队成员平均年龄每增加 1%，自来水上市公司的技术效率将会降低 0.027489%。因此，高管团队规模、高管团队成员平均年龄对自来水上市公司的技术效率具有显著的负向影响，且高管团队规模对自来水上市公司技术效率的负向影响程度高于整体能源上市公司，低于天然气上市公司；但高管团队成员平均年龄对自来水上市公司技术效率的负向影响力度大于整体能源上市公司、天然气上市公司。

（2）$\beta_4 = 0.301495$，$\beta_5 = 0.000408$，$\beta_6 = 2.93E - 08$，$\beta_7 = 0.103499$，且均通过显著性检验

其含义是当高管团队女性成员占比每增加 1%，自来水上市公司技术效率将会增加 0.301495%；当高管团队平均任期每增加 1%，自来水上市公司技术效率将会增加 0.000408%；当高管团队前三名成员薪酬总额每增加 1%，自来水上市公司技术效率将会增加 2.93E - 08%；当高管团队社会背景每增加 1%，自来水上市公司技术效率将会增加 0.103499%。可见，高管团队女性成员占比、高管团队平均任期、高管团队前三名成员薪酬总额、高管团队社会背景均与自来水上市公司技术效率之间具有显著的正相关关系。高管团队女性成员占比对自来水上市公司技术效率的贡献程度高于整体能源上市公司与天然气上市公司，但高管团队平均任期、高管团队前三名成员薪酬总额、高管团队社会背景对自来水上市公司技术效率的贡献程度均低于整体能源上市公司与天然气上市公司。

（3）$\beta_2 = 5.832910$，$\beta_8 = -0.190353$，但均未通过显著性检验

因此，高管团队持股比例、高管团队教育背景与自来水上市公司技术效率之间均不存在显著的相关关系。该结果与整体能源上市公司、天然气上市公司一致。

（四）电力热力上市公司

采用 Eviews 9.0 对中国电力热力上市公司进行回归分析，得到如下结果，见表 4 - 142。

表 4 - 142 电力热力上市公司回归结果

Variable	Coefficient	Std. Error	t - Statistic	Prob.
β_0	1.141450	0.195614	5.835217 ***	0.0000
β_1	- 0.005076	0.002836	- 1.789466 *	0.0741
β_2	- 0.026632	0.075857	- 0.351075	0.7257
β_3	- 0.006458	0.003163	- 2.041756 **	0.0417
β_4	0.077807	0.083762	2.529748 **	0.0105
β_5	0.001256	0.000371	3.381481 ***	0.0008
β_6	8.88E - 09	1.35E - 08	2.658614 **	0.0081
β_7	0.153685	0.058937	2.607621 **	0.0094
β_8	- 0.013146	0.014203	- 0.925570	0.3551
β_9	- 0.023365	0.008659	- 2.698359 **	0.0072
β_{10}	- 0.277551	0.041245	- 6.729259 ***	0.0000

Effects Specification

Cross - section random （dummy variables）

R - squared	0.168961	Mean dependent var	0.047972
Adjusted R - squared	0.151615	S. D. dependent var	0.129256
S. E. of regression	0.119054	Sum squared resid	10.19613
F - statistic	9.740537	Durbin - Watson stat	1.934560
Prob. （F - statistic）		0.000000	

注：* 代表在 10% 水平下显著；** 代表在 5% 水平下显著；*** 代表在 1% 水平下显著。

根据表 4 - 142 中的数据可以得出以下三点结论。

（1）$\beta_1 = -0.005076$，$\beta_3 = -0.006458$，且均通过显著性检验

其含义是当高管团队规模每增加 1%，电力热力上市公司的技术效率将会降低 0.005076%；当高管团队成员平均年龄每增加 1%，电力热力上市公司的技术效率将会降低 0.006458%。因此，高管团队规模、高管团队成员平均年龄对电力热力上市公司的技术效率具有显著的负向影响，且高管团队规模对电力热力上市公司技术效率的负向影响程度低于整体能源上

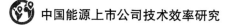

市公司、天然气上市公司与自来水上市公司；但高管团队成员平均年龄对电力热力上市公司技术效率的负向影响力度高于整体能源上市公司、天然气上市公司，低于自来水上市公司。

（2）$\beta_4 = 0.077807$，$\beta_5 = 0.001256$，$\beta_6 = 8.88E - 09$，$\beta_7 = 0.153685$，且均通过显著性检验

其含义是当高管团队女性成员占比每增加1%，电力热力上市公司技术效率将会增加0.077807%；当高管团队平均任期每增加1%，电力热力上市公司技术效率将会增加0.001256%；当高管团队前三名成员薪酬总额每增加1%，电力热力上市公司技术效率将会增加8.88E-09%；当高管团队社会背景每增加1%，电力热力上市公司技术效率将会增加0.153685%。可见，高管团队女性成员占比、高管团队平均任期、高管团队前三名成员薪酬总额、高管团队社会背景均与电力热力上市公司技术效率之间具有显著的正相关关系。高管团队女性成员占比对电力热力上市公司技术效率的贡献程度低于整体能源上市公司、天然气上市公司与自来水上市公司；高管团队平均任期对电力热力上市公司技术效率的贡献程度低于天然气上市公司，高于整体能源上市公司与自来水上市公司；高管团队前三名成员薪酬总额对电力热力上市公司技术效率的贡献程度低于整体能源上市公司、天然气上市公司与自来水上市公司；高管团队社会背景对电力热力上市公司技术效率的贡献程度低于天然气上市公司，高于整体能源上市公司与自来水上市公司。

（3）$\beta_2 = -0.026632$，$\beta_8 = -0.013146$，但均未通过显著性检验

因此，高管团队持股比例、高管团队教育背景与电力热力上市公司技术效率之间均不存在显著的相关关系。该结果与整体能源上市公司、天然气上市公司、自来水上市公司一致。

（五）煤炭上市公司

采用 Eviews 9.0 对中国煤炭上市公司进行回归分析，得到如下结果，见表4-143。

表 4 - 143　煤炭上市公司回归结果

Variable	Coefficient	Std. Error	t - Statistic	Prob.
β_0	1. 607419	0. 263302	6. 104858 ***	0. 0000
β_1	- 0. 002186	0. 004846	- 2. 668945 **	0. 0082
β_2	0. 097129	0. 036392	0. 451040	0. 6524
β_3	- 0. 001704	0. 004075	- 3. 418066 ***	0. 0006
β_4	0. 064082	0. 110341	2. 580761 **	0. 0095
β_5	0. 001427	0. 000484	2. 951746 ***	0. 0035
β_6	4. 83E - 09	1. 06E - 08	3. 456723 ***	0. 0005
β_7	0. 011311	0. 048139	3. 231337 ***	0. 0014
β_8	0. 018264	0. 024869	0. 734381	0. 4635
β_9	- 0. 069994	0. 011651	- 6. 007440 ***	0. 0000
β_{10}	- 0. 229811	0. 071120	- 0. 234955	0. 8145

Effects Specification

Cross - section fixed（dummy variables）

R - squared	0. 641788	Mean dependent var	0. 070672
Adjusted R - squared	0. 587811	S. D. dependent var	0. 144518
S. E. of regression	0. 092784	Akaike info criterion	- 1. 792635
Sum squared resid	1. 885330	Schwarz criterion	- 1. 317792
Log likelihood	260. 7683	Hannan - Quinn criter	- 1. 601590
F - statistic	11. 89000	Durbin - Watson stat	1. 154532
Prob.（F - statistic）		0. 000000	

注：* 代表在 10% 水平下显著；** 代表在 5% 水平下显著；*** 代表在 1% 水平下显著。

根据表 4 - 143 的数据可以得出以下三点结论。

（1）$\beta_1 = -0.002186$，$\beta_3 = -0.001704$，且均通过显著性检验

其含义是当高管团队规模每增加 1%，煤炭上市公司的技术效率将会降低 0.002186%；当高管团队成员平均年龄每增加 1%，煤炭上市公司的技术效率将会降低 0.001704%。因此，高管团队规模、高管团队成员平均年龄均对煤炭上市公司的技术效率具有显著的负向影响，且高管团队规模对煤炭上市公司技术效率的负向影响程度低于天然气上市公司、自来水上

市公司、整体能源上市公司与电力热力上市公司；但高管团队成员平均年龄对煤炭上市公司技术效率的负向影响力度高于整体能源上市公司，低于天然气上市公司、自来水上市公司与电力热力上市公司。

（2）$\beta_4 = 0.064082$，$\beta_5 = 0.001427$，$\beta_6 = 4.83E-09$，$\beta_7 = 0.011311$，且均通过显著性检验

其含义是当高管团队女性成员占比每增加1%，煤炭上市公司技术效率将会增加0.064082%；当高管团队平均任期每增加1%，煤炭上市公司技术效率将会增加0.001427%；当高管团队前三名成员薪酬总额每增加1%，煤炭上市公司技术效率将会增加4.83E-09%；当高管团队社会背景每增加1%，煤炭上市公司技术效率将会增加0.011311%。可见，高管团队女性成员占比、高管团队平均任期、高管团队前三名成员薪酬总额、高管团队社会背景均与煤炭上市公司技术效率之间具有显著的正相关关系。高管团队女性成员占比对煤炭上市公司技术效率的贡献程度低于整体能源上市公司、天然气上市公司、自来水上市公司与电力热力上市公司；高管团队平均任期对煤炭上市公司技术效率的贡献程度略微低于天然气上市公司，高于整体能源上市公司、自来水上市公司与电力热力上市公司；高管团队前三名成员薪酬总额对煤炭上市公司技术效率的贡献程度低于整体能源上市公司、天然气上市公司、自来水上市公司与电力热力上市公司；高管团队社会背景对煤炭上市公司技术效率的贡献程度远远低于天然气上市公司、整体能源上市公司、自来水上市公司与电力热力上市公司。

（3）$\beta_2 = 0.097129$，$\beta_8 = 0.018264$，但均未通过显著性检验

其含义是高管团队持股比例、高管团队教育背景与煤炭上市公司技术效率之间均不存在显著的相关关系。该结果与整体能源上市公司、天然气上市公司、自来水上市公司与电力热力上市公司一致。

综上所述，高管团队规模、高管团队成员平均年龄对整体能源上市公司及不同类型能源上市公司技术效率具有显著的负向影响，高管团队女性成员占比、高管团队平均任期、高管团队前三名成员薪酬总额、高管团队社会背景对整体能源上市公司及不同类型能源上市公司技术效率具有显著的正向促进作用，高管团队持股比例、高管团队教育背景对整体能源上市

公司及不同类型能源上市公司技术效率的影响不显著；但各个因素对整体能源上市公司及不同类型能源上市公司技术效率的影响程度存在明显差异，高管团队规模对天然气上市公司技术效率的负向影响程度最大，高管团队成员平均年龄对自来水上市公司技术效率的负向影响程度最大，高管团队女性成员占比对自来水上市公司的正向促进作用最大，高管团队平均任期、高管团队前三名成员薪酬总额、高管团队社会背景对天然气上市公司技术效率的贡献程度最大。

第八节　业务集中度

一、引言

业务集中度是衡量企业资源配置集中程度的指标，取决于资源的组合、产业的组合、各产业投入的程度。谢获宝（2007）认为企业的业务集中度反映该企业资源配置的分散与集中程度，即企业经营模式的专业化和多元化经营的不同态势。企业所付出的资源和所经营产业组合的数目越少，则其最大的投入方向占总投入的比重越高，业务集中度也越高；反之，企业所付出的资源和所经营产业组合的数目越多，则其最大的投入方向占总投入的比重越低，业务集中度也越低。业务集中度影响着企业的经营模式，而企业经营模式对技术效率具有一定的影响。因此，对业务集中度与中国能源上市公司技术效率关系的研究具有一定的现实意义。

二、研究假设

业务集中度是反映企业资源配置集中程度的一个重要指标，该指标由企业最大经营行业的销售额占其总销售额的比重决定，占比越高，则资源投入的行业越少；反之，占比越低，则其资源投入的行业越多。业务集中度高的能源上市公司专注于专业化经营，通过专业化经营实现横向规模的扩张和规模经济效应，促进其盈利能力与技术效率的提升。可见，专业化比率的提高有利于促进能源上市公司财务绩效的改善与技术效率的提升。因此，提出研究假设 1：

H_1：专业化比率与中国能源上市公司技术效率呈正相关关系。

HI 指数（Herfindahl Index）较低的能源上市公司涉及的行业较多，导致资源分配分散。资源分配的分散，一方面降低了核心部门的生产效率；另一方面在缺乏准确的市场判断力时更容易造成资源浪费，从而对技术效率产生负面影响。因此，提出研究假设 2：

H_2：HI 指数与中国能源上市公司技术效率呈负相关关系。

三、样本选取与数据来源

为使研究结果更加准确，将 ST 和 PT 上市公司、数据缺失以及异常的上市公司删除，并且剔除了上市时间较短的公司，因此，本部分选择 103 家能源上市公司作为研究样本。同时，将 103 家能源上市公司按其主营业务划分为煤炭、石油、天然气、电力热力、自来水类，样本公司分别为 23 家、5 家、9 家、55 家和 11 家。研究样本的相关数据均来源于国泰安数据库、万得数据库、巨潮资讯网与经济金融研究数据库。

四、模型建立与变量选择

本部分以专业化比率、HI 指数衡量能源上市公司的业务集中度，作为解释变量，技术效率为被解释变量，公司规模、资产负债率为控制变量，实证分析业务集中度对中国整体能源上市公司及不同类型能源上市公司技术效率的影响。因此建立以下模型：

$$Y_{it} = \beta_{0it} + \beta_{1it}X_{1it} + \beta_{2it}X_{2it} + \beta_{3it}X_{3it} + \beta_{4it}X_{4it} + \varepsilon_t \qquad 公式（4-8）$$

公式（4-8）中，Y_{it} 表示 2007—2017 年各个能源上市公司第 t 年的技术效率（运用 DEA 方法测度），X_{1it} 表示各个能源上市公司的专业化比率（样本上市公司最大经营项目的销售额占其总销售额的比重），X_{2it} 表示各个能源上市公司的 HI 指数（样本公司各行业销售收入占其总销售收入比率的平方和），X_{3it} 表示各个能源上市公司的公司规模，X_{4it} 表示各个能源上市公司的资产负债率。β_{1it}、β_{2it}、β_{3it} 和 β_{4it} 均为非随机变量，即在其他变量不变的情况下，专业化比率、HI 指数、公司规模、资产负债率分别变化一个单位，将会引起中国整体能源上市公司及不同类型能源上市公司技术效率变化的系数。t 为时期序号，$t = 1$，2，$\cdots$，11；β_0 为截距项，β_{1it}、β_{2it}、β_{3it} 和 β_{4it} 均为待估计的参数；ε_t 为误差项。

五、描述性统计分析

（一）整体能源上市公司

整体能源上市公司的描述性统计分析结果，见表 4 – 144。整体能源上市公司专业化比率的最大值为 100%，最小值为 0.48%，平均值为 60.27%，表明整体能源上市公司的专业化比率存在极大差异；HI 指数的最大值为 0.41，最小值为 0，平均值为 0.0127，表明整体能源上市公司的 HI 指数较低，多元化经营程度较高。

表 4 – 144　整体能源上市公司描述性统计分析

指标	观察值	最大值	最小值	平均值	标准差
技术效率	1133	1.000	0.001	0.122	0.191
专业化比率	1133	100%	0.48%	60.27%	21.06%
HI 指数	1133	0.41	0.00	0.0127	0.04865
公司规模	1133	28.51	16.70	22.87	1.74
资产负债率	1133	1199.5%	1.23%	59.71%	51.64%

（二）天然气上市公司

表 4 – 145 为天然气上市公司的描述性统计分析结果。天然气上市公司专业化比率的最大值为 90.59%，最小值为 29.05%，平均值为 82.26%，表明天然气上市公司的专业化比率存在较大差异，且其专业化比率高于整体能源上市公司；HI 指数的最大值为 0.41，最小值为 0，平均值为 0.0336，表明天然气上市公司的 HI 指数的平均值高于整体能源上市公司，多元化经营程度的平均水平低于整体能源上市公司。

表 4 - 145　天然气上市公司描述性统计分析

指标	观察值	最大值	最小值	平均值	标准差
技术效率	99	1.000	0.002	0.301	0.357
专业化比率	99	90.59%	29.05%	82.26%	22.58%
HI 指数	99	0.41	0.00	0.0336	0.08760
公司规模	99	24.71	16.70	21.53	2.00
资产负债率	99	1199.50%	13.50%	94.25%	157.25%

（三）自来水上市公司

表 4 - 146 为自来水上市公司的描述性统计分析结果。自来水上市公司专业化比率的最大值为 100%，最小值为 29.07%，平均值为 77.92%，表明自来水上市公司的专业化比率存在很大差异，且其专业化比率较高；HI 指数的最大值为 0.12，最小值为 0，平均值为 0.0157，表明自来水上市公司的 HI 指数的平均值较低，多元化经营程度低于整体能源上市公司。

表 4 - 146　自来水上市公司描述性统计分析

指标	观察值	最大值	最小值	平均值	标准差
技术效率	121	1.000	0.005	0.161	0.183
专业化比率	121	100.00%	29.07%	77.92%	21.83%
HI 指数	121	0.12	0.00	0.0157	0.02830
公司规模	121	24.65	18.67	22.10	1.25
资产负债率	121	90.88%	3.79%	48.82%	15.69%

（四）电力热力上市公司

电力热力上市公司的描述性统计分析结果，见表 4 - 147。电力热力上市公司专业化比率的最大值为 87.03%，最小值为 0.48%，平均值为 60.09%，表明电力热力上市公司的专业化比率存在极大差异，且其平均专业化比率低于整体能源上市公司、天然气上市公司与自来水上市公司；HI 指数的最大值为 0.08，最小值为 0，平均值为 0.0019，可见，电力热力上市公司的 HI 指数最低，多元化经营程度高于整体能源上市公司、天然气上市公司与自来水上市公司。

表 4 – 147 电力热力上市公司描述性统计分析

指标	观察值	最大值	最小值	平均值	标准差
技术效率	605	1.000	0.001	0.113	0.168
专业化比率	605	87.03%	0.48%	60.09%	20.72%
HI 指数	605	0.08	0.00	0.0019	0.00900
公司规模	605	26.66	20.14	22.88	1.43
资产负债率	605	155.60%	1.23%	62.33%	11.67%

（五）煤炭上市公司

表 4 – 148 为煤炭上市公司的描述性统计分析结果。煤炭上市公司专业化比率的最大值为 93.01%，最小值为 25.79%，平均值为 79.68%，表明煤炭上市公司的专业化比率存在较大差异，且其专业化比率较高；HI 指数的最大值为 0.19，最小值为 0，平均值为 0.0083，可见，煤炭上市公司的 HI 指数很低，且各个煤炭上市公司之间的 HI 指数也存在一定的差异。

表 4 – 148 煤炭上市公司描述性统计分析

指标	观察值	最大值	最小值	平均值	标准差
技术效率	253	1.000	0.001	0.072	0.149
专业化比率	253	93.01%	25.79%	79.68%	21.70%
HI 指数	253	0.19	0.00	0.0083	0.02969
公司规模	253	27.07	19.62	23.28	1.68
资产负债率	253	84.91%	7.77%	48.17%	116.52%

六、平稳性检验

（一）整体能源上市公司

在进行回归分析之前，需对数据进行单位根检验，以检验数据的平稳性。

整体能源上市公司的单位根检验结果，见表 4 – 149。*Levin*、*Lin & Chut*，*Im*、*Pesaran and Shin W – stat*，*ADF – Fisher Chi – square* 和 *PP – FisherChi – square* 的伴随概率 *P* 值均小于 0.01；为零阶平稳序列，表明数据的平稳性良好，可以进行回归分析。

表4-149　整体能源上市公司单位根检验

Index	Statistic	Prob.
Levin、Lin & Chut*	-281.698	0.0000
Im、Pesaran and Shin W-stat	-105.344	0.0000
ADF-Fisher Chi-square	774.645	0.0000
PP-Fisher Chi-square	818.317	0.0000

（二）天然气上市公司

天然气上市公司单位根检验结果，见表4-150。Levin、Lin & Chut，Im、Pesaran and Shin W-stat，ADF-Fisher Chi-square 和 PP-Fisher Chi-square 的伴随概率 P 值均小于0.01；为零阶平稳序列，表明数据的平稳性良好，可以进行回归分析。

表4-150　天然气上市公司单位根检验

Index	Statistic	Prob.
Levin、Lin & Chut*	-142.069	0.0000
Im、Pesaran and Shin W-stat	-75.9313	0.0000
ADF-Fisher Chi-square	141.374	0.0000
PP-Fisher Chi-square	202.736	0.0000

（三）自来水上市公司

自来水上市公司单位根检验结果，见表4-151。Levin、Lin & Chut，Im、Pesaran and Shin W-stat，ADF-Fisher Chi-square 和 PP-Fisher Chi-square 的伴随概率 P 值均小于0.01；为零阶平稳序列，表明数据的平稳性良好，可以进行回归分析。

表4-151　自来水上市公司单位根检验

Index	Statistic	Prob.
Levin、Lin & Chut*	-38.0157	0.0000
Im、Pesaran and Shin W-stat	-17.8496	0.0000
ADF-Fisher Chi-square	75.0372	0.0000
PP-Fisher Chi-square	82.6206	0.0000

(四) 电力热力上市公司

电力热力上市公司单位根检验结果,见表 4-152。*Levin、Lin & Chut*,*Im、Pesaran and Shin W-stat*,*ADF-Fisher Chi-square* 和 *PP-Fisher Chi-square* 的伴随概率 P 值均小于 0.01;为零阶平稳序列,表明数据的平稳性良好,可以进行回归分析。

表 4-152 电力热力上市公司单位根检验

Index	Statistic	Prob.
Levin、Lin & Chut*	-192.462	0.0000
Im、Pesaran and Shin W-stat	-61.2595	0.0000
ADF-Fisher Chi-square	395.670	0.0000
PP-Fisher Chi-square	405.132	0.0000

(五) 煤炭上市公司

煤炭上市公司单位根检验结果,见表 4-153。*Levin、Lin & Chut*,*Im、Pesaran and Shin W-stat*,*ADF-Fisher Chi-square* 和 *PP-Fisher Chi-square* 的伴随概率 P 值均小于 0.01;为零阶平稳序列,表明数据的平稳性良好,可以进行回归分析。

表 4-153 煤炭上市公司单位根检验

Index	Statistic	Prob.
Levin、Lin & Chut*	-189.544	0.0000
Im、Pesaran and Shin W-stat	-44.7676	0.0000
ADF-Fisher Chi-square	127.347	0.0000
PP-Fisher Chi-square	99.2025	0.0000

七、Hausman 检验

(一) 整体能源上市公司

运用面板数据进行回归分析时可选择随机效应模型和固定效应模型。在进行回归分析之前,需对数据进行模型设定检验,即进行 Hausman 检验，以选择正确的分析模型。整体能源上市公司 Hausman 检验结果，见表4－154。由于 Hausman 检验的检验统计量为6.732834，伴随概率为0.0345，小于0.1，所以拒绝原假设，应建立固定效应模型进行回归分析。

表4－154　整体能源上市公司 Hausman 检验

Test Summary	Chi – Sq. Statistic	Chi – Sq. d. f.	Prob.
Cross – section random	6.732834	2	0.0345

（二）天然气上市公司

天然气上市公司 Hausman 检验结果，见表4－155。由于 Hausman 检验的检验统计量为6.146131，伴随概率为0.0463，小于0.1，所以拒绝原假设，应建立固定效应模型进行回归分析。

表4－155　天然气上市公司 Hausman 检验

Test Summary	Chi – Sq. Statistic	Chi – Sq. d. f.	Prob.
Cross – section random	6.146131	2	0.0463

（三）自来水上市公司

自来水上市公司 Hausman 检验结果，见表4－156。由于 Hausman 检验的检验统计量为4.545453，伴随概率为0.103，大于0.1，所以接受原假设，应建立随机效应模型进行回归分析。

表4－156　自来水上市公司 Hausman 检验

Test Summary	Chi – Sq. Statistic	Chi – Sq. d. f.	Prob.
Cross – section random	4.545453	2	0.1030

（四）电力热力上市公司

电力热力上市公司 Hausman 检验结果，见表4－157。由于 Hausman 检验的检验统计量为2.220093，伴随概率为0.3295，大于0.1，所以接受原假设，应建立随机效应模型进行回归分析。

表4-157 电力热力上市公司 Hausman 检验

Test Summary	Chi – Sq. Statistic	Chi – Sq. d. f.	Prob.
Cross – section random	2. 220093	2	0. 3295

（五）煤炭上市公司

煤炭上市公司 Hausman 检验结果，见表4-158。由于 Hausman 检验的检验统计量为1.206886，伴随概率为0.5469，大于0.1，所以接受原假设，应建立随机效应模型进行回归分析。

表4-158 煤炭上市公司 Hausman 检验

Test Summary	Chi – Sq. Statistic	Chi – Sq. d. f.	Prob.
Cross – section random	1. 206886	2	0. 5469

八、回归分析

（一）整体能源上市公司

运用 Eviews 9.0 对 103 家中国能源上市公司进行回归分析，得到如下结果，见表4-159。

表4-159 整体能源上市公司回归分析结果

Variable	Coefficient	Std. Error	t – Statistic	Prob.
β_0	1. 610452	0. 100601	16. 00833 ***	0. 0000
β_1	− 0. 000714	0. 000302	− 2. 368812 **	0. 0180
β_2	− 0. 472964	0. 448068	− 1. 755562 *	0. 0914
β_3	− 0. 062475	0. 004202	− 14. 86808 ***	0. 0000
β_4	0. 017536	0. 010210	1. 717514 *	0. 0862
Effects Specification				
Cross – section fixed （dummy variables）				
R – squared	0. 551917	Mean dependent var		0. 123587
Adjusted R – squared	0. 506105	S. D. dependent var		0. 191928
S. E. of regression	0. 134882	Schwarz criterion		− 1. 079941

续表

Sum squared resid	18.68447	Akaike info criterion	− 0.609104
Log likelihood	717.7865	Hannan − Quinn criter	− 0.902078
F − statistic	12.04747	Durbin − Watson stat	0.859912
Prob. （F − statistic）			0.000000

注：* 表示在 10% 水平下显著；** 表示在 5% 水平下显著；*** 表示在 1% 水平下显著。

根据表 4 - 159 的数据可以得出以下两点结论。

（1）β_1 = − 0.000714，且通过显著性检验

其含义是当专业化比率每增加 1%，整体能源上市公司的技术效率将会降低 0.000714%。因此，专业化比率与整体能源上市公司技术效率之间具有显著的负相关关系。其原因是整体能源上市公司大多采用业务集中度较高的专业化经营模式，而专业化经营的能源上市公司长期扎根于主营业务领域，使其无法有效分散市场风险，导致营业收入降低，利润下滑，阻碍其技术效率的提升。

（2）β_2 = − 0.472964，且通过显著性检验

其含义是当 HI 指数每增加 1%，整体能源上市公司的技术效率将会降低 0.472964%。因此，HI 指数与整体能源上市公司技术效率之间具有显著的负相关关系。导致该结果的主要原因是 HI 指数高的能源上市公司经营过程中所涉及的行业较少，导致资源在各行业之间的分配过于集中，难以形成范围经济，致使其技术效率降低。

（二）天然气上市公司

运用 Eviews 9.0 对中国天然气上市公司进行回归分析，得到如下结果，见表 4 - 160。

表 4 - 160　天然气上市公司回归分析

Variable	Coefficient	Std. Error	t − Statistic	Prob.
β_0	2.383244	0.383717	6.210940 ***	0.0000
β_1	− 0.001942	0.001361	− 2.430636 **	0.0186
β_2	− 0.498517	0.935444	− 2.532920 **	0.0203

续表

Variable	Coefficient	Std. Error	t - Statistic	Prob.
β_3	- 0. 119137	0. 017412	- 6. 842214 ***	0. 0000
β_4	0. 019547	0. 018398	1. 062448	0. 2907
Effects Specification				
Cross - section fixed （dummy variables）				
R - squared	0. 594091	Mean dependent var		0. 070672
Adjusted R - squared	0. 549387	S. D. dependent var		0. 144518
S. E. of regression	0. 097012	Schwarz criterion		- 1. 730871
Sum squared resid	2. 136369	Akaike info criterion		- 1. 367756
Log likelihood	244. 9552	Hannan - Quinn criter		- 1. 584778
F - statistic	13. 28953	Durbin - Watson stat		1. 058468
Prob. （F - statistic）				0. 000000

注：* 表示在 10% 水平下显著；** 表示在 5% 水平下显著；*** 表示在 1% 水平下显著。

根据表 4 - 160 的数据可以得出以下两点结论。

（1）β_1 = - 0.001942，且通过显著性检验

其含义是当专业化比率每增加 1%，天然气上市公司的技术效率将会降低 0.001942%。因此，专业化比率与天然气上市公司技术效率之间具有显著的负相关关系，且专业化比率对天然气上市公司技术效率的负面影响力度高于整体能源上市公司。

（2）β_2 = - 0.498517，且通过显著性检验

其含义是当 HI 指数每增加 1%，天然气上市公司的技术效率将会降低 0.498517%。因此，HI 指数与天然气上市公司技术效率之间具有显著的负相关关系，且 HI 指数对天然气上市公司技术效率的负面影响力度高于整体能源上市公司。

（三）自来水上市公司

运用 Eviews 9.0 对中国自来水上市公司进行回归分析，得到如下结果，见表 4 - 161。

表 4 - 161　自来水上市公司回归分析

Variable	Coefficient	Std. Error	t - Statistic	Prob.
β_0	1.708741	0.292318	5.845491 ***	0.0000
β_1	- 0.000123	0.000969	- 4.126682 ***	0.0000
β_2	- 0.308031	0.699314	- 2.440476 **	0.0185
β_3	- 0.074501	0.012366	- 6.024836 ***	0.0000
β_4	- 0.128917	0.095350	- 1.352032	0.1790

Effects Specification

Cross - section random (dummy variables)

R - squared	0.272067	Mean dependent var	0.069411
Adjusted R - squared	0.253402	S. D. dependent var	0.140131
S. E. of regression	0.121082	Sum squared resid	1.715306
F - statistic	0.253402	Durbin - Watson stat	1.214152
Prob. (F - statistic)		0.000000	

注:* 表示在 10% 水平下显著; ** 表示在 5% 水平下显著; *** 表示在 1% 水平下显著。

根据表 4 - 161 的数据可以得出以下两点结论。

（1）β_1 = - 0.000123，且通过显著性检验

其含义是当专业化比率每增加 1%，自来水上市公司的技术效率将会降低 0.000123%。因此，专业化比率与自来水上市公司技术效率之间具有显著的负相关关系，且专业化比率对自来水上市公司技术效率的负面影响力度低于整体能源上市公司与天然气上市公司。

（2）β_2 = - 0.308031，且通过显著性检验

其含义是当 HI 指数每增加 1%，自来水上市公司的技术效率将会降低 0.308031%。因此，HI 指数与自来水上市公司技术效率之间具有显著的负相关关系，且 HI 指数对自来水上市公司技术效率的负面影响力度低于整体能源上市公司与天然气上市公司。

（四）电力热力上市公司

运用 Eviews 9.0 对中国电力热力上市公司进行回归分析，得到如下结果，见表 4 - 162。

表4-162 电力热力上市公司回归分析

Variable	Coefficient	Std. Error	t - Statistic	Prob.
β_0	1.009779	0.122274	8.258322 ***	0.0000
β_1	-0.000178	0.000359	-2.496605 **	0.0182
β_2	-0.064277	1.294646	-2.049649 **	0.0529
β_3	0.021075	0.006630	3.178867 ***	0.0016
β_4	0.287981	0.039389	7.311229 ***	0.0000

Effects Specification

Cross - section random（dummy variables）

R - squared	0.108320	Mean dependent var	0.046196
Adjusted R - squared	0.103786	S. D. dependent var	0.126620
S. E. of regression	0.119870	Sum squared resid	8.477549
F - statistic	0.103786	Durbin - Watson stat	0.846659
Prob.（F - statistic）		0.000000	

注：* 表示在10%水平下显著；** 表示在5%水平下显著；*** 表示在1%水平下显著。

根据表4-162的数据可以得出以下两点结论。

（1）β_1 = -0.000178，且通过了显著性检验

其含义是当专业化比率每增加1%，电力热力上市公司的技术效率将会降低0.000178%。因此，专业化比率与电力热力上市公司技术效率之间呈显著的负相关关系，且专业化比率对电力热力上市公司技术效率的负面影响力度高于自来水上市公司，低于整体能源上市公司与天然气上市公司。

（2）β_2 = -0.064277，且通过了显著性检验

其含义是当HI指数每增加1%，电力热力上市公司的技术效率将会降低0.064277%。因此，HI指数与电力热力上市公司技术效率之间呈显著的负相关关系，且HI指数对电力热力上市公司技术效率的负面影响力度低于整体能源上市公司、天然气上市公司与自来水上市公司。

（五）煤炭上市公司

运用Eviews 9.0对中国煤炭上市公司进行回归分析，得到如下结果，见表4-163。

表 4 - 163 煤炭上市公司回归分析

Variable	Coefficient	Std. Error	t - Statistic	Prob.
β_0	1. 768684	0. 159841	11. 06527 ***	0. 0000
β_1	- 6. 96E - 06	0. 000544	- 2. 012803 *	0. 0538
β_2	- 0. 457174	0. 956137	- 2. 478148 **	0. 0186
β_3	0. 062417	0. 008631	7. 231889 ***	0. 0000
β_4	0. 266032	0. 067279	3. 954137 ***	0. 0000

Effects Specification

Cross - section random (dummy variables)

R - squared	0. 594091	Mean dependent var	0. 070672
Adjusted R - squared	0. 549387	S. D. dependent var	0. 144518
S. E. of regression	0. 097012	Sum squared resid	2. 136369
F - statistic	13. 28953	Durbin - Watson stat	2. 058468
Prob. (F - statistic)		0. 000000	

注：* 表示在10% 水平下显著；** 表示在5% 水平下显著；*** 表示在1% 水平下显著。

根据表 4 - 163 的数据可以得出以下两点结论。

(1) β_1 = - 6. 96E - 06，且通过了显著性检验

其含义是当专业化比率每增加1%，煤炭上市公司的技术效率将会降低6. 96E - 06% 。因此，专业化比率与煤炭上市公司技术效率之间呈显著的负相关关系，且专业化比率对煤炭上市公司技术效率的负面影响力度低于整体能源上市公司、天然气上市公司、自来水上市公司与电力热力上市公司。

(2) β_2 = - 0. 457174，且通过了显著性检验

其含义是当HI 指数每增加1%，煤炭上市公司的技术效率将会降低0. 457174% 。因此，HI 指数与煤炭上市公司技术效率之间呈显著的负相关关系，且HI 指数对煤炭上市公司技术效率的负面影响力度低于整体能源上市公司与天然气上市公司，高于自来水上市公司与电力热力上市公司。

综上所述，专业化比率、HI 指数均与整体能源上市公司及不同类型能源上市公司技术效率之间呈显著的负相关关系，即业务集中度与整体能源

上市公司及不同类型能源上市公司技术效率之间呈显著的负相关关系，但对整体能源上市公司及不同类型能源上市公司技术效率的影响程度存在明显的差异，专业化比率、HI 指数均对天然气上市公司技术效率的负向影响程度最大，专业化比率对煤炭上市公司技术效率的负向影响程度最小，HI 指数对电力热力上市公司技术效率的负向影响程度最小。

总结本章第一节至第八节的内容，我们可以得到如下结论：

治理环境、监事会特征、股权结构、人力资本、董事会特征、资本结构、高管团队特征、业务集中度对中国整体能源上市公司及不同类型能源上市公司的技术效率具有不同程度的影响，且各个因素对中国整体能源上市公司及不同类型能源上市公司技术效率的影响程度存在明显的差异。

第五章　提升中国能源上市公司
技术效率的对策及建议

第一节　改善治理环境

前文研究结论表明，治理环境对中国能源上市公司技术效率具有一定的影响，政府干预程度对整体能源上市公司、天然气上市公司、自来水上市公司、电力热力上市公司与煤炭上市公司技术效率均具有显著的负向影响；法律环境、市场化程度均对整体能源上市公司、天然气上市公司、自来水上市公司、电力热力上市公司与煤炭上市公司技术效率具有显著的正向促进作用；是否发布社会责任报告书对整体能源上市公司、天然气上市公司、自来水上市公司与电力热力上市公司技术效率均具有不同程度的显著正向促进作用。因此，中国能源上市公司应采取以下措施，加快治理环境的完善，促进其技术效率的提升。

一、转化政府职能，规范政府行为

政府对其职能的认识程度对中国能源上市公司技术效率的提升具有一定影响。在中国能源上市公司的生产经营过程中，地方政府的主要职能就是为其提供高效的服务，以促进其较快地发展，充分发挥其对中国国民经济发展的促进作用。具体而言，就是政府应从政策上进行合理的引导并规范中国能源上市公司的行为，给予一定的资金支持，缓解中国能源上市公司生产经营过程中的资金瓶颈。

规范政府行为，减少地方政府对中国能源上市公司的干预，有利于促进中国能源上市公司的快速和健康发展，以及技术效率的提升。

一是正确处理支持地方经济社会发展和能源上市公司可持续发展的关系，在相关政策的支持下，对地方政府予以适当的倾斜，以促进地方经济社会的发展。

二是加强地方政府和中国能源上市公司的沟通。能源上市公司要做好对地方政府的公关工作，加强二者之间的有效沟通，实现互相理解、互相支持、互相促进；同时借助政府的相关政策，尽快改善其盈利能力、技术效率，增强其综合竞争力。

三是实行政企分开，减少审批事项和环节，简化办事程序，强化服务意识，消除行政垄断、地区封锁和保护，切实保障能源上市公司的合法权益。

二、继续推进价格体系的改革

我国的市场化改革，已经取得了一定的成效。但是，依然存在很多不足。最突出的问题是我国价格体系的改革还不彻底，一些重要生产资料和生活资料，如石油、天然气、水、土地、粮食和资金（利率）的价格依然由国家干预，导致经济主体不能依据价格信号高效地配置资源。在市场经济中企业为主要的经济主体，其追求的是最大利润，其关注的是各种产品（原材料）和投入要素的价格。为了实现其利润最大化的经营目标，企业必须要根据所在区域的资源优势、市场特点及其比较优势等选择产业组合与资源配置，但前提条件是有一个能够充分反映各种要素相对稀缺性的价格体系。有了这样的价格体系，企业为了降低成本、增加利润，就会按照价格信号的引导，选择符合其比较优势的产业组合进行生产。但是，我国改革开放的路径是渐进式的，并没有完全消除传统的价格扭曲现象，不能给中国能源上市公司传递准确的价格信号。在这种体制下，由于资金的价格（利率）是较低的，所以中国能源上市公司将会以资本投入代替别的要素投入，不仅使投资偏离各能源上市公司的比较优势，降低资本的配置效率和使用效率，而且会削弱能源上市公司的创新动力，从而阻碍其技术效率的提升。所以，我国必须继续建立完善的市场机制价格体系，提高中国能源上市公司的技术效率。

三、促进非国有经济和中介组织的发展

理论研究表明，中介组织对中国能源上市公司技术效率的贡献力度很大。其原因是中介组织的发展，尤其是律师行业的发展，有力保护了中国能源上市公司各利益相关者的合法利益，促进其生产的积极性和主动性。所以，各级政府相关管理机构应采取以下三方面的措施，进一步加快中介组织的发展步伐。

一是加强对中介组织人员的职业培训，进一步提高其业务水平。

二是建立完善的激励与约束机制，一方面刺激中介组织从业人员的工作积极性；另一方面杜绝其从业人员假公济私、收取贿赂的不法行为。

三是进一步健全相关的法律法规，并加大执法力度，使中介组织有法可依，同时加大对不法行为的惩罚力度。

四、改善投资环境

外商直接投资不仅可以促进企业全要素生产力的提高（Kunrong Shen，1999），而且可以促进企业的技术进步（Jinping Zhao，2001）。因此，各级政府相关管理机构与能源上市公司应从以下四个方面继续改善投资环境，吸引外商投资。

一是继续建立完善的现代企业制度，加快国有经济的战略性调整和能源上市公司的资产重组。

二是加强各地区商品和要素市场的培育和建设。大力发展城乡集体、个体、私营等多种所有制经济，积极发展城乡商品市场。

三是采取多种形式更多地吸引国内外资金、技术和管理经验。

四是中国能源上市公司应改善其经营环境和制度环境，包括知识产权的保护，吸引外资用于技术创新，以实现外资的外溢效用和技术转移。

五、继续加大科技投入经费

为了以科技创新促进技术效率的提升，中国能源上市公司应采取以下两个方面的措施。

一是继续加大科技投入经费，并加大对科技投入经费的监管力度。中国能源上市公司应继续加大科技投入经费，以科技创新提升其技术效率。

二是建立完善的激励与约束机制。为了激励科技研发人员的工作积极性，中国能源上市公司必须建立"权利与责任对称，收益与风险对称"的科技研发人员激励与约束机制：根据研发人员的平均劳动生产率，制定相应的考核任务，对于在规定期限内未完成任务者，应该根据其任务完成情况采取不同的、严厉的惩罚措施，增大其玩忽职守的机会成本。然后建立同时实现公司利益和科技研发人员利益最大化的激励机制，即让科技研发人员以一定的比例参与剩余利润的分配。

六、加快金融市场的发展

一个有效的金融市场可以为企业发展提供有力的财力支持。然而，目前我国的金融市场，尤其是资本市场发展滞后，并与货币市场严重割裂。这一现象削弱了金融市场对技术效率的促进作用。因此，应采取以下措施，加快金融市场的发展步伐，充分发挥其对中国能源上市公司技术效率的促进作用。

建立统一、灵活、高效的货币市场。货币市场可以为经济主体提供短期性、临时性资金，因此，我们要采取以下措施，建立统一、灵活、高效的货币市场，"使货币的扩张与市场的发展相适应"❶。

①增加货币市场的参与主体。货币市场的参与者主要有机构、个人及货币市场的专业人员。机构参与者包括商业银行、中央银行、非银行金融机构、政府及非金融性企业。目前，我国只有国有商业银行与股份制商业银行参与，因此，中国应尽快推动电子网络的发展，把众多的中小金融机构、非银行金融机构及非金融性企业等纳入货币市场的交易范围，进一步扩大银行间债券市场成员和进入外汇市场的成员。

②加快货币市场各个子市场的均衡发展，尤其是大力发展票据市场，并促进各个子市场之间的融合。为了充分发挥货币市场的政策功能，我国

---

❶ 江其务．经济转型时期的货币与金融［M］．西安：陕西人民出版社，2000.

应建立全国统一的汇票交易市场，推广商业承兑汇票和商业本票，加强票据市场的基础建设，包括改善企业信用评级制度，提高企业经营的透明度，加强企业的会计制度，使投资者能够准确判断企业风险，从而发展以企业信用为基础的票据。同时，要利用全国同业拆借市场，头寸资金需求应以信用拆借为主，短期资金需求应以票据贴现、回购协议和可转让大额定期存单为主，促进了市场之间的融合。

构建货币市场与资本市场之间资金合理流通的渠道，提高两个市场之间的一体化程度。

①进一步扩大券商进入同业拆借市场的数量，完善股票质押贷款，允许更多的券商进入银行间的国债回购市场。

②成立短期融资公司，完善金融市场。

③建立现代金融企业制度。逐步建立"以利润为目标，以成本为约束，以客户为中心"的现代金融企业制度，使商业银行成为真正的市场竞争主体和主人，注重成本和利润，改变过分信贷或过分惜贷的行为，提高资金的使用效率，为中国能源上市公司发展提供必要的资金支持，以促进其技术效率的提升。

七、积极履行社会责任，及时发布社会责任报告

中国能源上市公司应从以下五个方面，积极履行社会责任，及时发布社会责任报告。

一是正确认识履行社会责任的重要性、作用及其与技术效率的关系。中国能源上市公司的管理者应改变对履行社会责任的错误认识，正确认识履行社会责任的重要性及作用，树立履行社会责任是其必须承担的义务与责任的意识，积极、自觉履行社会责任，正确认识履行社会责任与技术效率之间的关系。

二是积极、自觉履行社会责任，制定科学、合理的制度保障职工、股东、社区居民等利益相关者的合法利益。

三是积极参与社会公益活动。

四是采取积极的措施加大污水处理、废气处理，降低二氧化碳等有害

气体的排放，加大环境保护力度。

五是及时、全面、准确地披露社会责任报告。

第二节　完善监事会治理结构

实证分析结果显示：监事会规模、前三名监事薪酬总额、监事受教育水平与整体能源上市公司及不同类型能源上市公司技术效率之间均呈显著的正相关关系，而监事会会议次数、监事持股比例、技术背景监事占比与整体能源上市公司及不同类型能源上市公司技术效率之间的相关性均不显著。因此，为了促进其技术效率的提升，中国能源上市公司应采取以下三个方面的措施，有效完善其监事会治理结构。

一、适度扩大监事会规模

监事会对股东（大）会负责，对公司财务以及公司董事、高级管理人员履行职责的合法性进行监督，维护公司及股东的合法权益。因此，监事会具有监督职能，在很大程度上可以缓解或防止"内部人控制"这一问题的产生。监事会规模的扩大有利于增强其监督效果，有效防止大股东借助控股权损害中小股东利益的行为出现，并同时提高中国能源上市公司的资源利用效率，促进其技术效率的提升。但是，监事会规模过大将会加大监事会成员之间有效沟通与协调的难度，提高决策成本，降低决策效率与效果，阻碍中国能源上市公司技术效率的提升。目前部分中国能源上市公司的监事会规模较小。因此，中国能源上市公司应根据其经营战略、环境变化及发展趋势、资源优势、发展优势等因素，适度扩大其监事会规模，以充分发挥监事会的监督职能，并以此促进其技术效率的快速提升。

二、提高监事会会议质量

监事会通过召集会议履行其职责。监事会会议有两种：一是定期会议，二是临时会议。《中华人民共和国公司法》规定：监事会每年度至少召开一次会议。同时，监事会作为股份公司的内部监督机构，具有提议召开临时股东大会的职权。目前，中国部分能源上市公司出于形式召开监事会会议，并且会议内容缺乏针对性，会议质量有待提升，弱化监事会的监督职能，导致其技术效率较低。因此，中国能源上市公司应从以下四个方面，提高其监事会会议质量。

第一，召开监事会会议前应向每位监事传达会议精神、会议主题，并将有关资料发送给各位监事。

第二，制定科学的监事会会议程序及相关制度。

第三，根据公司发展过程中的实际情况决定是否召开监事会会议，如遇突发性重大问题，应及时召开监事会会议。

第四，提倡监事针对会议主题集思广益、畅所欲言。

三、增强监事之间专业、技能的互补性

为了提高监事会的监督效果，中国能源上市公司应进一步增强监事之间专业、技能等的互补性。监事由股东大会选举产生，监事都是来自于不同领域，具有不同专业技能、理论知识与社会背景的高级专业人才。监事会异质性，即监事会成员在专业、学历、职称、社会背景、年龄等方面的差异，将会增强监事会成员的专业、技能、社会背景等方面的互补性，提高监事会的监督效果。因此，中国能源上市公司应聘任来自于不同研究领域、具有不同专业理论知识与专业技能的高级人才，增强监事会成员之间专业、技能等的互补性，提高监事会的监督效果。

第三节　优化股权结构

股权集中度、流通股占比与中国整体能源上市公司及各类型能源上市公司技术效率之间呈显著的负相关关系，但股权集中度对煤炭上市公司技术效率的负向影响程度最大，对电力热力上市公司技术效率的负向影响程度最小；流通股占比对电力热力上市公司技术效率的负向影响程度最小，对天然

气上市公司的负向影响程度最大。股权制衡度与中国整体能源上市公司及各类型能源上市公司技术效率之间呈显著的正相关关系，且对煤炭上市公司技术效率的促进作用最大，其次为自来水上市公司，再次为整体能源上市公司，对电力热力上市公司技术效率的促进作用最小。因此，为了加快技术效率的提升，中国能源上市公司应从以下三个方面着手，继续优化其股权结构。

一、降低股权集中度

股权集中度的分散有利于解决"一股独大"的问题，防止大股东为了自身利益利用控股权操纵股东大会做出不合理的决策，有效保护中小股东利益和其他利益相关者的合法利益，提高中国能源上市公司的资源利用效率，改善其财务绩效，提升其技术效率。因此，中国能源上市公司应采取有效措施降低股权集中度，主要包括以下两个方面。

一是降低非流通股股份占比。中国能源上市公司应降低国家股和法人股，即非流通股股份所占比重，增加流通股股份所占比重。

二是降低大股东持股比例，尤其是第一大股东持股比例，降低股权集中度。

二、提高股权制衡度

股权制衡度不仅通过分散股权达到对大股东的牵制和监督，有效抑制中国能源上市公司"内部人控制"现象，提高决策的科学性，而且股权制衡度的提高有利于激发中小股东对公司事务的参与感，增强其积极性与责任心。可见，股权制衡度的提高有利于强化对大股东的制衡。因此，中国能源上市公司应从以下两个方面提高其股权制衡度。

第一，减少大股东的持股数量，降低大股东的持股比例。

第二，增加社会公众所持股份，提高社会公众所持股份占比，有效提高其股权制衡度。

三、引导机构增持股份

近年来，随着证券市场的发展，公募基金、保险资金、社保资金、

QFII、私募资金、券商资金等机构逐渐进入股市，买入上市公司的股票，这种现象称为机构持股。机构投资者代表中小投资者的利益，将他们的储蓄集中在一起管理，为了特定目标，在可接受的风险范围和规定的时间内追求投资收益的最大化。投资主体机构化目前已成为国际金融市场的发展趋势，并成为判断一个国家金融市场成熟程度的主要标准之一。与个体投资者相比较，机构投资者不仅可以更好地解决金融市场上的信息不完全和信息不对称，降低投资者的交易成本与参与成本，提高投资收益率，而且投资主体机构化有利于稳定金融市场，提高金融市场的运行效率和资源配置效率，完善公司治理结构和缓解"内部人控制"问题，增强上市公司的会计稳健性，提高决策的科学性，实现上市公司的可持续发展，提升其综合竞争力与技术效率。因此，中国能源上市公司应吸引机构增持其股份。

第四节　提高人力资本质量

实证分析结果证明，具有专业技术资格人员占比、员工平均受教育年限、中等教育员工占比、初等教育员工占比均对整体能源上市公司及各类型能源上市公司技术效率具有显著的正向促进作用；但由于中国能源上市公司接受过高等教育的人员较少，导致高等教育员工占比对整体能源上市公司及各类型能源上市公司技术效率的影响不显著。可见，人力资本的提高可以有效促进中国能源上市公司技术效率的提升。而目前，中国能源上市公司高级人力资本太少，在一定程度上制约着其技术效率的提升。因此，中国能源上市公司应采取以下措施，加强对劳动力的培养，增加高级劳动力，提高人力资本的质量，改善劳动力的结构，以有效促进其技术效率的提升。

一、建立公开、公平、合理的招聘机制

建立公开、公平、合理的招聘机制，主要包括以下四个方面的内容。

一是遵循科学、合理的招聘原则，即唯才是用的原则。

二是通过人力市场或其他方式，公开招聘新员工。

三是整个招聘过程要具有公平性和透明度，即给所有应聘者提供同等的竞争机会，在公平竞争中进行招聘，并将招聘结果及时对外公布，增加招聘结果的透明度。

四是根据不同岗位的职业技能要求和学历要求，决定各个岗位的应聘条件。目前为了快速提高单位的人力资本存量和质量，中国部分能源上市公司在招聘时，都脱离岗位要求，片面规定应聘者必须具有高学历，这样将会把许多学历水平较低，但职业技能水平较高的人力资本拒之门外，是对人力资本的一种浪费。

二、建立科学的人力资本开发机制和工资机制

人力资本的开发是增加人力资本存量的重要途径。因此中国能源上市公司应该重视并从以下三个方面建立科学的人力资本开发机制。

一是国家应继续加大教育资金的投入力度，尽力改善教育资源不足和地区分布不均衡的现象，给居民提供良好的教育平台，提高居民的受教育水平，为中国能源上市公司培养更多的高级人力资本。

二是中国能源上市公司应经常给员工提供职业和技术培训的机会，并定期进行职业技术竞赛，以提高员工的职业技术水平，增加本单位的人力资本存量。

三是建立合理的动态工资调节机制，即根据本行业及所在地区的工资水平，结合物价的变化趋势，建立动态、灵活的工资调节机制，不仅可以吸引高级劳动者到本单位就业，而且也会激励本单位老员工重视知识和技能的自我发展。具体而言，就是将工资水平与学历水平、专业技术水平、行业与地区工资水平、物价水平相挂钩，同时，对高学历、高技术水平的人力资本，给予较高的工资待遇。

三、建立良好的人力资本流动机制

中国能源上市公司及各级政府相关管理机构应从以下三个方面建立良

好的人力资本流动机制，提高人力资本的利用率。

一是实现人力资本管理的信息化。通过有效、可行的渠道，如网络平台等，及时公布和更新人力资本的需求信息，使供给方（人力资本的提供者）能够及时获得相关信息。

二是建立由市场机制决定劳动力价格的价格决定机制。为了提高人力资本所有者的工作积极性和创造性，提高中国能源上市公司的劳动生产效率，中国能源上市公司应建立由市场机制根据市场供求信息和人力资本的质量决定劳动力价格的工资机制，发挥价格杠杆对人力资本的调节作用。

三是继续健全人力资本的相关制度，有效保护人力资本所有者的合法权利。

四、建立有效的人力资本激励与约束机制

激励是进一步提升人力资本的有效途径，因此建立有效的人力资本激励机制是极其重要的。对人力资本的激励通常包括以下两种方式。

一是经济或物质激励。运用这种方式对人力资本进行激励，最早通常是给人力资本所有者一定数额的货币资金或其他物品的奖励，但后来随着管理水平的提高，部分上市公司给予人力资本所有者一定数量的本单位股票等虚拟资产，以示奖励的同时也将人力资本所有者的利益与单位利益相结合。

二是政治奖励。经济需求是人的基本需求和最低层次的需求，而当人的最低层次需求得到满足后，就会产生高层次的需求，那么政治升迁就是其中的一项。对于表现特别突出、有特殊贡献或属于紧缺类人力资本，中国能源上市公司应对其进行一定的政治奖励，给人力资本所有者提供晋升的机会，以激发其积极性和创造性。人力资本的激励机制与约束机制应该是对称的，因此中国能源上市公司也要建立相应的约束机制，对于玩忽职守、未完成相应任务的人力资本所有者进行严格的惩罚，以杜绝和防止危害单位利益的行为发生。

第五节　完善董事会治理结构

根据《中华人民共和国公司法》的相关规定，董事会是由董事组成的、对内掌管公司事务、对外代表公司的经营决策和业务执行机构，即董事会是股东（大）会这一权力机构的业务执行机关，负责公司业务经营活动的指挥与管理，对公司股东大会负责并报告工作。实证研究结果显示：董事持股比例、董事受教育水平和董事会会议次数与中国整体能源上市公司及不同类型能源上市公司技术效率之间均存在显著的正相关关系；董事长与总经理两职合一与中国整体能源上市公司及不同类型能源上市公司技术效率之间呈显著的负相关关系；而董事会规模、独立董事占比、前三名董事的薪酬总额、女性董事占比、董事平均年龄、拥有技术背景的董事占比与中国整体能源上市公司及不同类型能源上市公司技术效率之间均不存在显著的相关关系。因此，中国能源上市公司应从以下四个方面，进一步完善其董事会治理结构。

一、制定完善的董事任免及培养机制

中国能源上市公司董事会规模一般是 7~9 人，符合我国《公司法》的要求。适当的董事会规模是董事会提高决策效率的必要条件，而董事素质的提升才是影响董事会决策效率与效果的关键因素。因此，中国能源上市公司应制定完善的董事任免及培养机制，以切实提高董事素质。

第一，严格董事选拔程序。中国能源上市公司应制定科学、合理的董事选拔程序，并严格依照程序选拔董事。

第二，依照唯才是用的原则聘任董事。聘任的董事在拥有优秀的专业能力的基础上，必须全面掌握公司的业务流程和内容，并且态度认真、工作负责。

第三，优化董事培养方案。为了提升董事的专业能力，除对其进行日常培训外，还应给其提供到国内外相关机构学习深造的机会，以提高其专业理论知识和专业技术水平。

第四，制定董事淘汰制度。通过全面考核，对不合格的董事予以淘汰。

二、提高独立董事参与公司事务的积极性

不在本公司任职且和本公司没有经济往来的董事被称为独立董事，其对公司的投资决策以及经营活动中所出现的问题进行独立、客观、全面、综合分析后提出正确的建议或意见。但独立董事只参加董事会会议，并不介入公司的日常经营活动，对公司的具体经营状况了解较少，很难为公司提出有针对性的建议。因此，为了充分发挥独立董事的监督职能，中国能源上市公司应鼓励独立董事积极参与公司事务，多方面、及时、深入地了解公司经营状况，并激励独立董事积极为公司决策建言献策，以充分发挥其独立性、客观性、专业性的优势，为中国能源上市公司技术效率的提升做出积极贡献。

三、实行董事长和总经理职位的两职分离

董事长和总经理这两个职位由不同的人担任的领导结构被称为两职分离。公司只有实行两职分离才可以保证董事会的独立性，进而加强董事会对高管人员的监控力度，这有益于内部治理效率及技术效率的提升。同时，在实行两职分离制度时，必须加强董事长和总经理之间的信息沟通与交流，建立良好、畅通的交流与沟通机制，提高沟通效率，实现有效沟通，并以此促进中国能源上市公司技术效率的提升。

四、提高董事会会议决策效率与质量

董事会会议是董事会在其职责范围内对重大事项进行决议的会议，是公司决定重大事项的重要制度安排，但由于中国能源上市公司董事会会议的决策效率较低，且通常是在公司经营出现问题时才召开，导致其对公司技术效率的正向促进作用有限。所以，中国能源上市公司应采取以下三个方面的措施，提高董事会会议的决策效率与质量。

第一，中国能源上市公司应在召开董事会会议前以书面形式告知董事

会成员会议议题及该议题的重要性，以保证董事会成员充分掌握与该议题相关的信息，提高董事会会议质量和决策效率。

第二，董事会会议应增加关于公司发展战略决策方面的议题，使会议脱离形式化。

第三，中国能源上市公司应定期和不定期召开董事会会议，重视董事会会议对公司发展问题的事前预测与防范，根据经营环境的发展趋势，制定科学合理的发展战略，等等。

第六节　改善资本结构

第四章的研究结果表明：资产负债率、银行借款融资率与中国整体能源上市公司及不同类型能源上市公司技术效率之间呈显著的负相关关系，且资产负债率对天然气上市公司技术效率的负向影响程度最大，银行借款融资率对自来水上市公司技术效率的负向影响程度最大；商业信用融资率、股权融资率与中国整体能源上市公司及不同类型能源上市公司技术效率之间具有显著的正相关关系，商业信用融资率对自来水上市公司技术效率的正向促进作用最大，股权融资率对天然气上市公司技术效率的促进作用最大；而盈余融资率对中国整体能源上市公司及不同类型能源上市公司技术效率的影响不显著。因此，中国能源上市公司应着力改善其资本结构，并以此促进其技术效率的提升。

一、有效利用财务杠杆效应

财务杠杆效应是指由于债务的存在而导致普通股每股利润变动大于息税前利润变动的杠杆效应。运用财务杠杆会给企业权益资本带来额外收益，但同时也会给企业带来财务风险：当投资利润率大于负债利息率时企业盈利，企业使用债务资金所创造的收益（息税前利润）除偿还债务利息之外还有一部分剩余，这部分剩余收益归企业所有者所有；当投资利润率小于负债利息率时，企业使用债务资金所创造的利益不足以支付债务利息，对不足以支付的部分企业则需使用权益性资金所创造的利润来弥补，从而降低企业使用权益性资金的收益率。因此，当负债在全部资金所占比重很大，且企业的投资利润率小于负债利息率时，其所有者会承担更大的额外损失。因此，中国能源上市公司应根据自身情况，从以下三个方面，设置合理的资本结构，有效利用财务杠杆效应，促进其技术效率的提升。

第一，准确审查企业负债的性质及资产的质量。

第二，结合当前国家政策，分析、预测利率的未来发展趋势。

第三，加强内控，定期检查财务杠杆系数。

二、合理控制借款总额，优化借款结构

企业融资方式即企业融资的渠道包括债务性融资和权益性融资。债务性融资包括银行借款、发行债券和应付票据、应付账款等。债务性融资构成负债，企业要按期偿还约定的本息，债权人一般不参与企业的经营决策，对资金的运用也没有决策权。与发行债券相比较，银行借款融资具有借款手续较简便等优点，因此，目前中国能源上市公司债务性融资以银行借款为主。但是，银行借款成本较高，不仅给中国能源上市公司带来沉重的利息负担，而且增加其财务风险。因此，中国能源上市公司应合理控制借款总额。银行借款是中国能源上市公司最主要的融资渠道，按借款期限可将其划分为短期借款、中期借款和长期借款，不同类型的借款具有不同的融资成本、利息负担与财务风险程度。因此，中国能源上市公司应根据借款用途、对市场利率的未来预期等因素，合理确定、优化借款的期限和结构。

三、提高商业信用融资比例

商业信用融资是指企业之间在买卖商品时，以商品形式提供的借贷活动，是经济活动中的一种最普遍的债权债务关系，对扩大生产和促进流通具有积极的作用。商业信用融资具有筹资便利、筹资成本低、限制条件少的优点。因此，中国能源上市公司应从以下三个方面，提高商业信用融资比例。

第一，合理运用应付账款融资。应付账款融资最大的特点是易于取得，无须办理筹资手续和支付筹资费用，而且在一些情况下无须承担资金

成本。因此，中国能源上市公司应加强与上下游公司之间的经济合作，建立良好关系，合理运用应付账款融资。

第二，增加商业票据融资。商业票据是指由金融公司或某些企业签发，无条件约定自己或要求他人支付一定金额，可流通转让的有价证券。商业票据融资具有无担保、利率低、限制少、见票即付等优点，因此，中国能源上市公司应增加商业票据融资总额。

第三，运用预收货款融资。预收货款是指销货企业按照合同或协议约定，在交付货物之前向购货企业预先收取部分或全部货物价款的信用形式，相当于销货企业向购货企业先借一笔款项，然后再用货物抵偿。中国能源上市公司可适度使用该融资方式，提高商业信用融资比例。

四、提高股权融资比例

股票具有永久性、无到期日、不需偿还、没有还本付息压力等特点，因此筹资风险较小。同时，股票市场可促进企业转换经营机制，使其真正成为自主经营、自负盈亏、自我发展、自我约束的法人实体和市场竞争主体。最后，股票市场为资产重组提供了广阔的舞台，可以优化企业组织结构，提高企业资源整合能力。因此，中国能源上市公司应采取以下三个方面的措施，提高股权融资比例。

第一，适度运用股权质押方式融资。股权质押融资是指出质人以其所拥有的股权这一无形资产作为质押标的物，为自己或他人的债务提供担保的行为。股权质押融资具有方便快捷、成本较低等优点，因此，中国能源上市公司应适度运用股权质押方式融资。

第二，运用股权交易增值融资。中国能源上市公司的经营者可以通过溢价出让部分股权来吸纳资本、吸引人才，推动其进一步扩张发展，促进其技术效率的提升。

第三，通过增发新股进行融资。

五、提高内源融资能力

内源融资成本较低、风险最小，使用灵活且自主。以内源融资为主要融资方式的企业可以有效控制财务风险，保持稳健的财务状况。因此，中国能源上市公司应从以下四个面严格控制其经营成本、增加营业收入、增强其盈利能力与内源融资能力。

第一，强化目标管理。中国能源上市公司应根据"制定定额、分解目标、控制费用、严格考核"的原则，合理控制成本设计目标，严格控制价格目标，控制消耗品和其他物品消耗目标。

第二，实行全员、全方位的成本管理。尽快建立一个比较完整、科学的成本管理体系；动员所有员工积极参与成本管理，使每位员工在经营管理的过程中，时时刻刻重视成本的控制，并采取行动控制成本，通过实行全员和全过程的成本管理，形成人人关心成本、处处关注成本、时时关注成本的良好局面。

第三，提高劳动生产率。中国能源上市公司应提高技术水平，采用新技术、新设备，并对员工进行相关培训，以提高企业职工的素质，提高劳动生产效率。

第四，中国能源上市公司应借鉴国内外标杆企业的成功经验，通过创新、规范业务操作的流程，实行业务操作流程的标准化管理。

第七节　提高高管团队的管理效率

一、优化高管团队规模

高层管理团队是企业发展到一定阶段，为了适应复杂多变的经营环境而出现的一种新型核心决策群体组织形态，是由在组织中主要承担战略决策职责的高层管理者所组成、决定组织发展和影响组织绩效的核心群体。在现代公司制企业中，高管团队通常由董事会成员及正、副总经理，以及其他共同参与战略决策的高层管理者组成。高管团队的规模过小将会导致团队决策效果较差，资源利用效率较低，盈利能力较弱，潜在经营风险较大，从而阻碍上市公司技术效率的提升；高管团队的规模过大将会导致团队沟通效率较低、协调难度加大、决策效率较低等问题，导致上市公司技术效率降低。因此，中国能源上市公司应根据其经营规模、业务复杂程度、发展战略等因素合理确定、优化其高管团队规模。

二、增强高管团队的异质性

Hambrick 和 Mason 认为高层管理团队异质与团队经历的冲突水平及类型相关，团队越多样化，关于如何解决战略问题的观点就越不相同。团队异质使战略决策者更具有创造力和提高适应性。虽然，高管团队异质对上市公司绩效的影响是不确定的，随着公司战略和社会背景的改变而进行动态调整。但是在复杂的情况下，高层管理团队异质性能增强战略重新定位的灵活性，对上市公司绩效的改善与技术效率的提升具有积极作用。因此，中国能源上市公司应聘任来自于不同研究领域、具有不同专业理论知识和专业技能的高级人才，增强高层管理团队成员之间专业、技能的互补性，提高高管团队的综合素质。

第八节 确定适度的业务集中度

实证分析证明，专业化比率、HI 指数均与中国整体能源上市公司及不同类型能源上市公司的技术效率之间呈显著的负相关关系，且专业化比率、HI 指数对天然气上市公司技术效率的负向影响程度最大，专业化比率对煤炭上市公司技术效率的负向影响最小，HI 指数对电力热力上市公司技术效率的负向影响最小。因此，中国能源上市公司应确定适度的业务集中度，以促进其技术效率的提升。

一、合理确定专业化比率

第一，中国能源上市公司应该根据所面临的内外部环境，确定合理的业务范围，提升自身的核心竞争力。目前，一些中国能源上市公司的业务范围极为广泛，导致其业务泛而不精，难以形成企业的竞争优势，加之管

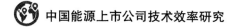

理难度的加大，致使其技术效率水平不高。因此，专业化比率偏低的中国能源上市公司应根据以往的营业收入比例确定自己的主营业务，适度提高自己的专业化比率，打造核心竞争力，不断提高其技术创新能力，从而促进其技术效率的提升。而专业化比率过高的能源上市公司则应适当降低其业务集中度。

第二，中国能源上市公司应以市场为导向、以战略为指导，不断优化其资源配置，使人、财、物、时间等各项资源实现有效聚集，并根据专业化比率及各项业务的发展规划，优化各项资源在不同业务中的分配，合理确定各项业务的专业化比率，提高各项资产周转率，降低产品的生产经营成本，提升产品质量和服务水平，发挥规模效应，以促进其技术效率的提升。

二、适度降低 HI 指数

HI 指数较高的中国能源上市公司涉及的行业较少，导致资源过度集中，一旦缺乏准确的市场判断力时更容易造成资源浪费，从而对其技术效率产生负面影响。同时，HI 指数较高的中国能源上市公司重视规模经济，但忽视范围经济，阻碍其技术效率的提升。因此，中国能源上市公司应根据其主营业务种类、产品竞争力、发展战略、长期发展目标等内部因素，以及经济发展水平、利率、汇率、经济政策等外部因素，适度降低其 HI 指数，从而促进其技术效率的提升。

第九节　完善激励机制

中国能源上市公司应从以下四个方面制定、完善其激励机制，以有效激发董事、监事和高层管理者的工作积极性，增强其工作责任心，促进其技术效率的提升。

一、遵循科学的激励原则

中国能源上市公司应遵循以下三点原则，制定、完善其激励机制。

第一，目标一致性原则。目标设置是中国能源上市公司对董事、监事、高层管理者激励的关键，设置目标既要服从于组织战略，又要体现董事会、监事会和高管团队整体目标和董事会成员、监事会成员和高管团队成员的个体需求。通过调和整体目标与个体需求的不协调性，实现整体目标和成员的个体目标的一致性，以保证资源和知识的共享、信息的充分交流。

第二，多样性原则。根据马斯洛需要层次理论，董事会成员、监事会成员和高管团队成员处于需要层次的顶端，表现为自我实现的个性需求；从心理学角度看，董事会成员、监事会成员和高管团队成员属于个体成熟度较高、追求个性化的群体。董事会成员、监事会成员和高管团队成员的个性化、多样性需求，要求激励必须遵循因人而异的多样化原则。

第三，动态性原则。组织战略随着外部环境的变化而不断进行调整，董事会成员、监事会成员和高管团队成员必然随之做出相应目标和行为改变。而随着董事会成员、监事会成员和高管团队成员所处环境、个人经历和年龄的变化，其个体需要也是动态的。为适应组织战略、整体目标和成员的个体需要变化，激励应遵循因时而异的动态性原则。

二、设计科学合理的薪酬激励制度

为了有效激发董事会成员、监事会成员和高管团队成员的主观能动性，中国能源上市公司必须给予董事会成员、监事会成员和高管团队成员满意的工资报酬，这样才能让其全身心地为公司发展而努力。基于委托—代理理论，完善的薪酬激励制度可以降低委托者和代理者之间的利益矛盾冲突，促使代理成本的下降。在公司的经营管理活动中，董事会成员、监事会成员和高管团队成员具有十分关键的地位，影响中国能源上市公司的决策、经营方式、经营风险、盈利能力与技术效率。因此，中国能源上市公司在维护自身利益的前提下，应制定一整套符合董事会成员、监事会成员和高管团队成员要求的薪酬激励制度，提高其工作满意度，降低道德风险，加快技术效率的提升。

三、实行股票期权激励

在监督机制不完善的背景下，基于委托—代理理论，上市公司内部均存在信息不对称、资产的所有权与经营权相分离以及监督职能不到位等问题，并且伴随公司的成长这些问题也愈加尖锐。目前中国能源上市公司的外部监督机制还处于起步阶段，内部监管机制也不够完善。在这种条件下，董事会成员、监事会成员和高管团队成员持股导致其短期行为的产生，对公司的中长期发展带来严重的负面影响。而股票期权激励可以有效防范其短期行为，在中长期内有效协调利益相关者之间的利益冲突。因此，中国能源上市公司应对董事、监事、高管人员实行适度的股票期权激励。

四、利益互惠激励

董事会成员、监事会成员和高管团队成员的基本需要是为了获得经济利益，利益的合理分配决定着合作的成败。因此，中国能源上市公司在经营管理过程中，应坚持多赢原则，设立利益互惠激励制度。通过利益分享和风险共担等互惠机制的设计，促使董事会成员、监事会成员和高管团队成员对合作进行投入和兑现承诺，同时从合作中获得收益。如通过双方的合作契约，兑现董事会成员、监事会成员和高管团队成员的剩余支配权；依据激励与风险分担的最优替代（比例），结合董事会成员、监事会成员和高管团队成员自身的知识、经验和技能，以及组织状况和行业特点，确立其报酬结构。

第十节　加快智慧能源的发展

一、确立智慧能源的战略地位

2015 年 7 月，中国政府发布《关于积极推进"互联网＋"行动的指导意见》，明确提出"互联网＋"智慧能源的新型战略，计划通过互联网促进能源系统扁平化，推进能源生产与消费革命。2017 年，国家能源局发布《能源发展"十三五"规划》，提出"十三五"期间我国推动"互联网＋"智慧能源发展，构建能源生产、输送、使用和储能体系协调发展、集成互补的能源互联网。可见，发展智慧能源是我国实现国民经济可持续发展的必由之路，具有重要的战略地位。因此，中国能源上市公司的管理者应正确认识智慧能源的战略地位。

二、积极构建智慧能源系统

注重系统优化，创新发展模式，积极构建智慧能源系统。把提升系统调峰能力作为补齐电力发展短板的重大举措，加快优质调峰电源建设，积极发展储能，变革调度运行模式，加快突破电网平衡和自适应等运行控制技术，显著提高电力系统调峰和消纳可再生能源能力。强化电力和天然气需求侧管理，显著提升用户响应能力。大力推广热、电、冷、气一体化集成供能，加快推进"互联网＋"智慧能源系统。

三、积极推动"互联网＋"智慧能源发展

加快推进能源全领域、全环节智慧化发展，实施能源生产和利用设施智能化改造，推进能源监测、能量计量、调度运行和管理智能化体系建设，提高能源发展可持续自适应能力。加快智能电网发展，积极推进智能变电站、智能调度系统建设，扩大智能电表等智能计量设施、智能信息系统、智能用能设施应用范围，提高电网与发电侧、需求侧交互响应能力。推进能源与信息、材料、生物等领域新技术深度融合，统筹能源与通信、交通等基础设施建设，构建能源生产、输送、使用和储能体系协调发展、集成互补的能源互联网，积极推动"互联网＋"智慧能源发展。

四、加快推进能源与信息、材料、生物等领域新技术深度融合

实现智慧能源的发展与利用，必须加快推进能源与信息、材料、生物等领域新技术深度融合，全面实施能源生产和利用设施智能化改造，科学统筹能源与通信、交通等基础设施建设，积极构建能源生产、传输、存

储、消费和管理智能化体系，切实提高能源产业发展可持续自适应能力。然而，对我国能源资源行业而言，实现由"传统"时代向"智慧"时代的跨越，不仅取决于产业链条的协同行动，也取决于各能源企业、各地区的协同发展。只有各能源企业、各地区协同行动，才能有效促进能源和信息技术的深度融合，推动能源领域供给侧结构性改革，为实现我国从能源大国向能源强国转变和经济提质增效升级奠定坚实的基础。在全球新一轮科技革命和产业变革中，智慧能源将得到广泛发展和充分利用，加快能源产业的转型升级，已成为产业链上经济主体的共同责任。因此，中国能源上市公司应加快推进与信息、材料、生物等领域新技术的深度融合，切实加快建设智能化能源生产、利用设施，构建能源生产、传输、存储、消费和管理智能化体系，加快智慧能源的发展，以此促进其技术效率的快速提升。

第六章 研究结论与展望

第一节 研究结论

近年来，我国已形成较为完善的能源生产和供应体系，包含煤炭、电力、石油、天然气、可再生能源等成熟的能源品类。但是，中国能源发展依然存在一些问题，在一定程度上制约着能源产业的较快发展及其对中国经济发展的贡献。作为能源产业的重要载体，在经济社会发展以及生态环境约束的背景下，能源上市公司提质增效已提上发展日程。同时，在全球新一轮科技革命和产业变革中，我国能源上市公司面临的风险、挑战进一步加大，国际竞争也越来越激烈。

技术效率是影响能源上市公司竞争力的一个重要因素。但是，中国能源上市公司的技术效率依然较低，制约其发展速度，以及对中国经济发展的贡献。因此，对中国能源上市公司技术效率的研究具有一定的理论意义和现实意义。笔者运用数据包络分析法、回归分析法等研究方法，对中国能源上市公司技术效率及其影响因素进行实证分析后得到以下四点结论。

第一，2007 年以来中国能源上市公司技术效率较低，处于非生产前沿面。2007—2017 年，中国能源上市公司技术效率较低，资源的利用效率较低，存在明显的资源浪费现象，具有较大的技术效率改进空间。

第二，中国能源上市公司的技术效率在反复震荡中呈下降趋势。2008—2012 年中国能源上市公司技术效率呈持续下降趋势，2012 年在全球性经济危机和节能减排政策的影响下，中国能源上市公司技术效率值下降为 0.036。2013 年，中国能源上市公司技术效率快速提高，但是，2014—

2015 年中国能源上市公司技术效率又呈现下降态势，2016 年其值快速增长，但 2017 年又略有下降。可见，中国能源上市公司的技术效率在反复震荡中呈下降趋势。

第三，多数中国能源上市公司的技术效率增长率在波动中上升。2007—2017 年，永泰能源、胜利股份、国新能源、大众公用等 22 家能源上市公司的技术效率增长率在波动中降低，其余 81 家能源上市公司的技术效率增长率在波动中呈上升态势。因此，2007—2017 年，虽然中国能源上市公司的技术效率增长率一直处于波动之中，但多数上市公司的技术效率增长率总体呈上升趋势。

第四，实证分析治理环境、监事会特征、股权结构、人力资本、董事会特征、资本结构、经理层特征、业务集中度对中国整体能源上市公司及不同类型能源上市公司技术效率的影响程度。研究结果显示：治理环境、监事会特征、股权结构、人力资本、董事会特征、资本结构、高管团队特征、业务集中度对中国整体能源上市公司及不同类型能源上市公司的技术效率具有不同程度的影响，而且各个因素对中国整体能源上市公司及不同类型能源上市公司技术效率的影响程度存在明显的差异。

第二节　未来研究的展望

笔者认为，本书虽然在中国能源上市公司技术效率的研究领域取得了一些成果，但是由于一系列原因，仍有以下三个方面的问题值得研究。

①鉴于收集资料不全面及篇幅所限，本书只研究了治理环境、监事会特征、股权结构、人力资本、董事会特征、资本结构、高管团队特征、业务集中度对中国整体能源上市公司及不同类型能源上市公司技术效率的影响程度；并且，由于研究指标的收集年限较少，导致其研究结论具有一定的误差。因此，笔者将继续收集有关资料，并认真研究其他因素对中国整体能源上市公司及不同类型能源上市公司技术效率的影响。

②在研究过程中，为使研究结果更加准确，本书将 ST 和 PT 上市公

司、数据缺失以及异常的上市公司删除，并且剔除了上市时间较短的公司，因此，最终选择 103 家能源上市公司作为研究样本，研究样本较少，导致研究结论具有一定的偏差。其中，由于石油类上市公司样本量太少，无法实证分析各个因素对其技术效率的具体影响。这是笔者在写作本书时的最大遗憾，也是以后进一步研究的方向。

③众所周知，任何事物都不是单独、孤立存在的。治理环境、监事会特征、股权结构、人力资本、董事会特征、资本结构、高管团队特征、业务集中度相互作用、相互影响，这是客观的。对此，任何人毋庸置疑。本书只分别分析了治理环境、监事会特征、股权结构、人力资本、董事会特征、资本结构、经理层特征、业务集中度各自对中国能源上市公司技术效率的影响，而未分析这八种因素对中国能源上市公司技术效率的综合影响，我们不能由此得出治理环境、监事会特征、股权结构、人力资本、董事会特征、资本结构、高管团队特征、业务集中度是引起中国能源上市公司技术效率较低的相互独立的因素这一结论。

参考文献

［1］安立仁. 资本驱动的中国经济增长：1952—2002［J］. 人文杂志，2003（6）：44－54.

［2］安树伟，王思薇. 西部大开发十年政策效应评价［M］//姚慧琴，任宗哲. 西部蓝皮书中国西部经济发展报告（2009）. 北京：社会科学文献出版社，2009：50－70.

［3］安树伟. "十二五"时期的中国区域经济［M］. 北京：经济科学出版社，2011.

［4］边雅静，沈利生. 人力资本对我国东西部经济增长影响的实证分析［J］. 数量经济技术经济研究，2004（12）：19－24.

［5］陈关聚. 人力资本结构对重工企业技术效率的影响研究［J］. 技术经济与管理研究，2013（2）：60－63.

［6］程蕾. 我国煤炭企业全要素生产率动态变化及其分析［J］. 煤炭经济研究，2013，33（8）：60－62＋70.

［7］丁一兵，付林. 中美大型企业社会责任对其企业效率的影响机制研究：基于 DEA－Tobit 两步法的分析［J］. 产业经济研究，2015（6）：21－31.

［8］丁哲新. 我国煤炭行业的技术效率、技术进步与生产率增长［J］. 科技管理研究，2009，29（3）：91－93＋110.

［9］董淑兰，邹安妮. 新发展理念下企业社会责任与效率研究［J］. 会计之友，2019（10）：44－52.

［10］窦鑫丰，罗佳敏. 基于 DEA 方法的电力企业经营绩效评价［J］. 南京工程学院学报（社会科学版），2017，17（4）：56－60.

［11］樊纲，王小鲁．中国分省企业经营环境指数 2017 报告［M］．北京：社会科学文献出版社，2017．

［12］范建双，李忠富，徐博．大型施工企业业务集中度及其对经济效益的影响研究［J］．建筑经济，2008（8）：5－9．

［13］冯婕，汪方军，李勇．煤炭行业上市公司股权结构对企业技术效率的影响研究［J］．管理学报，2008，5（5）：762－765．

［14］付丹，朱发根．基于复合 DEA 的电力企业投入产出相对效率评价研究［J］．工业技术经济，2012（11）：67－71．

［15］耿逢春．基于 DEA 的新能源板块上市公司评价体系研究［J］．经济视角，2011（6）：27－29．

［16］顾洪梅，刘志云．中国煤炭业上市公司经营效率研究［J］．现代管理科学，2012（1）：105－107．

［17］郭东，邓旭升．我国信托业投入产出效率的影响因素分析——基于受限面板 Tobit 模型的实证［J］．求索，2016（8）：83－87．

［18］贺小荣，姜沣珊．我国旅游类上市公司技术效率实证研究——基于 DEA－Tobit 两阶段模型［J］．湖南财政经济学院学报，2018，34（1）：29－36．

［19］季凯文．中国生物农业全要素生产率的增长效应及影响因素研究——对 32 家上市公司的实证考察［J］．软科学，2015（2）：41－45．

［20］纪建悦，秦玉霞．我国创新型企业创新效率评价及影响因素研究——基于家电制造业上市公司 2007—2013 年的经验数据［J］．中国海洋大学学报（社会科学版），2015（3）：75－79．

［21］贾全星．我国新能源上市公司技术效率及其影响因素分析——基于随机前沿方法的实证研究［J］．工业技术经济，2012，31（7）：114－119．

［22］姜春海，胡亚妮．火电上市公司的技术效率及影响因素——基于 DEA 方法和 Tobit 模型的实证分析［J］．宏观经济研究，2014（8）：61－73．

［23］江其务．经济转型时期的货币与金融［M］．西安：陕西人民出版社，2000．

[24] 蒋文定. 我国石化行业上市公司股权结构对其投入产出效率的影响 [J]. 当代石油石化, 2013, 21 (3): 36 – 39.

[25] 姜秀娟, 张胜平, 廖先玲. 资源整合背景下上市煤炭企业四维全要素生产率测算与分析 [J]. 中国矿业, 2018, 27 (11): 71 – 75.

[26] 李富有, 郭小叶, 杨秀汪. 国际大型石油公司效率比较及其影响因素 [J]. 经济与管理研究, 2016, 37 (5): 74 – 82.

[27] 李国龙, 张英杰. 煤炭行业上市公司技术效率与公司治理 [J]. 云南财经大学学报 (社会科学版), 2010, 25 (3): 68 – 70.

[28] 李俊青, 李双建. 法律保护、社会信任与商业银行全要素生产率 [J]. 制度经济学研究, 2017 (4): 1 – 32.

[29] 李凯风, 宋鹏鹏, 王敏敏. 中国新能源行业上市公司经营绩效研究 [J]. 会计之友, 2014 (15): 52 – 56.

[30] 李世祥, 王剑成, 成金花. 中国煤炭产业效率及其规制效应分析 [J]. 中国人口·资源与环境, 2015, 25 (11): 169 – 176.

[31] 李眺. 生产要素投入、电价规制改革与火电企业的效率——来自 A 股上市公司的随机前沿证据 [J]. 财经研究, 2009, 35 (4): 107 – 118.

[32] 李勇, 刘新梅. 基于 DEA 和 SFA 的煤炭行业上市公司技术效率比较研究 [J]. 陕西煤炭, 2007 (6): 3 – 6.

[33] 李祥进, 杨东宁, 徐敏亚, 雷明. 中国劳动密集型制造业的生产力困境——企业社会责任的视角 [J]. 南开管理评论, 2012, 15 (3): 122 – 130.

[34] 李治国, 郭景刚, 周德田. 中国石油产业行政垄断及其绩效的实证研究 [J]. 当代财经, 2012 (6): 89 – 101.

[35] 李治国, 孙志远. 基于 DEA 比较下的国有石油企业绩效研究 [J]. 甘肃科学学报, 2016, 28 (2): 119 – 125.

[36] 梁树广, 崔健, 袁见. 我国电力行业上市公司的股权结构与技术效率关系——基于超效率 DEA 模型和面板模型 [J]. 上海立信会计学院学报, 2011, 25 (4): 78 – 86.

[37] 刘国栋, 李娟. 上市公司资本结构对经营绩效的影响 [J]. 合

作经济与科技，2019（14）：112 – 115.

[38] 刘琪林，李富有．基于 Malmquist – DEA 的中国能源产业技术进步与技术效率研究 [J]．中国科技论坛，2013（10）：67 – 73.

[39] 刘文华．经理层团队职能背景特征价值效应的实证研究 [J]．现代管理科学，2011（12）：108 – 110.

[40] 刘文君，向冰．我国核电上市公司技术效率研究——基于超效率 DEA 模型的实证分析 [J]．南华大学学报（社会科学版），2016（3）：5 – 9.

[41] 刘文君，向冰．基于 SE – DEA 模型的我国能源上市公司技术效率研究 [J]．资源开发与市场，2016，32（8）：924 – 929.

[42] 刘亚铮，彭慕蓉．我国不同所有制新能源上市公司技术效率的比较研究——基于面板数据的 DEA – Malmquist 实证研究 [J]．工业技术经济，2015，34（3）：38 – 43.

[43] 刘远奇，邵强，董越，林向义，张海乐．我国上市石油企业技术效率分析 [J]．昆明理工大学学报（自然科学版），2014，39（6）：125 – 129.

[44] 刘中艳．产权制度、人力资本对服务业技术效率的影响——以湖南省为例 [J]．中南财经政法大学学报，2013（4）：63 – 69 + 85.

[45] 马跃，陈敏．广西上市公司资本结构对绩效的影响研究 [J]．现代商贸工业，2019，40（15）：130 – 132.

[46] 马跃如，白勇，程伟波．基于 SFA 的我国文化产业效率及影响因素分析 [J]．统计与决策，2012（8）：97 – 101.

[47] 毛路，吴蓓菁．股份制改造、股权结构与上市公司技术效率 [J]．经济管理，2006（6）：19 – 25.

[48] 苗敬毅，蔡呈伟．我国煤炭行业上市公司技术效率及其影响因素——基于 Tobit – DEA 模型 [J]．技术经济，2012，31（7）：55 – 58 + 103.

[49] 穆秀珍．中国石油企业全要素生产率变动与分析 [J]．山东工商学院学报，2017，31（3）：26 – 34.

［50］裴誉. 我国石油行业上市公司绩效评价研究——基于 DEA 模型的实证分析［J］. 现代管理科学，2012（11）：32 - 34.

［51］饶田田，吕涛. 基于 DEA 的大型煤炭企业经营效率评价与分析［J］. 中国矿业，2009，18（8）：27 - 30.

［52］任志刚，丁国荣. 中国上市公司治理对技术效率的影响——来自中国制造业上市公司的经验证据［J］. 当代经济科学，2010，32（1）：16 - 22，124 - 125.

［53］芮筱，姚乔茜，王乐. 电力公司股权集中度与技术效率关系的实证分析——基于 DEA 模型和固定效应模型［J］. 财会月刊，2017（36）：53 - 58.

［54］邵金菊，王培. 中国软件服务业投入产出效率及影响因素实证分析［J］. 管理世界，2013（7）：176 - 177.

［55］邵强，刘远奇，林向义，董越，周贺. 基于 DEA 的我国石油上市企业技术效率分析［J］. 甘肃科学学报，2014，26（5）：92 - 97.

［56］石鸟云，周星. 我国电力企业技术效率评价及影响因素分析［J］. 科技进步与对策，2012，29（5）：127 - 132.

［57］石晓军，王立杰，邵春伟. 我国油田随机前沿技术效率与全要素生产率研究［J］. 中国石油大学学报（自然科学版），2006，30（5）：125 - 129 + 146.

［58］孙鹏，程春梅. 煤炭行业上市公司经营效率的动态研究［J］. 辽宁工业大学学报（社会科学版），2017，19（1）：42 - 44.

［59］孙兆斌. 股权集中、股权制衡与上市公司的技术效率［J］. 管理世界，2006（7）：115 - 124.

［60］颜敏，王维国. 人力资本结构对我国技术效率的影响——基于随机前沿生产函数的实证分析［J］. 数学的实践与认识，2012，42（10）：11 - 18.

［61］杨贺，马春爱. 经理层持股、企业特征与公司价值［J］. 河北经贸大学学报，2004（4）：67 - 71.

［62］姚平，黄文杰. 基于 DEA - Malquist 模型对煤炭企业全要素生产

率的分析 [J]. 资源开发与市场, 2012, 28 (12): 1078 - 1082.

[63] 易彤. 基于随机前沿生产函数的煤炭企业技术效率分析 [J]. 矿业研究与开发, 2009, 29 (3): 93 - 95.

[64] 尹秀珍, 高峰. 中国生态农业上市公司技术效率测度及提升路径——基于三阶段 DEA 模型的实证分析 [J]. 生态经济, 2018, 34 (4): 136 - 141.

[65] 余沛. 上市煤炭企业技术效率与规模效率实证研究 [J]. 煤炭工程, 2013 (7): 142 - 144.

[66] 余荣荣, 唐凯. 基于 DEA 的我国煤炭企业技术效率测度研究 [J]. 经济研究导刊, 2008 (5): 40 - 41.

[67] 余扬新. 中国电力行业随机边界技术效率分析 [J]. 科技管理研究, 2005 (10): 66 - 68.

[68] 岳彩富. 基于 DEA 模型的我国石油行业上市公司效率实证研究 [J]. 内蒙古科技与经济, 2014 (20): 3 - 4 + 7.

[69] 王棣华, 张擎. 资本结构对企业绩效的影响——基于制造业上市公司的实证检验 [J]. 湖南财政经济学院学报, 2015, 31 (5): 30 - 40.

[70] 王晓东, 赵勃升. 基于公司治理角度的煤炭行业上市公司技术效率实证研究 [J]. 煤炭经济研究, 2008 (4): 33 - 36.

[71] 王译, 徐焕章. 制造业上市公司资本结构对经营绩效的影响研究 [J]. 财会月刊, 2017 (8): 3 - 10.

[72] 魏静, 孙慧. 中国石油企业全要素生产率变动及收敛性研究 [J]. 工业技术经济, 2015 (11): 113 - 122.

[73] 魏咏梅, 檀勤良, 张充, 邓艳明, 刘媛. 风电产业技术效率及其影响因素分析 [J]. 中国科技论坛, 2015 (6): 76 - 81 + 87.

[74] 夏立军, 方轶强. 政府控制、治理环境与公司价值——来自中国证券市场的经验证据 [J]. 经济研究, 2005 (5): 40 - 51.

[75] 向冰. 能源上市公司技术效率的影响因素研究综述 [J]. 时代金融, 2016 (8): 234 - 235.

[76] 向冰. 我国民营能源上市公司技术效率与要素投入优化分析

[J]. 煤炭经济研究, 2019, 39 (5): 77 - 83.

[77] 谢获宝, 张骏飞. 业务集中度与企业绩效关系的实证研究 [J]. 中国工业经济, 2007 (9): 87 - 95.

[78] 辛玉红, 李星星. 中国新能源上市公司技术效率研究 [J]. 技术经济与管理研究, 2013 (9): 14 - 19.

[79] 许陈生. 我国旅游上市公司的股权结构与技术效率 [J]. 旅游学刊, 2007 (10): 34 - 39.

[80] 许海东. 终极控制股东、治理环境与公司技术效率——对我国制造业上市公司的实证研究 [D]. 广州: 暨南大学, 2009.

[81] 臧良震. 基于公司治理视角的农林类上市企业技术效率研究 [D]. 昆明: 西南林业大学, 2012.

[82] 张根文, 唐琴, 曾行运. 节能环保上市公司技术效率及其影响因素——基于超效率 DEA - Tobit 模型原理 [J]. 企业经济, 2015 (5): 114 - 118.

[83] 张宗益, 熊浩. 基于 DEA 方法的董事会结构与技术效率相关问题研究——以高新技术上市公司为例 [J]. 科技管理研究, 2008 (7): 297 - 299.

[84] 赵晓丽, 马骞, 马春波. 电力工业厂网分开改革对火电企业效率影响的实证分析 [J]. 中国软科学, 2013 (2): 184 - 192.

[85] 钟海燕, 冉茂盛, 戚拥军. 市场化改革与国有企业现金持有动态调整 [J]. 经济与管理研究, 2014 (2): 95 - 102.

[86] 周玮, 徐玉德, 李慧云. 政企关系网络、在职消费与市场化制度建设 [J]. 统计研究, 2011 (2): 53 - 58.

[87] 朱承亮, 岳宏志, 师萍. 人力资本及其构成对中国技术效率影响的实证研究——基于 1985—2007 年省域面板数据的证据 [J]. 科学学研究, 2010, 28 (11): 1668 - 1672 + 1628.

[88] 朱文婷, 林爱梅. 科学采矿理念下我国大型煤炭企业经营效率研究 [J]. 中国煤炭, 2016, 42 (8): 15 - 19.

[89] 庄玉良, 尹学慧. 我国煤炭上市企业动态效率评价及影响因素

分析 [J]. 煤炭经济研究, 2009, 15 (6): 27 – 29.

[90] 邹鲜红. 我国医药制造业技术创新效率及其影响因素研究 [D]. 长沙: 中南大学, 2010.

[91] 邹学将. 中国石油化工行业效率研究 [J]. 产经评论, 2012 (1): 53 – 67.

[92] Aigner D J, C A K Lovell, Schmidt. Formulation and Estimation of Stochastic Frontier Production Functions Models [J]. Journal of Econometrics, 1977 (6): 21 – 37.

[93] Albert M G. Regional Technical Efficiency: A Stochastic Frontier Approach [J]. Applied Economics Letters, 1998 (5): 723 – 726.

[94] Aldebert B, Dang R, Longhi C. Innovation in the Tourism Industry: the Case of Tourism [J]. Tourism Management, 2011, 32 (5): 109 – 126.

[95] Battese G E, G S Corra. Estimation of a Production Frontier Model: With Application to the Pastoral Zone of Eastern Australia [J]. Australia Journal of Agricultural Economics, 1997, 6 (3): 169 – 179.

[96] Battese G E, T J Coelli. A Model for Technical Inefficiency Effects in a Stochastic Production Frontier for Panel Data [J]. Empirical Economics, 1995 (10): 325 – 332.

[97] Bergen A, Iv T, E B Patti. Capital Structure and Firm Performance: A New Approach to the Banking Industry [J]. Journal of Banking & Finance, 2006 (3): 1065 – 1102.

[98] Berger, Humphrey. Efficiency of Financial Institutions: International Survey and Directions for Future Research [J]. European Journal of Operational Research, 1997 (8): 175 – 212.

[99] Berger, Mester. Inside the Black Box: What Explains Differences in the Efficiencies of Financial Institutions? [J]. Journal of Banking & Finance, 1997 (11): 895 – 947.

[100] Calvo, Guillermo, Enrique G, Mendoza. Rational Herd Behavior and the Globalization of Securities Markets? [J]. University of Maryland, No-

vember, 1999（2）：120 - 251.

[101] Caniels C J, Romijin H A. Firm - level Knowledge Accumulation and Reginal Dynamics [J]. E - Businesses and Virtual Enterprises, 2000 (2)：371 - 380.

[102] Cole C. Does Capital Structure Impact Firm Performance：An Empirical Study of Three U. S. Sectors [J]. Journal of Accounting and Finance, 2015, 15 (6)：57 - 65.

[103] Charnes A, W W Cooper, Wei Q L, et al. Cone Ratio Data Envelopment Analysis and Multi - objective Programming [J]. European Journal of Operational Research, 1998 (3)：1103 - 1138.

[104] Charnes A, W W Cooper, Rhodes. Measuring the Efficiency of Decision Making Units [J]. European Journal of Operational Research, 1978 (6)：429 - 444.

[105] Charnes A, Cooper W W, Rhodes E. Measuring the Efficiency of DMU [J]. European Journal of Operational Research, 1978 (6)：21 - 39.

[106] Cheng, Kui - yin, Ping Lin. Spillover Effects of FDI on Innovation in China：Evidence from the Provincial Data [J]. China Economic Review, 2004, 15 (1)：25 - 44.

[107] Chun Chang. The Information Requirement on Financial System at Different Stages of Economic Development：the Cases of South Korea [R]. NBER Working Paper, 1997, 7 (1) .

[108] Daniel Bell. The Coming of Post - industrial Society [M]. New York：American Educational Bookltd, 1974.

[109] Domazlicky B R, Weber W L. Total Factor Productivity the Contiguous United States, 1977—1986 [J]. Journal of Regional Science, 1997 (7)：213 - 233.

[110] Durnev, A E Kim. To Steal or not to Steal：Firm Attributes, Legal Environment and Valuation [J]. Journal of Finance, 2005 (6)：1461 - 1493.

[111] Fare R, S Grosskopf. Efficiency and Productivity in Rich and Poor

Country [M]. Ann Arbor: University of Michgan Press, 1997: 243 – 263.

[112] Fare R, S Grosskopf, M Norris, Z Zhang. Productivity Growth, Technical Progress and Efficiency Changes in Industrialized Countries [J]. American Economic Review, 1994, 84 (1): 66 – 83.

[113] Farrell M J. The Measurement of Production Efficiency [J]. Journal of Royal Statistical Society, Series A, General, 1957, 120 (3): 253 – 281.

[114] Gelb A H. Oil Windfall Gains: Blessing or Curse? [M]. New York: Oxford University Press, 1988.

[115] Goldstein M. The Asian Financial Crises: Causes, Cures and Systemic Implications [R]. Policy Analyses in International Economics, Washington DC: Institute for International Economics, 1998 (9): 207 – 208.

[116] Hall G, Hutchinson P, Michaelas N. Industry Effects on the Determinants of Unquoted SMEs' Capital Structure [J]. International Journal of the Economics of Business, 2000, 7 (3): 297 – 312.

[117] Kumar S R, Robert Russell. Technological Change, Technological Catch – up and Capital Deepening: Relative Contributions to Growth and Convergence [J]. American Economic Review, 2002, 92 (3): 527 – 548.

[118] Krueger A B, Lindahl Mikael. Education for Growth in Sweden and the World [J]. Swedish Economic Policy Review, 1999 (6): 289 – 339.

[119] Krueger A B, Lindahl Mikael. Education for Growth: Why and for whom? [J]. Journal of Economic Literature, 2001 (10): 121 – 158.

[120] Ma Zhong, Lucia Gao. Does CSR Disclosure Improve Firm Investment Efficiency: Evidence from China [J]. Review of Accounting and Finance, 2017, 16 (3): 348 – 365.

[121] Machiel Van Dijk, Ondor Nomalor. Technological Regimes and Industrial Dynamics: the Evidence from Dutch Manufacturing [J]. International Journal of the Economics of Business, 2000 (9): 236 – 241.

[122] Mulligan C B, Xavier Sala – i – Martin. Measuring Aggregate Human Capital [J]. The National Burean of Research, 1995, 5 (3): 215 – 252.

[123] Pacudan R, De Guzman E. Impact of Energy Efficiency Policy to Productive Efficiency of Electricity Distribution Industry in the Philippines [J]. Energy Economics, 2002 (1): 991 – 118.

[124] Papyrakis E, Gerlagh R. The Resource Curse Hypotheses and its Transmission Channels [J]. Journal of Comparative Economics, 2004, 32 (11): 181 – 193.

[125] R Bozec, M Dia. Board Structure and Firm Technical Efficiency: Evidence from Canadian State – owned Enterprises – European [J]. Journal of Operational Research, 2007 (10): 1734 – 1750.

[126] Schultz T W. Investment in Human Capital [J]. American Economic Review, 1961 (1): 1 – 17.

[127] Scott A J. Industrial Organization and Location: Division of Labor, the Firm and Spatial Process, Economic Geography [J]. Journal of Accounting and Finance, 1986, 62 (3): 215 – 231.

[128] Sollow R M. Technical Chang and the Aggregate Production Function [J]. Review of Economics and Statistics, 1957 (39): 312 – 320.

[129] Tana S, Pasiouras F, Nnadi M. The Effect of Board Size and Composition on the Efficiency of UK Banks [J]. Energy Economics, 2008 (11): 225 – 258.

[130] Yang S L. CSR and an Enterprise's Operational Efficiency: Considering Competitor's Strategies and the Perspectives of Long – term Engagement [J]. Quality & Quantity, 2016 (11): 2553 – 2569.

后　记

本书是在国家社科项目（批准号：19BJL043）的在研过程中，对国家能源产业与能源上市公司进行调研，发现虽然近年来中国能源上市公司的经营管理得到一定改善，但其既定投入水平下的产出较低，不利于其可持续发展目标的实现。因此，撰写了《中国能源上市公司技术效率研究》一书。同时，本书是在西安科技大学"互联网＋"视域下智慧能源发展战略研究中心的支持下完成的，得到该中心和国家社科项目（批准号：19BJL043）的经费资助。

感谢我的家人对我的理解与支持。我的丈夫陈志昆总是默默支持我、鼓励我，并帮我分担家务；我的儿子陈一凡在我疏于照顾他而感到内疚时，总是安慰我，对我的理解让我十分感动。总之，每当我成功之时，哪怕只是取得一点微不足道的成绩，我的家人总是感到十分欣慰；当我高兴时，他们更加愉悦；当我忧伤时，他们为我排忧解难。正是在他们的关心、谅解与支持下，我才顺利地完成本书的出版工作。因此我感谢我的家人，并将我的爱也无私地奉献给他们。

感谢我所带的硕士研究生武宇、梁竞方、王悦、王一婷、牛倩颖、陈梦瑶、付聪、惠菊、薛培艳、刘自佳、韦煜、杨爽、高亚凤、刘一康、袁敏，感谢他们对我的支持和鼓励。

感谢各位领导对我的关心与支持，以及我的好友和同事对我的鼓励、帮助与支持！

感谢知识产权出版社相关工作人员为本书的出版付出的智力劳动。

王思薇

2019 年 9 月 3 日